L. RON HUBBARD

Selbstanalyse

„Durch *Selbstanalyse* erfährt man, daß man sich wohlfühlen kann. Das Buch ist das Mittel für die Erhebung des menschlichen Geistes."

Martha Pomroy, Rechtsanwältin und Schriftstellerin

„*Selbstanalyse* hat mir die ganze Palette der Sinneswahrnehmungen wiedererschlossen und dadurch den Zugang zu den Quellen meines Schaffens weit geöffnet."

Waki Zöllner, Bildhauer,
Lehrbeauftragter der Universität München I

„Eines der großartigen Dinge, die *Selbstanalyse* vollbrachte, war die Verbesserung meines Gedächtnisses. Die Veränderung war so dramatisch, daß sie sogar meiner Familie und meinen Freunden auffiel."

Arlene Sue Farber, Fernsehproduzentin

„Mein Verständnis für die Kunst und für das Leben im allgemeinen wurde durch *Selbstanalyse* ganz entscheidend verbessert."

John E. Lux, Börsenmakler

„Ich habe mit dem Buch Selbstanalyse sehr lange und intensiv gearbeitet, und es hat hervorragende Resultate gebracht. Da ich sehr viel mit Menschen zu tun habe und sehe, wie wichtig das Erinnerungsvermögen ist, ist gerade dies ein Buch, das den Schlüssel zum Erfolg darstellt."

Horst Mehler, Chefredakteur und Autor

„Es ist gar nicht möglich, zu beschreiben, wie dieses Buch mein Leben verändert hat. Es birgt den Schlüssel für jene, die es wagen, sich zu ändern."

Tamara Wilcox, Schriftstellerin und Regisseurin

„*Selbstanalyse* ist ein Buch, das man jederzeit im Leben gebrauchen kann. Das Arbeiten mit den Listen eröffnet viele Phänomene des täglichen Lebens, wobei positive verbessert und negative zum Verschwinden gebracht werden können. Jeder sollte es lesen."

Volker Leiser, Student

»ICH FREUE MICH IMMER, VON MEINEN LESERN ZU HÖREN.«

L. Ron Hubbard

Dies waren die Worte L. Ron Hubbards, der zu allen Zeiten sehr daran interessiert war, von seinen Freunden und Lesern zu hören.

Er machte es sich zur Regel, mit allen, die er im Lauf seiner fünfzigjährigen Karriere also professioneller Schriftsteller kennenlernte, in Kommunikation zu bleiben, und korrespondierte mit Tausenden von Fans und Freunden auf aller Welt.

Der Verleger der Werke L. Ron Hubbards wünscht diese Tradition fortzusetzen, und Briefe und Kommentare von Ihnen, seinen Lesern, sowohl von alten als auch neuen Lesern, wären ihm sehr willkommen.

Jede an den Direktor für Autorenangelegenheiten (Author's Affairs Director) bei der untenstehenden Adresse gerichtete Mitteilung wird sofortige und volle Aufmerksamkeit erhalten.

NEW ERA Publications Deutschland GmbH
Otto Hahn-Straße 25
D-6072 Dreieich 1

L. RON HUBBARD

Selbstanalyse

Ein leichtverständliches Handbuch
mit Tests und Übungen zur Selbsthilfe,
beruhend auf den Entdeckungen der Dianetik

New Era Publications ApS
Kopenhagen

Herausgegeben von

NEW ERA® Publications International ApS
Store Kongensgade 55, 1264 Kopenhagen K
Dänemark

Herausgeber der DIANETIK-Bücher und -Materialien

Zweite Auflage, 1990

Dieses Buch ist ein Teil der Werke von L. Ron Hubbard, der die DIANETIK, eine Technologie zur Befreiung des geistigen Wesens, entwickelte. Es wird dem Leser als eine Aufzeichnung von Beobachtungen und Forschungen über Verstand und Geist des Menschen vorgelegt, nicht als vom Autor aufgestellte Behauptungen.

Titel der englischen Originalausgabe:
Self Analysis

Aus dem Amerikanischen übertragen von
Georg Zeitler

Bearbeitet von
Willi Hauck und Eckehard Junge

DIANETIK, eine Technologie zur Befreiung des geistigen Wesens, ist die Lehre vom geistigen Wesen in seiner Beziehung zum Körper und die Förderung des Wesens in dieser Beziehung.

ISBN 87-7336-787-7

Druck: *Special Trykkeriet Viborg A/S.*

Den vielen Hunderttausenden begeisterter Anhänger der Dianetik[1] gewidmet, die das Banner der Vernunft gegen die wankenden Festungen des Aberglaubens vorausgetragen haben, und denen es gelungen ist, die Hoffnungen der Menschheit um ihre Fahne zu scharen.

1. Dianetik: eine Technologie zur Befreiung des geistigen Wesens.
Das Wort kommt von griech. *dia*, durch, und *nous*, Seele, also „durch die Seele". Sie ist ein System zur Analyse, Kontrolle und Entwicklung des menschlichen Denkens, welches auch Techniken zur Erhöhung von Fähigkeit und Vernunft und zur Befreiung von der entdeckten alleinigen Quelle von Aberrationen (Abweichungen vom rationalen Denken oder Verhalten) und psychosomatischen Krankheiten liefert.

Inhalt

	Vorwort	1
	Einleitung	3
I.	Wie wir uns selbst kennenlernen	9
II.	Die Gesetze vom Überleben und vom Überfluß	13
III.	Der Tod des Bewußtseins	17
IV.	Unser Streben nach Unsterblichkeit	23
V.	Wie wir das Niveau unseres Bewußtseins heben	33
VI.	Wie wir das Niveau unseres Lebens und Verhaltens heben	39
VII.	Hubbards Tabelle der Einstufung des Menschen	49
VIII.	Tonskala-Tests[1]	61
IX.	Wie man die Scheibe benutzt	65
X.	Prozessing-Abschnitt[2]	69
	Liste 1: Allgemeine Geschehnisse	81
	Liste 2: Zeitorientierung	85
	Liste 3: Orientierung der Sinne	91
	Zeitsinn	91
	Sehen	93
	Relative Größen	96
	Geräusch	99
	Geruchssinn	103
	Berühren	107

1. Tonskala: eine tabellarische Darstellung der Abwärtsspirale des Lebens, ausgehend von voller Lebenskraft und vollem Bewußtsein über halbe Lebenskraft und Halbbewußtsein bis hinunter zum Tod.
2. Prozessing: das Prinzip, einen Menschen auf sein eigenes Dasein schauen zu lassen und seine Fähigkeit zu verbessern, den Tatsachen ins Auge zu sehen, was er ist und wo er ist.

Eigene Emotion 111
Organempfindung 126
Eigene Bewegung 129
Bewegung um einen herum 132
Körperstellung 135
Liste 4: Standard-Prozessing 139
Liste 5: Erinnerungshilfen 147
Liste 6: Vergessen 151
Liste 7: Überlebensfaktoren 159
Liste 8: Phantasie 205
Liste 9: Valenzen[3] 207
Liste 10: Unterbrechungen 213
Liste 11: Abwertung 219
Liste 12: Die Elemente 223
Spezielle Sitzungslisten 225
Über den Autor 231
Glossar 235
Register 241
Bibliographie 249
Adressen-Liste 258

3. Valenz: Unter Valenz versteht man eine echte oder eine Schattenpersönlichkeit. Jemandes eigene Valenz ist seine tatsächliche Persönlichkeit.

Wichtige Notiz

Eines der größten Hindernisse beim Studium eines neuen Fachgebietes ist dessen Nomenklatur, die Summe der Fachausdrücke also, die zur Beschreibung der Dinge verwendet werden, mit denen sich dieses Fachgebiet beschäftigt. Bevor eine Disziplin verstanden und mitgeteilt werden kann, müssen dafür exakte Bezeichnungen vorhanden sein, die genaue Bedeutungen haben.

Wenn ich die Teile des Körpers als „dieseskomischeDingsda" und „wiewardochgleichderName" beschreiben würde, wären wir alle verwirrt; präzise Bezeichnungen sind also auf allen Gebieten von großer Wichtigkeit.

Ein Student beginnt etwas zu studieren und gerät dabei in schreckliche Schwierigkeiten. Wieso? Weil er nicht nur eine Menge neuer Prinzipien und Methoden lernen muß, sondern obendrein eine vollkommen neue Sprache. Solange der Student dies nicht versteht, solange ihm nicht klar wird, daß man gehen lernen muß, bevor man laufen kann, so lange wird er in diesem Studiengebiet bzw. Tätigkeitsfeld nicht weit kommen.

Ich will Ihnen nun eine wichtige Grundtatsache vermitteln:

Der alleinige Grund, weswegen jemand aufgibt, etwas zu studieren, in Verwirrung gerät oder unfähig wird zu lernen, liegt darin, daß er über ein nichtverstandenes Wort hinweggegangen ist.

Die Verwirrung bzw. die Unfähigkeit, zu begreifen oder zu lernen, *folgt auf* ein Wort, das der Betreffende nicht definiert und verstanden hat.

Haben Sie jemals die Erfahrung gemacht, daß Sie am Ende einer Seite angekommen waren und Ihnen klar wurde, daß Sie nicht wußten, was Sie gelesen haben? Nun, an irgendeiner früheren Stelle auf dieser Seite sind Sie über ein Wort hinweggegangen, für das Sie keine Definition hatten.

Ein Beispiel: „Dafür, daß der Mensch zumindest zum Teil ein Kreophage ist, sprechen viele Gründe. Und doch scheinen manche Menschen diese Eigenschaft nicht wahrhaben zu wollen." Sie sehen, was passiert. Sie meinen, Sie hätten den Inhalt dieses Satzes nicht begriffen. Aber die Unfähigkeit, zu verstehen, rührt ausschließlich von dem einen Wort her, das Sie nicht definieren konnten, *Kreophage* nämlich, was „Fleischfresser" bedeutet.

Dieses Grundprinzip, nämlich daß man über ein nicht definiertes Wort nicht hinweggehen darf, ist die wichtigste Tatsache auf dem ganzen Gebiet des Studierens. Jedes Fachgebiet, dessen Studium Sie angefangen und dann aufgegeben haben, besaß Worte, die zu definieren Sie unterlassen haben.

Wenn Sie Dianetik studieren, sollten Sie also ungeheuer darauf achten, niemals über ein Wort hinwegzugehen, das Sie nicht vollständig verstanden haben. Wenn der Stoff verwirrend für Sie wird, oder wenn Sie das Gefühl haben, daß Sie ihn nicht begreifen können, dann war da kurz vorher ein Wort, das Sie nicht verstanden haben. Lesen Sie dann nicht weiter; gehen Sie bis zu der Stelle zurück, an der Sie *noch keine* Schwierigkeiten hatten, finden Sie das mißverstandene Wort und definieren Sie es.

L. Ron Hubbard

Fußnoten und Fachausdrücke

Das Fußnotensystem und das Verzeichnis der Fachausdrücke wurden ausgearbeitet, um dem Leser die Definition von Wörtern zu erleichtern. Auf diese Weise sollten die Auswirkungen mißverstandener Wörter weitestgehend ausgeschaltet werden.

Die schwierigeren, ungewöhnlichen und technischen Begriffe wurden am Fuße der Seite, auf der sie zum ersten Mal erschienen, erklärt. Die Fußnoten sind genauso numeriert wie die entsprechenden Wörter im Text.

Diese Wörter, die im laufenden Text in Fußnoten erklärt wurden, sind am Ende des Buches mit ihren Definitionen im Verzeichnis der Fachausdrücke aufgeführt.

Dianetische Fachwörter, für die Sie die Erklärungen im Verzeichnis der Fachausdrücke finden, wurden vom Autor im Laufe seiner Forschungen entwickelt.

Neue Wörter

Auf dem Wege zur Entwicklung der Dianetik wurden viele neue Phänomene beobachtet, die schließlich, zum ersten Mal, zu einer funktionierenden Wissenschaft über das Geistige und das Leben führten, die vorhersagbare Ergebnisse hervorbringt. Neue Ausdrücke wurden nötig, um diese neuen Phänomene zu beschreiben und um eine Verwechslung zwischen der Dianetik und älteren, unbrauchbaren Denkrichtungen zu vermeiden. Die kleine Mühe, diese Wörter zu lernen, lohnt sich, denn sie eröffnen der Menschheit den Weg zu ihrer eigenen Verbesserung.

Die Herausgeber □

Sie sollten jemandem, der Ihnen erzählt, daß dieses System nicht funktioniert, nicht zuviel Gehör schenken. Er selbst würde sich nämlich unsicher fühlen, wenn die Menschen um ihn herum allzu stark würden. Ein weiser Mann probiert eine Sache aus, bevor er darüber redet. Ein überkritischer Mensch dagegen ist nur in der Marotte unseres zynischen und teilnahmslosen Zeitalters befangen. Sie aber haben ein Recht auf Ihre eigene Meinung. Ihre Erfahrung wird zeigen, ob dieses System funktioniert oder nicht. Die Naturgesetze können nicht einmal von den gesamten Autoritäten des Abendlandes geändert werden.

Vorwort

Machen Sie sich bereit.

Sie werden nun ganz allein mehr für Ihr Wohlbefinden tun, als Sie jemals für möglich gehalten hätten. Und alles, was Sie dazu brauchen, ist dieses Buch und täglich etwa eine halbe Stunde Zeit.

Im Jahr 1950 veröffentlichte L. Ron Hubbard *Dianetics: The Modern Science of Mental Health* (*Dianetik: Die moderne Wissenschaft der geistigen Gesundheit*). Die Leser entdeckten die Kraft der Dianetik und machten das Buch zu einem der größten Bestseller aller Zeiten: bisher über **10 Millionen Exemplare.**

Wie 1950, so ist die Dianetik-Technologie zur Befreiung des geistigen Wesens auch heute noch ein Phänomen, das breite Bevölkerungsschichten erfaßt.

Mit *Selbstanalyse* können Sie nun die ersten Segnungen der Dianetik selbst erleben: bei sich zuhause, ohne großes Training und ohne die Zeit einer anderen Person in Anspruch zu nehmen.

Lesen Sie einfach die einleitenden Kapitel über Ihr Selbst und über das Leben (und darüber, warum die beiden bisweilen miteinander im Streit liegen). Beginnen Sie dann, die Listen durchzuarbeiten. Für gewöhnlich werden Sie darin gebeten, sich an schöne Augenblicke aus der Vergangenheit zu erinnern und sich ihrer noch einmal zu erfreuen. Was könnte angenehmer sein? Aber urteilen Sie nicht vorschnell – in diesen scheinbar so einfachen Vorgängen steckt Dynamit: ein System, das so vorzüglich funktioniert, daß es bereits von vielen Millionen Menschen erfolgreich angewandt worden ist.

Wahrscheinlich spüren Sie die Veränderung, die in Ihnen vorgeht, schon gleich, nachdem Sie mit den Übungen begonnen haben. Damit Sie messen können, wie groß die Veränderung tatsächlich ist, gibt es ab Seite 61 entsprechende Tests.

Selbstanalyse ist ein außergewöhnliches Buch. Es wird Ihnen helfen, zu beweisen, daß Sie ein außergewöhnlicher Mensch sind.

Die Herausgeber

2

Die Herausgeber

Einleitung

Selbstanalyse kann keine Toten auferstehen lassen.

Selbstanalyse wird weder Irrenhäuser leeren noch Kriege beenden. Das sind die Aufgaben von Dianetik-Auditoren[1] und von Gruppendianetik-Technikern.

Selbstanalyse wird Ihnen aber ein Führer durch das interessanteste Abenteuer Ihres Lebens sein. Das Abenteuer *Ich*.

Wie leistungsfähig sind Sie? Was sind Ihre Möglichkeiten? Wie sehr können Sie sich verbessern? Nun, im Grunde sind Ihre Absichten sich selbst gegenüber und in bezug auf Ihre Mitmenschen *gut*. Im Grunde sind Ihre potentiellen[2] inneren Kräfte um vieles größer, als Ihnen dies jemals jemand zugestehen wollte, auch wenn sie manchmal durch den dichten Schatten schlechter Erfahrungen getrübt sind.

Nehmen wir einmal Ihr Gedächtnis, das nur einen kleinen Teil Ihres insgesamt vorhandenen Bestandes[3] darstellt. Ist Ihr Gedächtnis perfekt? Können Sie sich willentlich alles zurückrufen, was Sie jemals gelesen oder gehört haben, jede Telefonnummer und jeden Namen? Wenn Sie es nicht können, so werden Sie erkennen, daß es hier Möglichkeiten für Verbesserungen gibt. Es könnte nun jemand, wenn er den Titel dieses Buches nur flüchtig betrachtet hat, annehmen, daß *Selbstanalyse* einfach nur das Gedächtnis verbessert. Das wäre genauso, wie wenn man sagen würde, daß ein Zug nur dazu da ist, den Fahrplan einzuhalten. *Selbstanalyse* tut viel mehr. Aber das Gedächtnis ist ein Beginn. Wenn Ihr Gedächtnis so genau wäre wie ein Computer-Speichersystem[4], vielleicht sogar noch etwas schneller, würden Sie viel

1. Dianetik-Auditor (lat. *audire*, zuhören): eine Person, die dafür ausgebildet ist, anderen Menschen mit der Anwendung der dianetischen Verfahren zu einer Verbesserung zu verhelfen.
2. potentiell: möglich, denkbar.
3. Bestand: die Gesamtheit der Fähigkeiten eines Menschen.
4. Computer-Speichersystem: ein elektronisches Gerät, das beliebige Informationen aufnimmt, die jederzeit teilweise oder komplett in Sekundenschnelle wieder abgefragt werden können.

wirksamer funktionieren, könnten es viel bequemer haben und sich die vielen Notizen, die Sie jetzt machen, sparen. Wahrscheinlich kann Ihr Gedächtnis für Dinge, die Sie studiert haben und Dinge, die Sie brauchen, *gar nicht gut genug sein.*

Aber es gibt eine Vielzahl anderer Dinge, die genauso wichtig sind wie das Gedächtnis. Zum Beispiel Ihre Reaktionszeit. Die meisten Menschen reagieren in Notfällen zu langsam. Wenn wir annehmen, daß Sie eine halbe Sekunde brauchen, um Ihre Hand von einem heißen Ofen zurückzuziehen, dann haben Sie Ihre Hand einfach viel zu lange auf dem Ofen.

Oder nehmen wir an, Sie brauchen eine Drittelsekunde, um zu sehen, wie ein Auto vor Ihnen bremst, bis Sie selbst auf die Bremse steigen. Das ist zu lange. Eine große Anzahl von Unfällen passiert wegen zu langer Reaktionszeit.

Bei einem Sportler ist die Reaktionszeit ein direkter Maßstab dafür, wie leistungsfähig er in seinem Sport sein kann. Es hilft einem also in vielfacher Hinsicht, wenn man schnell reagieren kann.

Selbstanalyse verkürzt die Reaktionszeit. Machen wir einmal einen kleinen Versuch: Nehmen Sie einen ungefalteten Geldschein und bitten Sie jemanden, ihn senkrecht über Ihrer Hand zu halten. Spreizen Sie Daumen und Zeigefinger genau unter der unteren Kante des Geldscheins. Wenn der andere den Geldschein nun losläßt, müssen Sie versuchen, ihn mit Daumen und Zeigefinger zu fassen. Haben Sie erst zugegriffen, als der Geldschein schon längst durchgefallen war? Dann haben Sie sehr langsam reagiert. Haben Sie ihn gerade noch an der oberen Ecke erwischt, nachdem er schon fast durch war? Auch das war zu langsam. Haben Sie ihn in der Mitte erwischt? Das war nicht schlecht. Oder haben Sie ihn am unteren Ende erwischt, noch bevor er wirklich anfing zu fallen? So sollte es sein. Eine solche Reaktion bedeutet weniger Unfälle und größere allgemeine Wachsamkeit. Wenn Sie keine echten körperlichen Schäden am Arm oder an der Hand haben, wird *Selbstanalyse* Ihre Geschwindigkeit bei dem oben beschriebenen Versuch erhöhen.

Haben Sie Schwierigkeiten beim Einschlafen oder Aufstehen? Fühlen Sie sich häufig etwas müde? Dem kann man abhelfen.

Und was psychosomatische Krankheiten[5], zum Beispiel Nebenhöhlenentzündungen, Allergien, einige Herzbeschwerden, „komische" Schmerzen und Wehwehchen, schlechtes Sehen, Arthritis und vieles andere mehr anbelangt, im ganzen ungefähr siebzig Prozent aller Krankheiten, so wird *Selbstanalyse* hierbei eine merkliche Verbesserung erreichen.

Dann gibt es noch die Frage, wie jung oder alt Sie aussehen können. *Selbstanalyse* kann auch hier eine ziemliche Veränderung herbeiführen.

Und es gibt noch die ganz einfache und natürliche Fähigkeit, sich des Lebens zu freuen und es zu genießen. Hier zeigt sich ein ganz besonderer Vorzug von *Selbstanalyse*, denn sie kann Ihre Stimmungslage in der Regel so rasch anheben, daß auch Sie empfinden, wie schön das Leben sein kann.

Der Held meiner frühen Jugend, der Maler Charles Russell, beschrieb einmal ein gewisses Gebräu folgendermaßen: „Mit dem Zeug im Leib spuckt ein Hase einem Wolf auf die Nase." *Selbstanalyse* mag nicht immer diese Wirkung haben, aber es geschieht doch oft genug, um dies die Regel zu nennen. Sicher ist, wer sie anwendet geht oft durch eine solche Periode hindurch, sehr zur Beunruhigung seiner Freunde. *Selbstanalyse* hat etwa die Wirkung, wie sie in dem (amerikanischen) Lied zum Ausdruck kommt:

„Die bösen Buben fürchten mich,
die Mädchen seh'n mich gern,
Und wenn ich auf 'nem Wildpferd reit',
so spürt's in mir den Herrn."

Allerdings sollte man sich vorsichtshalber am Anfang „keinen zu großen Wolf heraussuchen", zumindest nicht, bis man eine längere Zeit hindurch *Selbstanalyse* gemacht hat und die Dinge wieder in der richtigen Proportion[6] sehen kann.

5. psychosomatische Krankheiten: Leiden, die einen seelisch-geistigen Ursprung haben, sich jedoch organisch äußern.

6. Proportion: Größenverhältnis.

Kurzum, dies ist ein Abenteuer. Wie gut können Sie werden?

Eine Menge hängt natürlich davon ab, wie gut Ihre Anlagen sind. Aber seien Sie versichert, daß diese ein ganzes Stück besser sind, als Sie jemals vermutet haben. Und es ist absolut sicher, daß sie besser sind, als Ihre Freunde es Ihnen jemals erzählen würden.

Seien Sie bitte nicht entmutigt, wenn Sie sich später auf der Selbstbewertungs-Tabelle ziemlich weit unten finden. Noch ist nichts verloren. Der Prozessing[7]-Abschnitt kann Sie ein ganzes Ende nach oben katapultieren, wenn Sie dranbleiben.

Und seien Sie nicht überrascht, wenn Sie, während Sie sich mit dem Prozessing-Abschnitt beschäftigen, plötzlich anfangen, sich unbehaglich zu fühlen. Ab und zu hat das jeder zu erwarten. Machen Sie einfach weiter. Sollte es zu schlimm werden, dann gehen Sie einfach zum letzten Abschnitt (Seite 225) und beantworten einige Male diese Fragen. Es wird Ihnen dann sicherlich sehr bald besser gehen.

Eines möchte ich Ihnen allerdings sagen: Abenteuer ohne Aufregung sind langweilig, und hier können Sie eine Menge Aufregung erwarten, manchmal sogar zuviel.

Wenn Sie schließlich fertig sind, werden Sie eine ganze Menge über sich wissen.

All dies geschieht auf Ihre eigene Verantwortung. Etwas so Mächtiges wie diese Prozesse kann gelegentlich ein Feuer entfachen. Wenn Sie geistig ziemlich stabil sind, besteht keine wirkliche Gefahr. Aber ich will Sie nicht irreführen. Sollten Sie jemanden *Selbstanalyse* anwenden sehen, der nicht so stabil ist, wie er glaubt, so reden Sie mit Engelszungen auf ihn ein, daß er die Finger davon läßt. Wer nur geistigen Haferschleim verträgt, hat kein Recht auf rohes Tartar. Schicken Sie ihn zu einem Dianetik-Auditor. Auch wenn er ins Schleudern kommt, ein professioneller Auditor kann alles wieder in Ordnung bringen. Rufen Sie also einfach einen Auditor herbei.

7. Prozessing: das Prinzip, einen Menschen auf sein eigenes Dasein schauen zu lassen und seine Fähigkeit zu verbessern, den Tatsachen ins Auge zu sehen, was er ist und wo er ist.

Täuschen Sie sich nicht über die Tatsache hinweg, daß *Selbstanalyse* einen unstabilen Menschen zum Durchdrehen bringen kann.

Wir beschäftigen uns hier mit den Ursachen, derentwegen Menschen verrückt werden. Was hierzu in diesem Buch nicht schon erklärt ist, finden Sie in einem Standardwerk über Dianetik[8]. Allerdings ist es sehr zu bezweifeln, ob ein Jahr lang *Selbstanalyse* jemanden so verrückt machen kann wie eine einzige Einkommensteuererklärung unserer gründlichen Regierung, der manchmal doch der Durchblick fehlt.

Nun aber zu den Einzelheiten: Sie finden die Tests auf Seite 61; Sie können gleich den ersten machen. Damit werden Sie eine Zahl erhalten, die Ihnen einen Platz in der Tabelle zuweist. Schieben Sie die Schuld nicht auf mich, wenn das ein schlechter Platz ist. Geben Sie Ihren Eltern oder Ihren Lehrern die Schuld.

Nun wird es Sie vermutlich interessieren, den Text zu lesen. Das wird Ihnen eine andere Anschauung der Dinge geben – möglicherweise. Es ist bedauerlich, wenn der Text einem Gelehrten zu einfach ist oder aber zu verwickelt oder sonst irgend etwas. Es ist ganz einfach ein Bemühen, einige Begriffe über den menschlichen Geist auf deutsch darzulegen, Begriffe, die auf einer großen Menge technischen Materials in der Dianetik beruhen, die hier aber leicht verdaulich angeboten werden. Es wird Ihnen leichter fallen, die Prozesse richtig anzuwenden, wenn Sie den Text gelesen haben.

Der Teil des Buches, in dem die Prozesse enthalten sind, hat eine ganze Anzahl Unterabteilungen. Sie können einfach geradewegs hindurchgehen oder aber jede einzelne immer und immer wieder durcharbeiten, bis Sie das Gefühl haben, daß Sie diesen Teil Ihres Lebens genügend erforscht haben. Auf jeden Fall werden Sie jede Abteilung viele Male durchgehen.

Hinten in diesem Buch befindet sich eine beidseitig zu benutzende Scheibe, die Ihnen helfen wird. Die Anweisungen für ihren Gebrauch finden Sie auf Seite 65.

8. siehe Seite 254.

So sind Sie nun vorbereitet, auf Entdeckungsreise in Ihr eigenes Leben zu gehen. Das ist für jeden einzelnen ein interessantes Abenteuer. Was ich tun konnte, um es zu erleichtern, habe ich getan. Seien Sie nun also nicht zu streng mit mir, wenn Sie in einem längst verschollenen Fluß auf eine Sandbank laufen und von Menschenfressern oder Engrammen[9] verschlungen werden. Der letzte Abschnitt wird Ihnen helfen, da wieder herauszukommen. Ihnen, oder jedenfalls dem, was von Ihnen noch übriggeblieben ist.

Seien Sie kein Hasenfuß, und lassen Sie nicht nach, wenn es einmal ungemütlich kommt. Es ist leicht, alles hinzuwerfen; Sie würden dann aber niemals erfahren, wer Sie im tiefsten Grunde wirklich sind.

Sie wollen das Ganze bis zum Ende durchstehen? Sie sind tapfer! Mein Kompliment!

Und mögen Sie niemals wieder derselbe sein ...

9. Engramm: ein geistiges (mentales) Eindrucksbild, das eine Aufzeichnung einer Zeit von körperlichem Schmerz und Bewußtlosigkeit ist. Laut Definition muß es Aufprall oder Verletzung enthalten.

1. KAPITEL

Wie wir uns selbst kennenlernen

Sind Sie sich selbst ein Freund?

Wahrscheinlich haben Sie keinen Freund, den Sie mehr vernachlässigen als sich selbst. Und doch muß man ein Freund seiner selbst werden, bevor man der Welt gegenüber ein wahrer Freund sein kann.

In dieser Gesellschaft, in der die Aberrationen[1] in den überfüllten Städten und Geschäftsplätzen[2] nur so wuchern, gibt es nur wenige Menschen, die nicht Beeinflussungen aus allen möglichen Richtungen mit dem Ziel ausgesetzt sind, ihnen einzureden, sie seien viel weniger wert, als sie selbst von sich glauben.

Wenn irgend jemand über Ihre Freunde das sagen würde, was man Ihnen unterschiebt, würden Sie den Betreffenden bekämpfen. Es ist an der Zeit, daß Sie für den besten Freund kämpfen, den Sie jemals haben werden – für sich selbst nämlich.

Der erste Schritt beim Schließen dieser Freundschaft mit sich selbst besteht darin, daß Sie Bekanntschaft mit dem machen, was Sie sind und was Sie werden könnten. „Erkenne Dich selbst!", das sagten schon die alten Griechen. Bis in die jüngste Zeit hinein war es aber nicht möglich, sich selbst umfassend kennenzulernen, denn es war zu wenig wissenschaftlich gesichertes Wissen über das menschliche Verhalten bekannt. Die Atomphysik[3] hat nun der Menschheit viel neues Wissen enthüllt, darunter auch die allgemeinen Charakteristika[4] der Lebensenergie, und so kann jetzt vieles erkannt werden, was zuvor nicht einmal vermutet wurde.

1. Aberration: ein Abweichen vom vernünftigen Denken oder Verhalten.
2. Geschäftsplätze: Arbeitsstätten wie Fabriken, Büros und Orte, an denen Geschäfte getätigt werden (Börsen, Banken usw.).
3. Atomphysik: die Lehre von den Atomen und ihrer Umwandlung.
4. Charakterika: kennzeichnende Merkmale, Wesenszüge.

Um sich selbst zu erkennen, brauchen Sie zwar keine Atomphysik, aber Sie sollten etwas über das offensichtliche Ziel des Lebens[5] im allgemeinen und über Ihre eigenen Ziele im besonderen wissen.

In einem späteren Kapitel finden Sie Fragen, deren Beantwortung Ihnen einen tieferen Einblick in Ihre gegenwärtigen Fähigkeiten und deren Entwicklungsmöglichkeiten gibt. Lassen Sie sich ja nicht täuschen, Ihre Fähigkeiten könnten weitaus größer werden, als Sie jemals zuvor vermutet haben.

Befassen wir uns nun mit dem allgemeinen Ziel allen Lebens. Wenn wir dies kennen, wissen wir etwas über die Grundgesetze, die Ihre eigenen Antriebe und Verhaltensweisen begründen.

Alle Probleme sind im Grunde einfach, wenn man einmal die grundlegende Antwort weiß; das Leben selbst macht hier keine Ausnahme. Jahrtausendelang haben sich die Menschen bemüht, die der Existenz[6] zugrundeliegenden Antriebe zu entdecken, aber erst in unserem aufgeklärten Zeitalter, in dem die Erforschung des Universums genügend Geheimnisse gelüftet hat, um uns auch die Atombombe zu schenken, wurde es möglich, nach dem fundamentalen Gesetz des Lebens zu forschen und es zu finden. Was würden Sie tun, wenn Sie dieses fundamentale Gesetz hätten? Wie leicht würden Sie dann all die Puzzles, die rätselhaften und verwickelten Zusammenhänge von Persönlichkeit und Verhalten verstehen. Sie könnten Taschenspieler verstehen und Bankdirektoren, Obristen und Kulis, Könige, Katzen und Kohlentrimmer. Und Sie könnten, was noch wichtiger ist, ohne weiteres vorhersagen, was sie in jeder bestimmten Situation tun würden. Sie könnten ganz ohne Rätselraten, mit einer Sicherheit, deren Genauigkeit geradezu diabolisch[7] anmutet, wissen, was von jedem einzelnen zu erwarten ist.

„Im Anfang war das Wort", aber was war das Wort? Welches fundamentale Prinzip umriß es, und welches Verstehen würde derjenige haben, der das wüßte?

5. Ziel des Lebens: Das Ziel des Lebens kann als unendliches Überleben betrachtet werden. Es läßt sich nachweisen, daß der Mensch als eine Lebensform in all seinen Handlungen und Absichten dem einen Befehl gehorcht: **Überlebe!**

6. Existenz: Leben, Dasein.

7. diabolisch: teuflisch, erschreckend schlau.

Vor Zeiten unternahm ein persischer König gewaltige Anstrengungen, um dieses Wort kennenzulernen. Er ließ seine Weisen das gesamte Wissen der ganzen Welt zusammentragen, um es herauszudestillieren.

Auf seinen Befehl hin wurden alle Bücher, die jemals geschrieben wurden und erhältlich waren, in einer ungeheuren Bibliothek zusammengetragen. Karawanenladung über Karawanenladung an Büchern wurde in jene alte Stadt geschafft, und die Weisen jener Zeit arbeiteten Jahr um Jahr, um jedes bekannte Stückchen Wissen in einem einzigen Band zusammenzufassen.

Aber der König wollte eine bessere Darstellung jenes grundlegenden Wortes. Und die Weisen mußten das Buch auf eine Seite reduzieren und dann auf einen Satz, und dann endlich, nach vielen weiteren Jahren des Mühens, erreichten seine Philosophen endlich jenes einzelne Wort – die Formel, die alle Rätsel lösen würde.

Doch ein Krieg zerstörte die Stadt, und das Wort war verloren.

Welches Wort war das? All die Reichtümer Persiens könnten es nicht aufwiegen, denn es würde ein Verstehen des Menschen ermöglichen. Zweitausend Jahre später können wir nun aus dem Studium der atomaren und molekularen Phänomene heraus wiederum festlegen, welches dieses Wort war. Und es gebrauchen. Gebrauchen, um uns selbst kennenzulernen und um die Handlungen anderer Menschen vorherzusagen. □

2. KAPITEL

Die Gesetze vom Überleben und vom Überfluß

Das dynamische Prinzip des Daseins lautet: **Überleben!**

Auf den ersten Blick mag das allzu grundlegend erscheinen; es klingt zu simpel. Aber wenn wir dieses Wort ganz genau betrachten, werden wir darin einiges finden, mit dem wir erstaunliche Kunststücke machen können, und das es uns ermöglicht, Dinge zu wissen, die vorher vollständig unbekannt waren.

Wissen kann als Pyramide dargestellt werden, an deren Spitze nur eine einfache Tatsache steht, eine Tatsache allerdings, die das Universum so weitgehend in sich birgt, daß viele andere Tatsachen aus ihr heraus erkannt werden können. Wir können uns vorstellen, daß wir von oben nach unten in eine immer größer werdende Zahl von Tatsachen hinabsteigen, wodurch das Breiterwerden der Pyramide begründet ist.

Wenn wir beliebige Punkte dieser Pyramide genau betrachten, werden wir feststellen, daß wir, je weiter wir hinabsteigen, Tatsachen finden, deren Bedeutungen immer weiter voneinander entfernt und weniger miteinander verknüpft sind. Wenn man nach oben geht, wird man immer stärker werdende Einfachheit finden. Wissenschaft ist das Verfahren, sehr ähnlich dem jenes persischen Königs, am Fuß der Pyramide anzufangen und zu versuchen, nach oben zu gehen, um grundlegendere Tatsachen zu finden, die spätere Tatsachen erklären. Man könnte sagen, daß Philosophie[1] ein Verfahren ist, das sehr grundlegende Tatsachen verwendet, um immer größere und noch größere Mengen von Tatsachen zu erklären.

1. Philosophie: Lehre vom Ursprung und vom Zusammenhang der Dinge in der Welt.

An der Spitze unserer Pyramide haben wir: **Überleben!**

Es sieht ganz danach aus, als ob vor undenklichen Zeiten das Höchste Wesen allem und jedem Leben den Befehl gegeben hätte: „Überlebe!" Es wurde nicht gesagt, wie man überleben soll, und auch nicht, wie lange. Alles, was gesagt wurde, war: „Überlebe!" Das Gegenteil von *Überleben* ist *Zugrundegehen*[2]. Und das ist die Strafe, wenn man sich nicht mit Überlebensaktivitäten beschäftigt.

Aber wie steht es nun mit solchen Begriffen wie Moral[3], Idealen und Liebe? Stehen diese nicht über „bloßem Überleben"? Unglücklicher- oder glücklicherweise tun sie das nicht.

Wenn man an Überleben denkt, ist man irrtümlich geneigt, nur an „blanke Notwendigkeit" zu denken. Dies aber ist nicht Überleben, denn hier ist kein Spielraum für Verluste vorgesehen.

Wenn ein Ingenieur eine Brücke konstruiert, kalkuliert er einen „Sicherheitsfaktor" ein. Wenn die Brücke eine Höchstlast von 10 Tonnen tragen soll, dann baut er sie so, daß sie auch noch 50 Tonnen aushält. Er macht sie also fünfmal so stark. So hat er dann einen Spielraum für Materialermüdung, Überbelastung, plötzliches und unvorhergesehenes Wüten von Naturgewalten und überhaupt jeden nur möglichen Zwischenfall eingebaut.

Die einzige wirkliche Garantie im Leben für das Überleben ist *Überfluß*. Wenn ein Bauer sich ausrechnet, daß er im Jahr 12 Zentner Getreide für seine Ernährung braucht, und dann genau für eine Ernte von 12 Zentnern Getreide anpflanzt, so hat er seine Chance zu überleben merklich verringert. Tatsächlich wird er nicht überleben können, wenn nicht ein Nachbar klüger war als er. Denn die Schädlinge werden ihren Teil nehmen, und die Dürre, und der Hagel, und auch das Finanzamt wird zur Stelle sein. Und was will er aussäen, wenn er das ganze Getreide selbst aufißt?

Ein Bauer, der weiß, daß er im kommenden Jahr 12 Zentner Getreide für seine Ernährung braucht, sollte wirklich besser für 100 Zentner anpflanzen. Dann haben die Schädlinge und die

2. Zugrundegehen: der Punkt, der gekennzeichnet ist durch das, was man den Tod des Bewußtseins der Person nennen könnte.

3. Moral: die Grundregeln richtigen und falschen Verhaltens.

Finanzbeamten tüchtig zu kauen, und er kann immer noch genügend für seinen eigenen Tisch ernten – außer freilich, er lebt in einem sozialistischen Land, denn dort überlebt niemand, zumindest nicht besonders lange.

Der einzelne überlebt oder geht zugrunde, je nach seiner Fähigkeit, die nötigen Mittel zum Überleben zu bekommen und festzuhalten. Zum Beispiel bedeutet die Sicherheit[4], eine gute Arbeitsstelle zu haben, eine gewisse Garantie für das Überleben – sofern andere Bedrohungen der Existenz nicht allzu überwältigend werden. Jemand, der im Jahr 50.000 Mark verdient, kann sich gute und wetterfeste Kleidung leisten, eine schöne und gesunde Wohnung, gute ärztliche Betreuung für sich und seine Familie, gute Transportmittel und, was wichtig ist, er besitzt den Respekt seiner Kollegen. All das gehört zum Überleben.

Natürlich kann dieser 50.000-Mark-Mann einen so aufreibenden Job haben, soviel Neid bei seinen Kollegen erregen und so sehr gepiesackt werden, daß er einiges von seinem Überlebenspotential einbüßt. Aber sogar ein chronischer Rebell wird sein politisches Hemd wechseln, wenn Sie ihm 50.000 Mark im Jahr anbieten.

Vergleichen Sie dies nun aber mit jemandem, der nur 500 Mark im Monat verdient. Seine Kleidung schützt ihn nur sehr unzulänglich, und so kann es ihm leicht passieren, daß er krank wird. Seine Unterkunft schützt ihn nur schlecht vor der Witterung. Vor lauter Sorgen ist er ganz abgezehrt. Denn sein Überlebensniveau liegt so niedrig, daß er keinen Spielraum hat, keinerlei Überfluß. Er kann nichts für den Tag zurücklegen, an dem er einmal krank werden wird. Einen Arzt kann er nicht bezahlen. Urlaub kann er sich nicht leisten. Selbst in einem kollektivistischen[5] Staat hätte er kein anderes Los zu tragen; er würde so gründlich bevormundet, daß er nur wenig tun könnte, um sein eigenes Überleben zu schützen.

4. Sicherheit: der Zustand des Freiseins von Angst, Gefahr oder Zweifel.
5. kollektivistisch: im Sinne des Kollektivismus;
Kollektivismus: Anschauung, die mit Nachdruck den Vorrang des gesellschaftlichen Ganzen vor dem Individuum betont und letzterem jedes Eigenrecht abspricht.

Die Jugend hat, verglichen mit dem Alter, einen Überfluß an Überleben. Denn Jugend hat noch Ausdauer. Und die Träume der Jugend – Träume fördern gutes Überleben – sind durch Fehlschläge noch nicht zu Schäumen geworden. Darüber hinaus hat die Jugend noch eine weitgespannte Erwartung, und das ist wichtig, weil Überleben die Länge der Zeit, die man lebt, mit einschließt.

Gutes Überleben für den einzelnen wie für die Gesamtheit ist nicht möglich ohne Ideale, Ehrlichkeit und Liebe zu den Mitmenschen. Ein Verbrecher überlebt nicht gut; er verbringt gemeinhin den Hauptteil seiner Erwachsenenjahre eingesperrt wie ein wildes Tier und von Scharfschützen an der Flucht gehindert. Wer dagegen als anständig bekannt ist, wird mit Überleben belohnt; er hat eine gute Beschäftigung und gute Freunde. Und ein Mensch, der Ideale hat, überlebt nur so lange gut, wie er diesen Idealen treu bleibt, was ihm auch immer die kleinen Teufelchen ins Ohr säuseln, um ihn von diesen Idealen abzubringen. Sie haben sicherlich schon einmal von einem Arzt gehört, der aus Gewinnsucht heimlich Verbrecher behandelt hat oder Drogen verhökerte. Dieser Arzt wird nicht lange überleben, nachdem er seine Ideale über Bord geworfen hat.

Kurzum, es fallen also auch die alleresoterischsten[6] Begriffe unter dieses Verständnis des Überlebens. Man überlebt nur so lange, wie man sich selbst, seiner Familie, seinen Freunden und den Gesetzen des Universums treu bleibt. Wenn jemand in einem dieser Punkte versagt, ist sein Überleben geschmälert.

Das Überleben endet allerdings nicht wie abgeschnitten. Es ist nicht so, daß man in einem Augenblick lebendig ist und im nächsten plötzlich tot. Überleben erfolgt vielmehr auf einer genau abgestuften Skala. □

6. esoterisch: nur für Eingeweihte bestimmt; geheim.

3. KAPITEL

Der Tod des Bewußtseins

Wann hört man auf zu überleben und beginnt zugrundezugehen? Die Trennungslinie ist nicht der Tod, wie wir ihn gemeinhin kennen, sondern vielmehr etwas, was wir den Tod des Bewußtseins[1] eines Individuums nennen können.

Die stärkste Waffe des Menschen ist seine Vernunft[2]. Da er keine Reißzähne, keine Panzerung und keine Klauen besitzt, wie so viele andere Lebensformen sie haben, hat er sich auf seine Fähigkeit, vernünftig zu überlegen, verlassen, um sein Überleben zu verbessern.

Es war eine glückliche Wahl, die Fähigkeit des vernünftigen Denkens zur Hauptwaffe zu machen; Vernunft ist eine hervorragende Waffe. Dafür ist der Mensch mit der Erde als Königreich belohnt worden. Die Tiere mit ihren Reißzähnen, ihrer Panzerung und ihren langen Klauen sind auf ihre Waffen festgelegt und können sie nicht ändern. Sie können sich im erforderlichen Zeitraum nicht auf eine Veränderung der Umwelt einstellen, doch ist es für das Überleben höllisch wichtig, sich zu verändern, wenn die Umwelt sich verändert. Alle ausgestorbenen Arten sind untergegangen, weil sie sich nicht schnell genug anpassen und die veränderte Umwelt unter Kontrolle bringen konnten. Mit Vernunft ist das jedoch in starkem Maße möglich. Der Mensch kann neue Werkzeuge und Waffen erfinden und sogar eine völlig neue Umwelt schaffen. Die Vernunft gestattet dem Menschen, sich zu wandeln, um mit neuen Situationen fertigzuwerden. Durch sie behält er die Kontrolle über seine Umwelt, auch wenn die Umwelt sich ändert.

Jedes Tier, das sich aber lediglich seiner Umwelt anpaßt, um in ihr bestehen zu können, ist dem Untergang geweiht, denn die

1. Bewußtsein: klare geistige Verfassung.
2. Vernunft: die Fähigkeit, zu denken, Urteile abzugeben, Entschlüsse zu fassen.

Umwelt ändert sich rasch. Die beste Chance, zu überleben, haben Tiere, die ihre Umwelt kontrollieren und sie verändern.

Die einzige Möglichkeit, einen kollektivistischen Staat zu organisieren, ist, die Leute zu der Überzeugung zu bringen, daß sie sich wie die Tiere festgelegten Lebensbedingungen anpassen müssen. Man muß ihnen das Recht nehmen, als Individuen ihre Umgebung zu kontrollieren. Dann können sie bevormundet und zu Herden gruppiert werden. Sie sind dann Besitztümer, nicht Eigentümer. Man muß ihnen die Vernunft und das Recht, vernünftig zu denken, entziehen, denn der eigentliche Kern der Vernunft ist das Recht, über seine Umgebung eigene Beschlüsse zu fassen.

Die Naturgewalten bekämpfen den Menschen, und die Menschen bekämpfen die Menschen. Das erste Angriffsziel eines Feindes der Menschheit oder des Feindes eines Menschen ist deren bzw. Dessen Recht und Fähigkeit, vernünftig zu denken. Die rohen und unterschiedslos zerstörenden Naturgewalten, Sturm, Kälte und Nacht, lasten auf dem Menschen, fordern ihn heraus, ja zerstören vielleicht schließlich seine Vernunft ebenso wie seinen Körper.

Aber genauso wie dem Tod immer die Bewußtlosigkeit[3] vorausgeht, und wenn sie nur Augenblicke dauert, genauso kommt vor dem Tod des Organismus erst der Tod der Vernunft. Dies kann freilich sehr lange dauern, ein halbes Leben lang, ja sogar länger.

Haben Sie jemals die gespannte Aufmerksamkeit eines jungen Mannes beobachtet, der lebensbedrohenden Kräften entgegentritt? Und haben Sie einen alten Menschen in derselben Situation beobachtet? Sie werden feststellen, daß beim alten Menschen die Fähigkeit, vernünftig zu überlegen, gelitten hat. Er hat sich hart und mühsam Erfahrungen erworben, und von der Mitte seines Lebens ab sucht er, in den Geleisen dieser Erfahrungen weiterzukommen. Die Jugend denkt auf der Basis geringerer Erfahrung schnell, das Alter mit seiner großen Erfahrung denkt

3. Bewußtlosigkeit: ein Zustand, in dem der Organismus nur in seinen analytischen Abläufen und in der motorischen Steuerung die Koordination verloren hat.

langsamer; das ist eine Binsenweisheit[4]. Dabei ist die Jugend weit davon entfernt, immer richtig zu liegen, versucht sie doch, vernünftig zu überlegen, ohne angemessene Daten zu haben.

Stellen wir uns einmal einen Menschen vor, der sich all seine Fähigkeit zu vernünftiger Überlegung bewahrt hat und doch über umfangreiche Erfahrungen verfügt. Stellen wir uns vor, unsere ehrwürdigen Greise könnten mit all dem Enthusiasmus und all der Vitalität[5] der Jugend denken und hätten darüber hinaus noch den ganzen Schatz ihrer Erfahrung zur Verfügung. Das Alter sagt zur Jugend: „Du hast keine Erfahrung!" Die Jugend sagt zum Alter: „Du hast keinen Weitblick, du willst keine neuen Ideen akzeptieren oder sie auch nur prüfen!" Ideal wäre offenbar die Erfahrung des Alters vereinigt mit der Lebenskraft und der Vorstellungsgabe der Jugend.

Vielleicht haben Sie auch schon einmal zu sich gesagt: „Meine Erfahrungen, gut und schön, aber was würde ich nicht alles für ein bißchen von dem Enthusiasmus geben, der mir einmal zu eigen war." Oder vielleicht haben Sie alles mit „verlorenen Illusionen[6]" entschuldigt. Aber so ganz sicher, daß es Illusionen waren, sind Sie doch nicht. Der heitere Glanz des Lebens, die rasche Begeisterungsfähigkeit, der Wunsch und der Wille zu leben, der Glaube ans Schicksal, sind all diese Dinge Illusionen? Oder zeigt sich hier des überschäumenden Lebens wahre Gestalt? Und ist ihr Schwinden nicht ein Vorbote des Todes?

Wissen[7] wird den Lebenswillen nicht zerstören; Schmerzen und der Verlust der Selbstbestimmung[8] allerdings werden dies tun. Das Leben kann schmerzhaft sein, und oft ist es schmerzhaft, Erfahrungen zu sammeln. Wesentlich ist, diese Erfahrung zu bewahren. Aber bleibt Erfahrung nicht Erfahrung, auch wenn sie nicht mehr den Schmerz enthält?

Stellen Sie sich einmal vor, Sie könnten all die in Ihrem Leben angesammelten und aufgestauten Schmerzen, seien sie

4. Binsenweisheit: eine selbstverständliche, unbestrittene Behauptung; allgemein bekannte Wahrheit.
5. Vitalität: Lebenskraft.
6. Illusion: idealisierte Vorstellung von der Wirklichkeit; Selbstbetrug.
7. Wissen: abgesicherte Überzeugung, überprüfbare Information und Erkenntnis.
8. Selbstbestimmung: die Fähigkeit, seine eigenen Handlungen zu lenken.

physischer oder anderer Art, auslöschen. Wäre es denn gar so furchtbar, von einem gebrochenen Herzen Abschied zu nehmen, von einer psychosomatischen Krankheit, von Furcht, Angst und Schrecken?

Stellen Sie sich einen Menschen mit all seinem Wissen vor, und stellen Sie sich vor, dieser Mensch hat eine neue Chance bekommen; er kann dem Leben und dem Universum aufs Neue frei ins Auge schauen und sagen, daß sie gemeistert werden können. Können Sie sich einen Tag zurückrufen, als Sie noch jünger waren und beim Aufwachen funkelnden Tau auf Gräsern und Blättern schimmern sahen und eine goldene Sonne strahlend über einer glücklichen Welt? Können Sie sich zurückrufen, wie schön und herrlich es einmal war? Die Süße des ersten Kusses, das warme Gefühl wahrer Freundschaft und die stille Heimlichkeit einer Fahrt im Mondschein? Was war es, das diese herrliche Welt so anders gemacht hat?

Das Bewußtsein von der Welt um einen herum ist keine absolute Größe. In einer Phase des Lebens sind einem Farbe, Glanz und Freude bewußter als zu einer anderen Zeit. In der Jugend fühlt man die strahlende Wirklichkeit der Dinge eher als im Alter. Und ist es nicht wirklich ein Absinken des Bewußtseins und der Wahrnehmung[9]?

Was ist es, das jemanden des strahlenden Glanzes der Welt, die ihn umgibt, weniger gewahr sein läßt? Hat sich die Welt verändert? Sicherlich nicht, sieht doch jede neue Generation den Zauber und die Herrlichkeit, die überschäumende Kraft des Lebens, desselben Lebens, das dem älteren Menschen bestenfalls eintönig vorkommt. Nein, der einzelne hat sich geändert. Wodurch? Durch den Verfall seiner Drüsen und Muskeln? Doch wohl kaum, denn alle auf Drüsen und Muskeln, die Struktur des Körpers also, gerichteten Bemühungen haben nur wenig, wenn überhaupt etwas vom strahlenden Glanz des Lebens wiedergebracht.

„Ach, süße Jugend", seufzt der Reife, „hätte ich doch dein Feuer[10] noch!" Was hat dieses Feuer verdunkelt?

9. Wahrnehmung: die Fähigkeit, etwas (als Sinneseindruck) aufzunehmen, es zu bemerken.
10. Feuer: hier im Sinne von Lebenskraft.

Im gleichen Maße wie das Bewußtsein vom Glanz des Lebens nachläßt, nimmt das Bewußtsein überhaupt ab. Die Wahrnehmungskraft verfällt in genau demselben Maße wie das Bewußtsein. Die Fähigkeit, die Welt um einen herum wahrzunehmen, und die Fähigkeit, treffende Schlußfolgerungen über die Welt zu ziehen, sind ein und dieselbe Sache.

Eine Brille zum Beispiel ist ein Anzeichen für den Verfall des Bewußtseins. Die Augen brauchen eine Stütze, um die Welt klarer zu sehen. Auch das Abnehmen der Fähigkeit, sich schnell zu bewegen, so schnell zu rennen, wie man es als Kind konnte, auch das ist eine Verminderung von Bewußtsein und Fähigkeit.

Vollständige Bewußtlosigkeit ist Tod. Halb bewußtlos ist halb tot. Zu einem Viertel bewußtlos zu sein, ist ein Viertel tot. Und genau in dem Maße, wie jemand nur die mit dem Leben nun einmal verbundenen Schmerzen ansammelt und es versäumt, auch die Freuden anzusammeln, in diesem Maße rückt ihm der würdige Herr mit der Sense[11] immer näher auf die Pelle. Und dann folgt zu guter Letzt die physische Unfähigkeit zu sehen, zu denken und zu sein, gemeinhin als Tod bezeichnet.

Wie werden diese Schmerzen angesammelt? Würden vollständiges Bewußtsein und vollständiges, klares Begreifen des Lebens wiederkehren, wenn man sie loswerden könnte? Und gibt es eine Möglichkeit, sich von diesen Schmerzen zu befreien? □

11. Herr mit der Sense: der Tod.

4. KAPITEL

Unser Streben nach Unsterblichkeit

Das physikalische Universum[1] besteht aus vier Elementen, nämlich aus Materie, Energie, Raum und Zeit.

Nach der Kernphysik ist die Materie aus Energie, zum Beispiel Elektronen[2] und Protonen[3], zusammengesetzt. Energie und Materie existieren in Raum und Zeit. Eigentlich ist das alles ganz einfach. Und eben deshalb brauchen wir hier nicht besonders tief einzudringen, um zu verstehen, daß das Universum, in dem wir leben, aus einfachen Bestandteilen aufgebaut ist, die in verschiedener Weise gruppiert sind und umgruppiert werden, so daß sie vielfältige Gestalten und Erscheinungsformen bilden.

Der betonierte Bürgersteig, die Luft, Schokolade, Lohntüten, Katzen, Könige und Kohlentrimmer sind im Grunde genommen aus Materie, Energie, Raum und Zeit zusammengesetzt. Und wenn sie lebendig sind, enthalten sie noch eine andere Zutat – Leben.

Leben ist eine Energie von ganz besonderer Art, gehorcht bestimmten Gesetzen und ist wohlunterschieden von dem, was wir üblicherweise als Energie ansehen, von Elektrizität zum Beispiel. Leben ist jedoch eine Energie, und es hat einige besondere Eigenschaften.

Leben ist in der Lage, Materie und Energie in Raum und Zeit zu sammeln, zu organisieren und sie zu beleben. Das Leben nimmt eine gewisse Menge Materie und Energie und formt damit einen Organismus, wie zum Beispiel einen Einzeller[4], einen

1. physikalisches Universum: das Universum von Materie, Energie, Raum und Zeit. Es wäre das Universum der Planeten, ihrer Felsen, Flüsse und Ozeane, das Universum der Sterne und Galaxien, das Universum leuchtender Sonnen und der Zeit.
2. Elektronen: Materieteilchen mit negativer Ladung.
3. Protonen: Materieteilchen mit positiver Ladung.
4. Einzeller: Organismus, der aus einer einzigen Zelle besteht.

Baum, einen Eisbären oder einen Menschen. Danach wirkt dieser Organismus, der weiterhin von der Energie, die wir *Leben* nennen, mit Leben erfüllt ist, weiter auf Materie und Energie in Raum und Zeit ein und organisiert und belebt nun Materie und Energie zu neuen Objekten und Formen.

Man könnte sagen, daß das Leben damit beschäftigt ist, das physikalische Universum zu erobern. Wir haben erfahren, daß der grundlegende Drang des Lebens das Überleben ist. Um zu überleben, muß das Leben seine Eroberung des physikalischen Universums ständig fortsetzen und dabei siegreich sein.

Wenn das Leben oder eine Lebensform mit dieser Eroberung aufhört, hört es auf zu überleben und geht zugrunde.

Wir haben es hier mit einem gigantischen Geschehen zu tun. Die Energie des Lebens steht gegen Materie, Energie, Raum und Zeit.

Leben gegen physikalisches Universum.

Ein ungeheures Ringen ist hier im Gange. Das chaotische, unorganisierte, nur zur Gewalt fähige physikalische Universum leistet dem Eroberungsfeldzug des Lebens Widerstand, jenes organisierenden und beharrlichen Lebens, das fähig zur Vernunft ist.

Das Leben lernt die Gesetze des physikalischen Universums in bezug auf Materie, Energie, Raum und Zeit und wendet dann diese Gesetze gegen das physikalische Universum an, um dessen Eroberung voranzutreiben.

Der Mensch hat sehr viel Zeit darauf verwandt – so zum Beispiel in der Physik[5] und Chemie[6] –, alles erreichbare über das physikalische Universum in Erfahrung zu bringen; was aber noch wichtiger ist, er hat aus dem täglichen Kampf des Lebens gegen das Universum gelernt. Glauben Sie nur ja nicht, daß sich bei einem Einzeller noch keine Kenntnis der Regeln des Lebens zeigt, denn das ist der Fall. Welches Maß an Gewitztheit ist vonnöten,

5. Physik: die Wissenschaft von den Eigenschaften und Wechselbeziehungen von Materie und Energie.
6. Chemie: die Wissenschaft von den Bauteilen der Materie und von ihren Verbindungen untereinander.

um einige Chemikalien und das Sonnenlicht zu einer lebendigen Einheit zusammenzuführen! Der Biologe[7] steht voll Ehrfurcht vor der raffinierten Organisation der kleinsten lebenden Zellen. Er sieht voll Staunen auf diese komplizierten und sorgfältig aufgebauten Wesen, diese mikroskopischen Entitäten[8] von Formen des Lebens, und nicht einmal er kann glauben, daß dies alles bloß Zufall ist.

Es gibt also Leben, eine vitale Energie, die jedoch anders ist als die Energie des physikalischen Universums. Und dann gibt es noch Lebensformen. Die Lebensform oder der Organismus, zum Beispiel ein menschlicher Körper, besteht aus Leben *plus* Materie, Energie, Raum und Zeit des physikalischen Universums. Ein *toter* Körper besteht aus Materie, Energie, Raum und Zeit des physikalischen Universums *minus* der Lebensenergie. Das Leben war in dem Körper, hat seine Bestandteile zu einem Ganzen organisiert und hat sich dann aus ihm zurückgezogen. Wir erkennen diesen Vorgang als den Zyklus von Empfängnis, Geburt, Wachstum, Verfall und Tod.

Obwohl es Antworten darauf gibt, wohin das Leben geht, wenn es sich zurückzieht, und was es dann tut, brauchen wir dies jetzt nicht zu untersuchen. Für den lebenden Organismus ist die Tatsache von Wichtigkeit, daß er in Übereinstimmung mit dem Streben allen Lebens zu überleben sucht, und um dies zu tun, muß ihm die Eroberung des physikalischen Universums gelingen.

Ganz einfach ausgedrückt sieht es so aus: Zuerst muß das Leben genügend Materie und Energie ansammeln, um einen Organismus – wie den menschlichen Körper – aufbauen zu können. Dann muß es den Organismus mit freundlichen und zur Zusammenarbeit bereiten anderen Organismen – wie anderen Menschen – verbünden und dabei ständig zusätzliche Materie und Energie, wie Kleidung, Nahrung und Unterkunft, für die Erhaltung des Organismus heranschaffen. Neben der Notwendigkeit von Bundesgenossen, Nahrung, Kleidung und Unterkunft sind für das Überleben zusätzlich noch zwei besondere Dinge von grundlegender Wichtigkeit:

7. Biologe: ein Fachmann der Biologie, der Wissenschaft vom Leben und den Lebewesen.
8. Entität: etwas, das eine eigenständige Existenz besitzt.

Das Leben muß sich Vergnügen[9] verschaffen.

Das Leben muß Schmerz vermeiden.

Das Leben hat einen aktiven Drang weg vom Schmerz, denn der Schmerz ist überlebensfeindlich, zerstörerisch und Tod an sich. Der Schmerz ist eine Warnung vor dem Nichtüberleben oder möglichem Tod.

Das Leben hat einen aktiven Drang zum Vergnügen hin. Vergnügen kann definiert werden als die Handlung in Richtung auf Erreichen oder Verschaffen von Überleben. Das äußerste Vergnügen ist unendliches Überleben oder Unsterblichkeit. Der physische Organismus kann dieses Ziel nicht erreichen (das ihm innewohnende Leben allerdings schon), doch strebt der Organismus dieses Ziel an.

Glück könnte dann also als die Überwindung von Hindernissen auf dem Weg zu einem begehrenswerten Ziel definiert werden. Bei näherer Betrachtung wird sich jedes begehrenswerte Ziel als Überlebensziel entpuppen.

Zuviel Schmerz hindert den Organismus auf seinem Weg zum Überleben.

Zuviele Hindernisse zwischen dem Organismus und dem Überleben bedeuten Nichtüberleben.

Der menschliche Sinn[10] ist also, wie man nun sehen kann, lediglich damit beschäftigt, Wege und Möglichkeiten zu kalkulieren und sich vorzustellen, um Schmerz zu vermeiden und Vergnügen zu erreichen und die Lösungen dann in die Tat umzusetzen. Und das ist auch schon alles, was der menschliche Sinn

9. Vergnügen (engl. „pleasure"): In der Dianetik wird Vergnügen wie folgt definiert: Der Organismus, der auf das Überleben ausgerichtet ist, erzielt Vergnügen durch Handlungen, die das Überleben fördern, und indem er nach Zielen strebt, die dem Überleben förderlich sind.

10. Sinn: In der Dianetik wird der menschliche Geist bzw. Verstand als „Sinn" (oder englisch *Mind*) bezeichnet und als eine Art Computer verstanden, dessen Zweck darin besteht, Probleme in bezug auf Überleben aufzustellen und zu lösen und die Anstrengungen des Organismus gemäß diesen Lösungen zu lenken. Er ist ein Beobachter, Vorhersager und Erschaffer von Wissen und eine Speicherstelle für Wissen (Daten, Informationen, Erfahrungen). Der Sinn umfaßt die angesammelten Aufzeichnungen der Gedanken, Schlußfolgerungen, Entscheidungen, Beobachtungen und Wahrnehmungen einer Person aus ihrem gesamten Dasein.

tut: er sieht, formuliert und löst Probleme, die das Überleben des Organismus, zukünftiger Generationen, der Gruppe, des Lebens und des physikalischen Universums betreffen, und setzt die Lösungen in die Tat um. Wenn der Sinn die Mehrzahl der vorliegenden Probleme löst, erreicht der Organismus auf diese Weise ein hohes Niveau des Überlebens. Wenn der Sinn des Organismus beim Lösen der Mehrzahl der Probleme scheitert, scheitert auch der Organismus.

Sinn und Überleben sind also eng verwandt. Wir meinen hier mit Sinn den ganzen Sinn, nicht nur das Gehirn. Das Gehirn ist eine Struktur. Als Sinn kann man das ganze Wesen betrachten, das Sterbliche und das Unsterbliche an ihm, die eindeutige Persönlichkeit des Organismus und alle deren Eigenschaften.

Wenn nun also der Sinn gut arbeitet und die Probleme, die er lösen sollte, auch löst und diese Lösungen in entsprechendes Tun umsetzt, ist das Überleben des Organismus gesichert. Wenn der Sinn nicht gut arbeitet, ist das Überleben des Organismus ernsthaft in Frage gestellt.

Der Sinn eines Menschen muß also in hervorragender Verfassung sein, wenn er das Überleben dieses Menschen selbst, seiner Familie, seiner Gruppe, nachfolgender Generationen und des Lebens selbst wirklich voll garantieren soll.

Der Sinn strebt danach, Überlebenshandlungen zu garantieren und zu leiten. Er strebt das Überleben nicht nur für den Organismus (seinen eigenen) an, sondern auch für Familie, Kinder, zukünftige Generationen und alles Leben. Daher kann er auch auf einzelnen Gebieten abgestumpft[11] sein.

Ein Sinn kann für das eigene Überleben kein Verständnis haben und doch ein sehr lebendiges Gefühl für das Überleben zukünftiger Generationen. Er kann in bezug auf Gruppen sehr abgestumpft sein und dennoch sehr wach in bezug auf die Verantwortung für den (eigenen) Organismus. Um gut zu funktionieren, darf der Sinn aber in keiner Hinsicht abgestumpft sein.

11. abgestumpft: in geistiger oder seelischer Leistungsfähigkeit beeinträchtigt.

Um gut zu funktionieren, muß sich der Sinn als fähig begreifen, das physikalische Universum aus Materie, Energie, Raum und Zeit den Erfordernissen des Organismus, der Familie, zukünftiger Generationen, von Gruppen und ebenso des Lebens entsprechend zu handhaben.

Der Sinn muß fähig sein, für sich selbst, für zukünftige Generationen, für die Familie, Gruppe, ebenso wie für das Leben selbst Schmerz zu vermeiden und Freude zu finden.

Im selben Maße, wie der Sinn versagt, Schmerz zu vermeiden und Freude zu finden, scheitern Organismus, Familie, zukünftige Generationen, die Gruppe und das Leben.

Wenn ein Organismus in einer Gruppe dabei versagt, Probleme des Überlebens richtig zu lösen, so ist dies ein teilweises Versagen für die ganze Gruppe. Daher: „Des andern Unglück ist zum Teil auch deines!"

Leben ist ein Bemühen in wechselseitiger Abhängigkeit und Zusammenarbeit. Jeder einzelne lebende Organismus hat im Leben anderer Organismen eine Rolle zu spielen.

Im Falle eines denkenden Sinnes, wie dem des Menschen, muß der Organismus fähig sein, für sein eigenes und das Überleben anderer unabhängig zu handeln. Um nun dieses vielfältige Überleben zu erreichen, muß ein Sinn fähig sein, Lösungen zu erkennen, die nicht nur für ihn selbst, sondern auch für alle anderen Dinge, die mit seinem Überleben zusammenhängen, optimal sind.

Der Sinn eines Organismus muß also Übereinstimmung mit dem Sinn anderer Organismen erreichen, damit alle auf dem höchstmöglichen Niveau überleben können.

Wenn ein Sinn teilnahmslos und abgestumpft wird, beginnt er seine Lösungen schlecht zu berechnen. Er beginnt über seine Ziele in Verwirrung zu geraten. Er wird unsicher darüber, was er tun soll. Und diese Unsicherheit zieht das Leben anderer Organismen mit hinein und hemmt sie. Er könnte zum Beispiel beginnen, die Überlegung anzustellen, daß er als Selbst überleben muß und daß nur sein Selbst wichtig ist, und er würde auf diese Weise das Überleben anderer außer acht lassen. Dies ist eine Nichtüberlebenstätigkeit und in hohem Maße aberriert.

Wenn ein Sinn anfängt, nur für sich selbst überleben zu wollen, und wenn er andere Organismen um ihn herum zu schwächen und gewaltsam zu kontrollieren beginnt, dann hat dieser Sinn schon die Hälfte der Wegstrecke zu seinem eigenen Tod überschritten. Es ist ein Sinn, der weniger als zur Hälfte lebendig ist. Er hat kaum noch die Hälfte seines tatsächlichen Potentials. Er nimmt das physikalische Universum nur unzulänglich wahr. Er erkennt nicht, daß sein Überleben von der Zusammenarbeit mit anderen abhängt. Er hat seine Überlebensmission verloren. Dieser Sinn hat sich bereits auf den Weg zum Tod gemacht, er hat seinen Gipfel überschritten und wird sogar Maßnahmen ergreifen, die seinen eigenen Tod herbeiführen.

Das große, allumfassende Leben hat durchaus Nutzen vom Tod eines Organismus. Wenn ein Organismus nur noch schlecht und recht vor sich hin besteht, ist der Plan des Lebens darauf angelegt, ihn zu töten und dann in einen neuen Organismus zu investieren.

Der Tod ist eine Maßnahme des Lebens, um sich eines veralteten[12] und unerwünschten Organismus zu entledigen, damit neue Organismen geboren werden und gedeihen können.

Nicht das Leben selbst stirbt, sondern nur der physische Organismus. Offenbar stirbt nicht einmal die Persönlichkeit[13]. Der Begriff des Todes ist also in Wahrheit auf den physischen Teil des Organismus beschränkt. Leben und Persönlichkeit bestehen offensichtlich weiter. Der physische Teil des Organismus stellt seine Funktionen ein, das ist dann der Tod.

Wenn ein Organismus einen Punkt erreicht, an dem er nur noch halbbewußt ist und sowohl seine Wahrnehmungskraft als auch seine Funktion nur noch halb so gut sind, wie sie sein sollten,

12. veraltet: hier im Sinne von „unbrauchbar geworden".

13. Persönlichkeit: Das Individuum, die Persönlichkeit, ist die Einheit, die sich des Bewußtseins bewußt ist, die Person selbst.

dann beginnt der Tod. Anschließend unternimmt der Organismus Dinge, die das Sterben beschleunigen. Er tut dies „unbewußt". Doch wird ein Sinn in diesem aberrierten Zustand auch anderen Organismen den Tod bringen, und darum ist ein nur halbbewußter Organismus für andere eine Bedrohung.

Unter diese Kategorie fallen Unfallkandidaten, herrschsüchtige, egoistische und selbstsüchtige Personen und faschistische[14] Typen. Hier ist ein Organismus auf dem Weg in den Untergang.

Wenn ein Organismus einen Punkt erreicht, wo er nur noch zu einem Drittel lebendig und zu einem Drittel bewußt ist und nur noch ein Drittel dessen wahrnimmt, was möglich ist, dann beschleunigt das Leben das Sterben dieses Organismus und derer um ihn herum um so mehr. In dieser Kategorie finden wir den Selbstmörder, denjenigen, der andauernd krank ist, und jenen, der sich weigert zu essen.

Manchmal dauert es Jahre und Jahre, bis ein Organismus, der den Weg zum Tod hin eingeschlagen hat, endlich tot ist. Denn zwischendurch erholt sich der Organismus wieder etwas, weil er noch immer einen geringen Wunsch zum Weiterleben hat. Auch helfen ihm andere Organismen zu leben. Er wird von der Woge des Lebens vorangetragen, auch wenn seine persönliche Marschroute auf den Tod hinzielt – den eigenen Tod, den Tod anderer, und den Tod des physikalischen Universums, das ihn umgibt.

Die Gesellschaft, deren Hauptteil überleben will, versäumt es oder weigert sich einfach, den Tod oder den Todesdrang von Organismen zu erkennen. Die Gesellschaft erläßt daher Gesetze gegen Mord und Selbstmord. Die Gesellschaft unterhält Krankenhäuser und schleppt solche Leute mit sich weiter. Die Gesellschaft will nichts von Euthanasie oder „Töten aus Barmherzigkeit" wissen.

Wenn Organismen die halbe Strecke auf dem Weg zum Tod hinter sich gebracht haben, finden sie außerordentliche Mittel

14. faschistisch: eine politische Bewegung, die eine absolute Diktatur anstrebt und durch strengste Zensur und Gewaltanwendung jede Opposition unterbindet.

15. Neurotiker: eine Person, die infolge ihrer Aberrationen hauptsächlich sich selbst schadet, aber nicht in solchem Maße, daß sie Selbstmord begehen würde.

und Wege, um anderen Organismen, allem, womit sie in Berührung kommen, und sich selbst den Tod zu bringen. Das sind dann die Hitlers, die Verbrechertypen und die zerstörerischen Neurotiker[15].

Wenn man einer solchen Person ein Auto gibt, ist es gut möglich, daß sie in einen Unfall verwickelt wird. Wenn man ihr Geld gibt, wird sie es für Dinge ausgeben, die gegen das Überleben gerichtet sind.

Aber wir sollten nicht das Dramatische betonen und das Wichtige vergessen, wie es die Zeitungen tun. Freilich sind Handlung und Drang zum Tod hin nur dann auffallend, wenn sie sehr dramatisch sind, doch sind sie in ihren undramatischen Formen am gefährlichsten.

Eine Person, die die Mitte des Weges passiert hat, bringt Dingen und Menschen immer und überall Tod in kleinen Mengen. Ein schmutziges Haus, nicht eingehaltene Verabredungen, ungepflegte Kleidung, heimtückischer Klatsch, nörgelnde[16] Kritik über andere, „natürlich nur zum Besten der anderen", all das ist zerstörerische Unordnung, die Fehlschläge verursacht, und zu viele Fehlschläge verursachen Tod.

Man sollte ja nicht annehmen, daß die oben erwähnte Mitte des Weges die Hälfte der Lebensdauer bedeutet. Vielmehr bedeutet sie halbbewußt, halblebendig, nur zur Hälfte oder noch weniger wahrnehmend und denkend. Ein Kind zum Beispiel kann durch seine Eltern und durch die Schule auf dieses Niveau heruntergedrückt[17] werden. Und tatsächlich ist ziemlich oft zu erkennen, daß Kinder über diese Mitte hinaus nach unten sinken, so schwere Niederlagen müssen sie in ihrer Umwelt und in ihrem Kampf mit dem Leben einstecken. Das Alter ist also kein Kriterium, wohl aber die körperliche Gesundheit.

Das verläßlichste Anzeichen dafür, daß einer die Mitte bereits überschritten hat, ist seine körperliche Verfassung. Der chronisch Kranke hat diese Mitte überschritten.

16. nörgeln: kleinliche Einwände auf Grund ständiger Fehlersuche bei anderen vorbringen.
17. herunterdrücken: unsicherer, kleiner oder schwächer machen.

Will man eine sichere Gesellschaft haben, muß man, um diese Gesellschaft von ihren Todesfaktoren zu befreien, entweder Verfahrensweisen haben, um die Leute, die dieser Gesellschaft den Tod bringen – die Hitlers, die Geisteskranken und die Verbrecher –, zu vernichten, oder aber man muß über Möglichkeiten verfügen, diese Leute zu retten und sie wieder in den Zustand vollen Bewußtseins zu versetzen.

Volles Bewußtsein heißt volle Erkenntnis seiner Verantwortlichkeiten, seiner Verbindung zu anderen und seiner Fürsorgepflicht für sich selbst und für die Gesellschaft.

Wie könnte man das erreichen? Wäre es erreichbar, dann könnte man die gesellschaftliche Ordnung in bis dahin unerreichbare Höhen emportragen. Man könnte Gefängnisse und Irrenhäuser leeren. Man könnte eine Welt schaffen, die für den Krieg zu vernünftig ist. Es könnten Leute geheilt werden, für die niemals zuvor eine Heilungsmöglichkeit bestand. Und Menschen, die nie zuvor wirklich wußten, was Glück ist, diese Menschen könnten glücklich sein. Man könnte den guten Willen und die Leistungsfähigkeit aller Menschen und jeder Gesellschaftsordnung in die Höhe bringen, wenn man die Vitalität jener Leute wiederherstellen könnte.

Um zu wissen, wie man sie wiederherstellen kann, muß man wissen, wie Bewußtsein, Lebenskraft und Lebenswille vermindert werden. □

5. KAPITEL

Wie wir das Niveau unseres Bewußtseins heben

Was den Organismus in Richtung Tod hinunterdrückt, ist angesammelter Schmerz.

Schmerz in einem einzigen, großen, überwältigenden Schock[1] verursacht unmittelbar den Tod.

Schmerz in kleinen Mengen, über ein ganzes Leben hin verteilt, drückt den Organismus Stufe um Stufe hinab zum Tod.

Was ist Schmerz?

Schmerz ist eine Warnung vor Verlust. Der Schmerz ist ein in lebende Organismen eingebautes automatisches Warnsystem, das den Organismus darüber informiert, daß ein Teil oder der gesamte Organismus unter Belastung steht und daß er entweder etwas dagegen unternehmen sollte oder stirbt, wenn er das unterläßt.

Das Signal des Schmerzes zeigt dem Organismus, daß er in unmittelbarer Nähe einer zerstörerischen Kraft oder eines zerstörenden Objektes ist. Schmerz nicht beachten heißt sterben. Schmerz ist die Peitsche, die den Organismus von heißen Öfen und eisigem Frost wegtreibt; Schmerz ist die Androhung des Nichtüberlebens, die Strafe für Irrtümer beim Versuch zu überleben.

Und immer bedeutet Schmerz Verlust. Wenn man sich den Finger verbrennt, heißt das, daß der Körper die Oberflächenzellen dieses Fingers verloren hat. Sie sind tot. Ein Schlag auf den Kopf bedeutet den Tod von Kopfhautzellen und anderen Zellen in

1. Schock: Jemand kann auf der Emotionsskala so steil, so abrupt und plötzlich hinuntergestoßen werden, daß es ihn sogar umbringen kann.

diesem Gebiet. Der ganze Organismus wird auf diese Weise vor der Nähe einer Quelle des Todes gewarnt und versucht deshalb, davon wegzukommen.

Auch der Verlust eines geliebten Menschen ist ein Verlust von Überlebenspotential, ebenso der Verlust von Besitztum. Daher kommt es, daß man körperlichen Schmerz und den Verlust überlebenswichtiger Organismen und Gegenstände durcheinanderbringt, und deshalb gibt es so etwas wie „seelischen Schmerz".

Aber das Leben ist in seinem Kampf gegen das physikalische Universum niemals nachsichtig, wenn es ums Versagen geht. Ein Organismus, der tollkühn genug ist, sich einem allzu massiven Schlag auszusetzen, und so in Bewußtlosigkeit hinuntergedrückt wird, verbleibt in der Nähe des schmerzverursachenden Objekts. Wenn er auf so deutliche Weise zu überleben versagt, wird er selbst als überlebensfeindlich betrachtet.

Die Bewußtlosigkeit, die als Folge eines Schlags oder einer Krankheit erlebt wird, gibt ein zeitlich gerafftes Bild davon, was in der gesamten Spanne eines Lebens geschieht.

Gibt es zwischen diesen beiden Vorgängen, abgesehen von der Zeit, überhaupt einen Unterschied?

> Ein Schlag, der Bewußtlosigkeit zur Folge hat und mit dem Tod endet, einerseits,
>
> und die aufgespeicherten Schläge über ein ganzes Leben hin, die den stufenweisen Verlust des Bewußtseins zur Folge haben, was schließlich im Tod endet, andererseits.

Das eine ist langsamer als das andere.

Eine der grundlegenden Entdeckungen von Dianetik war, daß Bewußtlosigkeit und der gesamte damit verbundene Schmerz in einem besonderen Teil des Sinns gespeichert werden und sich immer weiter anhäufen, bis der Organismus dadurch zu sterben beginnt.

Weiterhin hat die Dianetik entdeckt, daß dieser Schmerz aufgehoben bzw. ausgelöscht werden kann, daß dann volles Bewußtsein zurückkehrt und die Fähigkeit zu überleben wiederhergestellt wird.

Die Dianetik hat es also – mit anderen Worten – möglich gemacht, die angehäufte Bewußtlosigkeit und den Schmerz all dieser Jahre nichtig zu machen und Gesundheit und Lebenskraft eines Organismus wiederherzustellen.

Aufgestauter körperlicher Schmerz und Verlust verringern Bewußtsein, körperliche Gesundheit und Lebenswillen bis hin zu einem Punkt, wo der Organismus aktiv den Tod sucht, wenn auch oft in versteckter Weise.

Wenn man die körperlichen Schmerzen und Verluste eines Lebens auslöscht bzw. aufhebt, kehrt die Lebenskraft zurück.

Die Lebenskraft und das vitale Streben nach höheren Überlebensniveaus sind das Leben an sich.

Es hat sich herausgestellt, daß der menschliche Körper außergewöhnlich fähig ist, sich selbst wiederherzustellen, nachdem die aufgespeicherten Erinnerungen an Schmerzen ausgelöscht wurden. Weiterhin wurde entdeckt, daß durch die Behandlung der sogenannten psychosomatischen Krankheiten, wie Arthritis[2], Rheuma[3], Dermatitis[4] und Tausenden anderen, keine beständige Heilung erzielt werden konnte, solange dieser aufgespeicherte Schmerz bestehen blieb. Schon vor langer Zeit entdeckte die Psychotherapie[5], die nichts über Schmerzspeicherung und deren Auswirkungen wußte, daß man einen Patienten von der einen Krankheit befreien konnte, mit dem einzigen Effekt, daß sofort wieder eine andere auftauchte. Und so wurde die Psychotherapie eine resignierte[6] Lehre, denn sie konnte dem aberrierten oder kranken Menschen nicht auf Dauer helfen, wenn sie ihm auch etwas Erleichterung verschaffen konnte. Alle Bemühungen,

2. Arthritis: Gelenkentzündung.
3. Rheuma: schmerzhafte Entzündung von Gelenken und Muskeln.
4. Dermatitis: Hautentzündung.
5. Psychotherapie: Krankenbehandlung (bei Neurosen, psychischen Fehlleistungen usw.) durch seelische Beeinflussung.
6. resignieren: entsagen, verzichten; hier im Sinne von „mutlos werden".

den Menschen lebenskräftig und gesund zu machen, wurden mit Mißtrauen betrachtet, weil die Ursache für Unfähigkeit und Krankheit noch nicht entdeckt und bewiesen worden war.

Die Dianetik hat es geschafft, Aberration und Krankheit auszumerzen, weil es möglich wurde, den Schmerz in den Schmerzspeicherbanken[7] des Körpers aufzuheben bzw. auszulöschen, ohne, wie die Chirurgie, noch mehr Schmerzen zu verursachen.

Bewußtsein hängt also von der Abwesenheit oder Aufhebung oder Tilgung der Erinnerungen an körperlichen Schmerz ab, da ja die Bewußtlosigkeit ein Teil dieses Schmerzes, eines seiner Symptome ist.

So besteht zum Beispiel die Arthritis im Knie aus einer Ansammlung aller Verletzungen des Knies in der Vergangenheit. Der Körper bringt die jetzige Zeit und Umgebung mit jener Zeit und jener Umgebung durcheinander, in der das Knie tatsächlich verletzt wurde, und hält so den Schmerz an dieser Stelle fest. Die Körperflüssigkeiten meiden die Gegend des Schmerzes. Und so entsteht eine Ablagerung, die man Arthritis nennt. Der Beweis dafür ist, daß die Arthritis zu bestehen aufhört und auch kein anderer Schaden an ihrer Stelle auftritt und für die betreffende Person die Arthritis im Knie erledigt ist, wenn die Knieverletzungen der Vergangenheit festgestellt und von ihrer Ladung[8] befreit werden. Und dies geschieht in zehn von zehn Fällen, ausgenommen nur jene, wo Alter und körperlicher Verfall so weit in Richtung Tod fortgeschritten sind, daß der Punkt, von dem ab es keine Rückkehr mehr gibt, schon überschritten ist.

Nehmen wir einmal den Fall eines kranken Herzens. Die betreffende Person hat Herzschmerzen. Sie kann Medikamente nehmen oder es mit Voodoo-Zauber[9] versuchen oder ihre Diät wechseln – das kranke Herz bleibt. Findet man aber eine echte,

7. Bank: hier im Sinne eines Aufbewahrungsortes, wie etwa bei der „Datenbank".

8. Ladung: gespeicherte Energie oder gespeicherte wiedererschaffbare Energiepotentiale. Aberrierende, schädliche Energie, die sich in Engrammen befindet.

9. Voodoo: ein System von Glaubensauffassungen und Praktiken, das Hexerei, Magie und Beschwörungen enthält. Der Voodookult stammt aus Afrika und wird von einigen Negern auf den Westindischen Inseln und im Süden der USA noch immer betrieben.

physische Verletzung des Herzens und hebt sie auf oder tilgt sie, so hören die Herzschmerzen auf und das Herz wird gesund.

Nichts ist leichter, als die vorstehenden Lehrsätze zu beweisen. Ein guter Dianetik-Auditor behandelt eine zusammengebrochene, sorgenüberhäufte Frau von achtunddreißig Jahren und bringt die Zeiten vergangener körperlicher und seelischer Schmerzen restlos zum Verschwinden, und auf einmal sitzt vor ihm eine Frau, die wie fünfundzwanzig aussieht, und zwar wie eine strahlende, fröhliche Fünfundzwanzigjährige.

Das klingt unglaublich, ich weiß. Aber ebenso unglaublich klingt es, daß die paar Gramm Plutonium einer Atombombe eine ganze Stadt von der Landkarte radieren können.

Wenn man einmal die Grundprinzipien des Lebens und seines Verhaltens als Energie kennt, ist man in der Lage, dem Kranken, dem Entkräfteten, dem potentiellen Selbstmörder das Leben wiederzugeben.

Und was noch wichtiger ist als die seelische oder körperliche Behandlung eines Schwerkranken: man kann die Abwärtsspirale eines jetzt noch gesunden und munteren Menschen aufhalten, um zu verhindern, daß er später derart krank wird. Und ein sogenannter „normaler“ Mensch kann zu früher nicht möglichen Seinshöhen von Glanz und Erfolg hinaufgetragen werden.

Wenn man das ganze Bewußtsein eines Individuums wiederherstellt, so gibt man ihm sein volles Potential an Leben wieder.

Und es kann nun getan werden. □

6. KAPITEL

Wie wir das Niveau unseres Lebens und Verhaltens heben

Die Tonskala, von der Sie auf Seite 52 dieses Buches eine gekürzte Fassung finden, ist eine Darstellung der Abwärtsspirale des Lebens, ausgehend von voller Lebenskraft und vollem Bewußtsein über halbe Lebenskraft und Halbbewußtsein bis hinunter zum Tod.

Aufgrund verschiedenartiger Berechnungen der Energie des Lebens, aufgrund von Beobachtungen und Tests kann diese Skala die jeweiligen Verhaltensweisen angeben, die dem Niedergang des Lebens entsprechen.

Diese verschiedenen Niveaus sind allen Menschen gemeinsam.

Wenn jemand beinahe schon tot ist, kann man sagen, daß er sich in chronischer[1] *Apathie*[2] befindet. Er benimmt sich zu seiner Umwelt in einer genau bestimmbaren Art und Weise. Dies ist der Punkt 0.1 auf der Tonskala.

Wenn sich jemand in dauerndem Kummer über seine Verluste befindet, ist er in *Gram*. Er benimmt sich dann zu seiner Umwelt in bestimmter Art und Weise. Dies ist der Punkt 0.5 auf der Tonskala.

Wenn jemand noch nicht so tief wie Gram ist, aber erkennt, daß Verluste unmittelbar bevorstehen, oder wenn er durch vergangene Verluste chronisch auf diese Stufe fixiert ist, kann man

1. chronisch: in bezug auf Krankheiten: lange andauernd, schleichend. Allgemein: ständig, anhaltend.
2. Apathie: Teilnahmslosigkeit, Gleichgültigkeit, Abstumpfung.

sagen, daß er in *Furcht* ist. Dies ist in der Gegend von 1.1 auf der Tonskala.

Ein Individuum, das gegen drohende Verluste kämpft, ist in *Wut* und zeigt daher andere Verhaltensweisen. Dies ist der Punkt 1.5 der Tonskala.

Eine Person, die mögliche Verluste nur vermutet oder auf diesem Niveau festsitzt, ist ärgerlich. Man kann sie als in *Antagonismus*[3] befindlich bezeichnen, auf Punkt 2.0 der Skala.

Die Situation eines Menschen oberhalb des Antagonismus ist noch nicht so gut, daß man sie als enthusiastisch bezeichnen könnte, wohl aber besser als die einer ärgerlichen Person. Er hat einige Ziele verloren und kann im Moment keine anderen ausmachen. Er ist auf *Langeweile*, auf Punkt 2.5 der Tonskala.

Auf Punkt 3.0 der Skala hat die Person eine *konservative*, vorsichtige Haltung zum Leben, erreicht aber ihre Ziele.

Auf 4.0 ist das Individuum *enthusiastisch*, glücklich und vital.

Sehr wenige Leute sind von Natur aus auf 4.0. Mit Wohlwollen betrachtet liegt der Durchschnitt wahrscheinlich um die 2.8 herum.

Beim Durchgehen der Tabelle findet man in den einzelnen Kästchen jeweils die verschiedenen Charakteristika der Leute auf dem entsprechenden Niveau. Und, schrecklich genug, es haben sich diese Charakteristika als konstant herausgestellt. Wenn man 3.0 als Kennzahl hat, wird man sich die ganze Tabelle hindurch auf 3.0 befinden.

Sie haben die in der Tabelle angegebene Wirkungsweise sicher selbst schon vorher beobachtet. Sie haben sicher schon einmal ein Kind gesehen, das etwas haben wollte, sagen wir einen Groschen. Zuerst ist es glücklich, es will einfach nur einen Groschen haben. Wenn man ihm den Groschen nicht geben will, erklärt es, wozu es das Geld haben will. Wenn es das Kind nicht

3. Antagonismus: Widerstreit, Gegensätzlichkeit.

schafft, den Groschen zu bekommen, und wenn es diesen nicht unbedingt haben will, langweilt es die ganze Angelegenheit, und es geht weg. Aber wenn das Kind ihn unbedingt haben will, wird es antagonistisch und anschließend zornig werden. Wenn das nichts hilft, wird es vielleicht eine Lüge erzählen, warum es das Geld haben will. Wenn auch das fehlschlägt, gerät das Kind in Gram. Und wenn man sich dann immer noch weigert, sinkt es zum Schluß in Apathie und sagt, es wolle das Geld eigentlich gar nicht. Dies ist Verleugnung.

Damit haben Sie die Tabelle auch in umgekehrter Weise am Werk gesehen. Wenn ein Kind von einer Gefahr bedroht ist, rutscht es ebenfalls die Tonskala hinunter. Am Anfang begreift es die Gefahr, die ihm droht, gar nicht richtig und ist ganz froh. Dann beginnt die Gefahr – zum Beispiel ein Hund – sich dem Kind zu nähern. Das Kind sieht die Gefahr, hält sich aber noch nicht für betroffen und fährt mit seiner Beschäftigung fort. Aber sein Spielzeug „langweilt" es im Augenblick, das Kind ist ein klein wenig besorgt und etwas unsicher. Dann kommt der Hund näher. Das Kind wird unwillig oder zeigt etwas Antagonismus. Der Hund kommt noch näher. Das Kind wird zornig und macht einen Versuch, dem Hund einen Schaden zuzufügen. Der Hund kommt noch näher und wird noch bedrohlicher. Das Kind fürchtet sich. Wenn Furcht nichts hilft, fängt das Kind zu weinen an. Wenn der Hund das Kind jetzt immer noch bedroht, kann es auf Apathie gehen und einfach darauf warten, gebissen zu werden.

Objekte, Tiere oder Menschen, die das Überleben fördern, drücken das Individuum auf der Tonskala nach unten, je weiter sie sich aus seiner Reichweite entfernen.

Objekte, Tiere oder Menschen, die das Überleben bedrohen, drücken das Individuum die Tonskala hinunter, je mehr sie sich ihm nähern.

Diese Skala hat sowohl einen chronischen als auch einen akuten[4] Aspekt. Jemand kann für zehn Minuten auf ein niedrigeres Niveau hinabgedrückt werden und geht dann wieder hinauf,

4. akut: in bezug auf Krankheit: kurz und heftig.

er kann aber auch für zehn Jahre nach unten gezogen werden und kommt nicht wieder nach oben.

Ein Mensch, der allzuviel Verlust und Schmerz erlitten hat, neigt dazu, auf irgendein tieferes Niveau der Skala fixiert zu werden und dort mit nur geringen Schwankungen zu bleiben. Sein übliches und für ihn typisches Verhalten wird dann diesem Niveau der Tonskala entsprechen.

42 Geradeso wie ein Moment von Gram (0.5) ein Kind dazu bringen kann, sich für eine kurze Zeit entsprechend dem Gramstreifen zu verhalten, kann eine Fixierung auf 0.5 verursachen, daß sich ein Individuum den meisten Dingen seines Lebens gegenüber gemäß der Stufe 0.5 verhält.

Es gibt also ein momentanes und ein fixiertes Verhalten.

Wie kann man eine Person auf dieser Tonskala finden? Wie kann man sich selbst einordnen?

Wenn Sie auf einem bestimmten Niveau dieser Skala zwei oder drei Charakteristika ausfindig machen können, schauen Sie auf die Tonskala am linken oder rechten Rand der Tabelle. Gehen Sie nun einfach *alle* Spalten in gleicher Höhe der ermittelten Zahl durch, und Sie werden die restlichen Merkmale finden.

Wenn Sie jemand anderen anhand dieser Tonskala einschätzen, können Sie eigentlich nur einen einzigen Fehler machen, nämlich annehmen, daß er irgendwo von seiner Ebene abweicht und in einem Bereich höher steht als in anderen. Hier sollten Sie beachten: das Merkmal, das Sie beanstanden, mag verschleiert, verdeckt sein, es ist aber dennoch da.

Die Spalte 1 gibt Ihnen einen allgemeinen Überblick über Verhalten und Physiologie[5] einer Person. Die Spalte 2 zeigt den körperlichen Zustand, in der Spalte 3 finden Sie jene Emotion[6], die die betreffende Person am häufigsten zeigt. Gehen Sie so die

5. Physiologie: Lehre von den Lebensvorgängen.

6. Emotion: Emotion könnte man als die Energie-Erscheinungsform von Affinität bezeichnen. Ihrer Verwendung in der Dianetik nach könnte man Emotion das Kennzeichen des jeweiligen Daseinszustandes nennen.

Spalten der Reihe nach durch. Irgendwo werden Sie Daten über jemanden oder über sich selbst finden, derer Sie gewiß sein können. Schauen Sie dann einfach alle anderen Daten auf gleicher Höhe mit den Daten, derer Sie sicher waren, genau an. Dieses waagrechte Band, sei es nun 1.5 oder 3.0, wird Ihnen die Geschichte eines menschlichen Wesens erzählen.

Es gibt natürlich momentane Auf- und Abwärtsbewegungen auf dieser Tonskala, je nachdem, ob gute oder schlechte Nachrichten auf eine Person einwirken, ob sie glückliche oder traurige Zeiten mitmacht. Aber jeder einzelne hat ein chronisches Niveau und damit ein typisches Verhalten.

Je tiefer man jemanden auf dieser Tabelle antrifft, desto weniger rege und bewußt ist er. Die chronische Stimmung oder Haltung des einzelnen zum Dasein verschlechtert sich in direktem Verhältnis zu seiner Betrachtungsweise des physikalischen Universums und der Organismen, die ihn umgeben.

Es gibt noch viele andere mechanische Aspekte dieser Tabelle, die mit Energieerscheinungen und Verhaltensbeobachtung zu tun haben, aber es ist nicht notwendig, sie hier einzubeziehen.

Für sich allein genommen ist die Aussage, daß jemand in seiner Einschätzung des physikalischen Universums und der Organismen um ihn herum fixiert wird, nicht erschöpfend, da es neben dem Bewußtsein noch bestimmte andere Dinge gibt, die dies zustandekommen lassen. Auf jeden Fall aber ist die Abnahme des Bewußtseins bezüglich der physikalischen Umgebung eines Individuums stets ein handfestes Kennzeichen hierfür. Jener Verfall des Bewußtseins ist eine Teilursache für das allmähliche Absacken in dieser Tabelle, doch für unsere Zwecke in diesem Buch ist es aufschlußreich genug.

Am oberen Rand dieser Tabelle ist man sich selbst, seiner Umwelt, anderer Menschen und des Universums überhaupt voll bewußt. Man akzeptiert in dieser Welt seine Verantwortlichkeiten, sieht den Realitäten ins Gesicht und beschäftigt sich mit den existierenden Problemen innerhalb der von Erziehung und Erfahrung gesetzten Grenzen.

Dann geschieht etwas: Die Wahrnehmungsfähigkeit für das materielle Universum trübt sich. Wie kommt dies zustande?

Der Anfang des Absteigens auf der Tabelle wird in erster Linie von körperlichem Schmerz, bewirkt durch das physikalische Universum, verursacht. Es ist eine Sache, an Erfahrung zu gewinnen, und eine ganz andere, körperlichen Schmerz zu erleiden. Denn jede von tatsächlichem körperlichen Schmerz begleitete Erfahrung ist unter diesem Schmerz *verborgen*; um zu überleben, muß der Organismus Schmerz vermeiden. Wenn er oberhalb von 2.0 auf der Tonskala ist, vermeidet er ebenfalls die Erinnerungen an Schmerz. Unterhalb von 2.0 „genießt" er Erinnerungen an Schmerz, da diese zum Tod führen. Sobald er dann in den Bereich gerät, wo es ihm möglich ist, Schmerz generell zu vermeiden, obwohl dieser Schmerz aufgezeichnet ist, beginnt das Bewußtsein in starkem Maße zu verfallen. Die Wahrnehmung des physikalischen Universums und das Kaliber der Handlungen einer Person fangen beide an abzunehmen.

Es gibt eine innere und eine äußere Welt, so könnte man sagen. Die innere Welt ist die Welt des Gestern. Die in ihr enthaltenen Daten werden für die Beurteilung der äußeren Welt, der Welt des Heute und des Morgen, benutzt. Solange jemand alle Daten verfügbar hat, kann er ausgezeichnete Berechnungen anstellen. Wenn die in Erfahrung gebrachten Tatbestände anfangen, verschüttet zu werden, neigen seine Schlußfolgerungen dazu, genau in diesem Maße falsch zu werden.

So wie das Vertrauen in das physikalische Universum schwindet, schwindet die Fähigkeit, das physikalische Universum zu handhaben. Träume und Hoffnungen eines Menschen scheinen plötzlich unerreichbar, er hört auf, sich strebend zu bemühen. In Wirklichkeit aber verringert sich die Fähigkeit eines Menschen selten, sie *scheint* sich nur zu verringern.

Wenn die innere Welt von zu vielen körperlichen Schmerzen zu berichten weiß, gerät der Organismus in Verwirrung. Wie jenes Kind, das schließlich sagt, es wolle den Groschen gar nicht, so sagt der Organismus, er will ja gar nichts vom physikalischen Universum, und geht auf diese Weise zugrunde – oder dämmert vielleicht noch eine Weile vor sich hin und geht eben dann zugrunde.

Das Ziel ist, zu gewinnen. Wenn einer zu viel und zu oft verloren hat, dann *scheint* die Möglichkeit, zu gewinnen, zu weit entfernt zu sein, um es auch nur zu versuchen. Und so verliert er. Er gewöhnt sich so sehr an Verlust, daß er sich statt auf das Vorwärtsschreiten auf Verlust zu konzentrieren beginnt. Und er tut dies gänzlich irrational. Denn der Verlust von zwei Autos bedeutet noch nicht den Verlust von drei Autos, und doch wird jemand, der zwei Autos verloren hat, so stark auf den Verlust des dritten vorbereitet sein, daß er, wenn auch unbewußt, wirkliche Schritte unternimmt, um nun auch das dritte zu verlieren. So geht es ihm mit anderen Menschen und mit jedem Gegenstand.

Ein Individuum, das die Tonskala nach unten geht, verliert als erstes sein Vertrauen in den Versuch, die in der Ferne liegenden Begrenzungen seiner Umwelt und die fernen Grenzen seiner Träume zu erreichen, und es wird „konservativ". Vorsicht ist oft wohl am Platze, chronischer Konservatismus dagegen ist nur zu oft falsch, ist doch manchmal ein kühner Handstreich nötig, um den großen Sieg eines Lebens davonzutragen.

Wenn sich nun körperlicher Schmerz in den Speicherbanken des Sinns aufzutürmen beginnt, fängt der Betreffende an, Gestern und Heute noch mehr durcheinanderzubringen, und er steckt in seiner Zuversicht zurück. Er wird ein kleines bißchen furchtsam und gibt sich gelangweilt. Er sagt, er wollte sowieso nicht so weit in die Ferne reichen, es sei der Mühe nicht wert. Er macht sich über die Dinge, die er eigentlich haben will, lustig und zieht die Träume der anderen ins Lächerliche. Er betrachtet die Welt mit distanzierter Ironie. Er wagt es nicht, eine Hoffnung zu sehen – und schon gar nicht etwas wirklich Erstrebenswertes.

Mit weiterem Anwachsen des Schmerzes setzt er seinen Weg die Tonskala hinunter fort, bis er dann tatsächlich auf dem besten Weg fort vom Leben ist.

Eigentlich sollte eine Person ja, je älter sie wird und je mehr Erfahrungen sie hat, um so fähiger sein, ihre Umgebung zu begreifen und zu meistern. Das wäre auch wirklich so, wenn sie dabei voll bewußt und rational bleiben könnte. Aber der Mechanismus der Schmerzspeicherung ist so konstruiert, daß sie immer weniger bewußt wird, je mehr Schmerz sie in sich aufgenommen hat, und so in Wirklichkeit ihre Erfahrung überhaupt nicht nutzen kann. Könnte jemand Erfahrung ohne körperlichen Schmerz gewinnen, so würden sein Enthusiasmus, seine Fähigkeit und sein Schwung auf sehr hohem Niveau bleiben. Aber offensichtlich war der Mensch, bevor er Mensch wurde, ein geringerer Organismus. Ein solcher kann nur reagieren, nicht aber denken. Denken ist etwas Neues.

Bevor es Dianetik gab, schien dies ein Teufelskreis zu sein. Man war enthusiastisch, hatte aber keine Erfahrung. So ging man mit der ganzen Torheit der Jugend in begeistertem Losstürmen zum Angriff gegen die Umwelt vor und wurde schmählich zurückgeschlagen. Jeder Rückschlag fügte neuen Schmerz hinzu. Man gewann Erfahrung, konnte aber über diese Erfahrung nicht nachdenken, ohne gleichzeitig auf Schmerz zu stoßen, und so nützte einem die Erfahrung nichts. Als man genügend Erfahrung besaß, hatte man nicht mehr die Träume, die Energie und den Enthusiasmus, um seinen Angriff auf seine Umwelt durchschlagen zu lassen.

Die Anwendung von Prozessen, wie sie die Fragen im weiteren Teil dieses Buches darstellen oder wie sie bei Dianetik-Ko-Auditieren[7] Verwendung finden, hat den Kreis gesprengt. Die Jugend konnte die Umwelt angreifen und dabei den Schmerz des Rückschlags erleben. Aber der körperliche Schmerz konnte durch Dianetik aus dem Sinn hinausgetrieben werden, so daß die Erfahrung *zusammen mit* dem Enthusiasmus bestehen blieb.

Zum Zeitpunkt, da ich dies schreibe, gibt es schon Zehntausende von Menschen, die Dianetik erlebt haben. Da und dort gibt es einige wenige, die unfähig waren, den vollen Gewinn zu erreichen, da es früher beträchtliches technisches Wissen erforderte, um jemanden zu auditieren. Damit ein Individuum auch

7. Ko-Auditieren: eine Abkürzung für kooperatives Auditieren. Damit ist ein Team von zwei beliebigen Menschen gemeint, die sich gegenseitig durch die Anwendung von Prozessing helfen, ein besseres Leben zu erreichen.

ohne technisches Wissen, und ohne die Zeit eines anderen in Anspruch zu nehmen, in den Genuß der elementarsten Vorteile der Prozeßanwendung kommen kann, wurde die *Selbstanalyse* entwickelt und dieses Buch geschrieben.

Wo auch immer sich eine Person auf der Tonskala befinden mag, sie kann die Skala wieder hinaufklettern, indem sie ihre Fähigkeit, über ihre Umwelt nachzudenken und sie zu kennen, wiederherstellt (außer wenn sie sehr tief und als geisteskrank einzustufen ist, denn diese Skala ist auch eine Skala der geistigen Gesundheit). Da man die Regeln nun kennt, ist dies ganz leicht zu bewerkstelligen, und man wundert sich nur, daß es nicht schon früher getan werden konnte.

Haben Sie Ihren Platz auf der Tabelle gesucht? Nun, Sie brauchen sich keinen Strick zu kaufen oder einen hohen Felsen zu suchen, wenn Sie unterhalb von 2.0 waren. *Selbstanalyse* kann Sie so die Skala hinaufziehen, daß auch Sie Ihren Aufstieg sehen können.

Nach der Tabelle folgen im Buch dann einige Tests und Diagramme. Sie sollten diese ausfüllen. Sie werden Ihnen helfen, sich selbst einzuordnen. Sie werden dann viel genauer wissen, warum Sie sich selbst ein guter Freund sind oder warum Sie es nicht sind. Vielleicht stellt es sich heraus, daß Ihnen egal ist, ob Sie einen solchen Freund haben. Ja, wenn der Arme so schlecht dran ist, braucht er Ihre Hilfe wirklich. Reichen Sie ihm eine hilfreiche Hand. Der ganze letzte Teil des Buches ist mit Übungen gefüllt, die einen besseren Freund aus Ihnen machen werden, wenn Sie sie täglich nur eine halbe Stunde anwenden.

Ich weiß nicht, wie weit Sie sich selbst auf dieser Skala hochbringen können, aber sicher können Sie sich selbst ganz schön weit in die Höhe tragen. Den Rest kann dann Dianetik-Ko-Auditieren besorgen, wenn Sie es wollen. Oder Sie schaffen vielleicht den ganzen Weg allein und stabilisieren sich dort.

Wenn Sie im jetzigen Augenblick sich selbst kein Freund sind, so will ich Ihnen einer sein. Ich weiß aus Erfahrung, daß Sie die Skala hochklettern können.

Der Mensch ist im Grunde gut. Schmerz und gesellschaftliche Aberrationen führen ihn weg von hoher Ethik[8], Leistungsfähigkeit und Glück. Werden Sie den Schmerz los, und Sie werden hoch oben in der Tabelle sein.

Wenden Sie sich nun den Fragen zu, die Ihnen helfen werden, sich selbst einen Platz zuzuweisen. **Aber benutzen Sie diese Tabelle nicht zu dem Versuch, jemanden zu unterwerfen. Sagen Sie niemandem, wo er sich auf dieser Tabelle befindet. Es kann für ihn den Ruin bedeuten. Lassen Sie ihn seine eigene Prüfung vornehmen.** □

8. Ethik: besteht eigentlich aus Vernunft im Hinblick auf die höchste Stufe des Überlebens.

7. KAPITEL

Hubbards Tabelle der Einstufung des Menschen

Diese Tabelle ist eine spezialisierte Form von Hubbards Tabelle der Einstufung des Menschen und des dianetischen Prozessings.

Eine ausführliche Beschreibung jeder Spalte dieser Tabelle (der letzten sechs ausgenommen, die nur für die *Selbstanalyse* sind) finden Sie in dem Buch *Die Wissenschaft des Überlebens*.

Der Platz eines Individuums auf dieser Tonskala schwankt im Verlauf eines Tages und im Ablauf der Jahre, ist aber jeweils in einer bestimmten Periode ziemlich stabil. Gute Nachrichten heben die Position an, schlechte lassen sie sinken. Das ist das übliche Auf und Ab des Lebens. Jedoch hat jeder eine chronische Position auf der Tabelle, die unveränderlich ist, außer man wendet Prozesse an.

Während einer bestimmten Notwendigkeitsstufe kann sich ein Individuum für kurze Zeit ein ganzes Stück auf der Tabelle hochheben (sich sozusagen „am eigenen Schopf aus dem Sumpf herausziehen", wie es in Notlagen möglich ist).

Wenn jemand unter starkem Druck erzogen worden ist, hat die Erziehung selbst einen Platz auf der Tonskala. Eine Person könnte in Wirklichkeit ziemlich unaberriert sein, hat aber wegen ihrer Erziehung einen tieferen Platz auf der Skala inne, als er ihr zukommt. Auch der umgekehrte Fall ist möglich. Es kann also jemand in ein höheres oder tieferes Niveau der Tabelle, als es ihm aufgrund seiner Aberrationen zukommt, hineinerzogen werden.

Die Umwelt eines Menschen hat einen starken Einfluß auf seine Position auf der Tabelle. Jede Umwelt hat ihre eigene Tonstufe. Ein Mensch, der in Wirklichkeit auf 3.0 ist, beginnt sich in einer 1.1-Umgebung wie ein 1.1er zu verhalten. Allerdings handelt ein 1.1er auch in einer Umgebung mit hohem Tonniveau nicht auf einer höheren Stufe als 1.5. Wenn jemand in einer Umgebung mit niedriger Stufe lebt, kann man erwarten, daß er schließlich eine niedrige Tonstufe annimmt. Dies trifft auch auf die Ehe zu: man neigt dazu, sich der Tonstufe des Ehepartners anzugleichen.

Die Tonskala gilt auch für Gruppen. Man kann die verschiedenen Standardreaktionen eines Unternehmens oder einer Nation prüfen und dann darstellen. So erhält man das Überlebenspotential eines Unternehmens oder einer Nation.

Man kann diese Tabelle auch bei der Einstellung von Personal oder der Wahl von Partnern benutzen. Sie zeigt genau an, was man zu erwarten hat, und gibt einem die Möglichkeit, die Handlungen von Menschen vorherzusagen, bevor man noch größere Erfahrungen mit ihnen gemacht hat. Die Tabelle vermittelt Ihnen auch eine Vorstellung davon, was mit Ihnen in einer bestimmten Umgebung oder in der Gesellschaft bestimmter Leute geschehen kann, denn diese können Sie herabzerren oder in die Höhe schnellen lassen.

Eine umfassendere Ausgabe dieser Tabelle mit ausführlichen Kapiteln über die einzelnen Spalten finden Sie in dem Buch *Die Wissenschaft des Überlebens* von L. Ron Hubbard, das Sie in den Bücherläden aller Dianetik-Organisationen erhalten können, wie sie am Ende dieses Buches aufgeführt sind.

Hubbards Tabelle der Einstufung des Menschen

Anmerkung: Die Erklärungen für Begriffe aus diesem Kapitel sind am Ende der Tabelle zu finden.

Tonskala	1 Verhalten und Physiologie	2 Medizinischer Bereich	3 Emotion
4.0	Ausgezeichnet bei Vorhaben und in der Durchführung. Kurze Reaktionszeit (im Verhältnis zum Alter).	Nahezu unfallsicher. Keine psychosomatischen Krankheiten. Nahezu immun[1] gegen Bakterien.	Tatendrang, Überschwang
3.5	Gut bei Vorhaben, in der Durchführung und im Sport.	In hohem Maße widerstandsfähig gegenüber den üblichen Infektionen. Keine Erkältungen.	Starkes Interesse
3.0	Zu einer recht ordentlichen Menge an Aktion befähigt, ziemlich befähigt im Sport.	Widerstandsfähig gegenüber Infektionen und Krankheiten. Wenige psychosomatische Krankheiten.	Mildes Interesse Zufrieden
2.5	Relativ inaktiv, aber zu Aktion fähig.	Gelegentlich krank. Anfällig für übliche Krankheiten.	Gleichgültigkeit Langeweile
2.0	Fähig zu destruktiven und unbedeutenderen konstruktiven Aktionen.	Gelegentlich ernsthafte Krankheiten.	Offen gezeigter Unmut
1.5	Fähig zu destruktiver Aktion.	Ablagerungskrankheiten[2] (Arthritis). (Bereich von 1.0 bis 2.0 austauschbar.)	Wut
1.1	Befähigt zu unbedeutender Durchführung.	Endokrine[3] und neurologische[4] Krankheiten.	Versteckter Groll Furcht
0.5	Befähigt zu relativ unkontrollierter Aktion.	Chronische Fehlfunktion von Organen (Neigung zu Unfällen).	Gram Apathie
0.1	Lebendig als Organismus.	Chronisch krank. (Verweigert Nahrungsaufnahme.)	Tiefste Apathie

4 **Sexuelles Verhalten** **Einstellung gegenüber Kindern**	5 **Herrschaft über die Umwelt**	6 **Tatsächlicher Wert für die Gesellschaft im Vergleich zum scheinbaren Wert**	**Ton-skala**
Großes sexuelles Interesse, aber oft in kreatives Denken sublimiert[5]. ——— Intensives Interesse an Kindern.	Hohe Selbstbeherrschung. Energisch gegenüber der Umwelt. Mag es nicht, Leute zu kontrollieren. Hohe Vernunft, lebhaft wechselnde Emotionen.	Hoher Wert. Scheinbarer Wert wird verwirklicht. Kreativ und konstruktiv.	**4.0**
Großes Interesse am anderen Geschlecht. Beständigkeit. ——— Liebt Kinder.	Gute Vernunft. Gute Kontrolle. Akzeptiert Eigentum. Emotionen frei. Liberal[8].	Guter Wert für die Gesellschaft. Paßt die Umwelt zu seinem eigenen Nutzen und zum Nutzen anderer an.	**3.5**
Interesse an Fortpflanzung. ——— Interesse an Kindern.	Kontrolliert die Körperfunktionen. Gute Vernunft. Freiheit der Emotionen noch eingeschränkt. Gesteht anderen Rechte zu. Demokratisch[9].	Jeglicher scheinbare Wert ist tatsächlicher Wert. Recht guter Wert.	**3.0**
Desinteresse an Fortpflanzung. ——— Vages Tolerieren von Kindern.	Kontrolle über Funktionen und ein gewisses Maß an vernunftmäßigem Denken. Begehrt nicht viel Besitz.	Fähig zu konstruktiver Aktion, die selten größeren Umfangs ist. Geringer Wert. „Gut angepaßt".	**2.5**
Abscheu vor Sex; Ekel. ——— Herumnörgeln an Kindern und Gereiztheit über sie.	Antagonistisch und zerstörerisch gegenüber sich selbst, anderen und der Umwelt. Begehrt Herrschaft, um zu schaden.	Gefährlich. Jeglicher scheinbare Wert wird hinfällig gegenüber dem möglichen Schaden für andere.	**2.0**
Vergewaltigung. Sex als Bestrafung. ——— Brutale Behandlung von Kindern.	Vernichtet oder zerstört andere oder die Umwelt. Wenn dies nicht gelingt, kann er sich selbst vernichten. Faschistisch.	Unaufrichtig. Schwere Belastung. Möglicher Mörder. Wird selbst bei erklärtermaßen guten Absichten Zerstörung herbeiführen.	**1.5**
Promiskuität[6], Perversion, Sadismus[7], abwegige Praktiken. ——— Gebraucht Kinder für sadistische Zwecke.	Keine Kontrolle über Vernunft oder Emotionen, aber anscheinend organische Kontrolle. Benutzt hinterhältige Methoden, um andere zu kontrollieren, insbesondere Hypnose[10]. Kommunistisch[11].	Aktive Belastung. Enturbuliert[12] andere. Heimtückische verborgene Absichten fallen schwerer ins Gewicht als der scheinbare Wert.	**1.1**
Impotenz, Ängstlichkeit, möglicherweise noch Fortpflanzungsbemühungen. ——— Ängstlich besorgt um Kinder.	Dürftigste Funktionskontrolle, nur über sich selbst.	Belastung für die Gesellschaft. Möglicher Selbstmörder. Kümmert sich um andere überhaupt nicht.	**0.5**
Keine Bemühung zur Fortpflanzung.	Keine Herrschaft über sich selbst, andere oder die Umwelt. Selbstmord.	Hochgradige Belastung. Braucht Betreuung und Mühe anderer, ohne irgendeinen Beitrag zu leisten.	**0.1**

Tonskala	7 Ethikniveau	8 Umgang mit Wahrheit	9 Mutniveau
4.0	Gründet Ethik auf Vernunft. Sehr hohes Ethikniveau.	Hoher Begriff von Wahrheit.	Hohes Mutniveau.
3.5	Beachtet die Ethik der Gruppe, aber entwickelt sie höher, entsprechend den Forderungen der Vernunft.	Wahrheitsliebend.	Zeigt Mut bei annehmbarem Risiko.
3.0	Folgt der Ethik, in der er geschult wurde, so ehrlich wie möglich. Moralisch[13].	Vorsichtig im Eintreten für Wahrheiten. Gesellschaftliche Lügen.	Konservatives Entfalten von Mut, wenn das Risiko gering ist.
2.5	Behandelt Ethik unaufrichtig. Weder besonders ehrlich noch unehrlich.	Unaufrichtig. Gleichgültig gegenüber Tatsachen.	Weder Mut noch Feigheit. Mißachtung von Gefahr.
2.0	Unterhalb dieses Punktes: autoritär[14]. Chronisch und grob unehrlich, wenn sich die Gelegenheit ergibt.	Verdrehung der Wahrheit, um sie dem Antagonismus anzupassen.	Reaktive[16], unüberlegte Vorstöße gegen Gefahr.
1.5	Unterhalb dieses Punktes: kriminell. Unmoralisch. Aktiv unehrlich. Zerstörerisch gegen jegliche Ethik.	Unverblümtes und destruktives Lügen.	Unvernünftige Tapferkeit, gewöhnlich schädlich für die Person selbst.
1.1	Sexualverbrecher. Negative Ethik. Verschlagene Unehrlichkeit ohne Vernunft. Pseudo-ethische[15] Aktivitäten verbergen die Perversion der Ethik.	Erfindungsreiche und arglistige Verdrehungen der Wahrheit. Kunstvolles Bemänteln des Lügens.	Gelegentlich machen sich heimliche und hinterhältige Aktionen bemerkbar, ansonsten feige.
0.5	Nicht vorhanden. Denkt nicht. Gehorcht jedem.	Zählt einzelne Fakten auf, ohne eine Vorstellung von ihrer Realität.	Vollständige Feigheit.
0.1	Keines.	Keine Reaktion.	Keine Reaktion.

10 Gespräch: Sprechen Gespräch: Zuhören	11 Wie jemand als Übermittler mit geschriebener oder gesprochener Kommunikation umgeht	12 Realität (Übereinstimmung)	Tonskala
Starker, geschickter, schneller und vollständiger Austausch von Überzeugungen und Ideen.	Gibt Theta-Kommunikation weiter, trägt dazu bei. Schneidet Entheta[19]-Linien ab.	Sucht nach verschiedenen Standpunkten, um die eigene Realität zu erweitern. Verändert Realität.	4.0
Ist bereit, über tiefinnere Überzeugungen und Ideen zu sprechen. Ist bereit, tiefinnere Überzeugungen u. Ideen zu akzeptieren und sie in Erwägung zu ziehen.	Gibt Theta-Kommunikation weiter. Ärgert sich über Entheta-Linien und schlägt gegen sie zurück.	Fähigkeit, die Realität anderer zu verstehen und auszuwerten und den Standpunkt zu ändern. Bereitschaft zur Übereinstimmung.	3.5
Bringt zögernd eine begrenzte Anzahl persönlicher Ideen zum Ausdruck. Empfängt Ideen und Überzeugungen, wenn sie vorsichtig vorgebracht werden.	Gibt Kommunikation weiter. Konservativ. Neigt zu gemäßigtem Aufbauen und Erschaffen.	Ist sich der möglichen Richtigkeit einer anderen Realität bewußt. Konservative Übereinstimmung.	3.0
Belanglose, nichtssagende Konversation. Hört nur alltäglichen Dingen zu.	Entkräftet jede Kommunikation einer höheren oder niedrigeren Tonstufe. Mindert Dringlichkeiten ab.	Weigerung, zwei Realitäten miteinander in Einklang zu bringen. Gleichgültigkeit gegenüber Realitätskonflikten. Zu teilnahmslos, um zuzustimmen oder zu widersprechen.	2.5
Spricht in Drohungen. Wertet andere Leute ab. Hört Drohungen zu. Macht sich offen über Theta[17]-Konversation lustig.	Befaßt sich mit feindseliger oder drohender Kommunikation. Läßt nur eine kleine Menge Theta durch.	Spricht Zweifel aus. Verteidigung der eigenen Realität. Versucht, andere zu untergraben. Stimmt nicht überein.	2.0
Spricht nur über Tod, Zerstörung und Haß. Hört nur Tod und Zerstörung zu. Zerschlägt Theta-Linien.	Verdreht Kommunikation zu Entheta, ungeachtet des ursprünglichen Inhalts. Stoppt oder verdreht Theta-Kommunikation. Gibt Entheta weiter.	Zerstörung entgegengesetzter Realität. „Du hast unrecht." Stimmt mit der Realität anderer nicht überein.	1.5
Spricht scheinbares Theta, aber mit tückischer Absicht. Hört wenig zu, hauptsächlich Intrigen[18], Klatsch und Lügen.	Gibt nur böswillige Kommunikation weiter. Schneidet Kommunikationslinien ab. Leitet nicht weiter.	Zweifel an der eigenen Realität. Unsicherheit. Zweifel an entgegengesetzter Realität.	1.1
Spricht sehr wenig und nur in apathischen Tönen. Hört wenig zu, hauptsächlich apathischen Äußerungen oder Gejammer.	Schenkt Kommunikation wenig Beachtung. Leitet nicht weiter.	Scham, Ängstlichkeit und starke Zweifel an der eigenen Realität. Läßt sich leicht die Realität anderer aufzwingen.	0.5
Spricht nicht. Hört nicht zu.	Leitet nicht weiter. Ist sich Kommunikation nicht bewußt.	Vollständiges Zurückziehen vor gegensätzlicher Realität. Keine Realität.	0.1

Ton-skala	13 Fähigkeit im Umgang mit Verantwortung	14 Beharrlichkeit auf einem bestimmten Weg	15 Wörtlichkeit der Aufnahme von Aussagen
4.0	Innewohnender Sinn für Verantwortung auf allen Dynamiken[20].	Hohe, schöpferische Beharrlichkeit.	Hohe Differenzierung[21]. Gutes Verständnis aller Kommunikation, modifiziert durch die Bildung des Clears[22].
3.5	Fähig, Verantwortlichkeiten zu übernehmen und auszuüben.	Gute Beharrlichkeit und Geradlinigkeit auf konstruktive Ziele hin.	Gutes Erfassen von Aussagen. Guter Sinn für Humor.
3.0	Geht mit Verantwortung nachlässig um.	Recht gute Beharrlichkeit, wenn die Hindernisse nicht zu groß sind.	Gute Differenzierung der Bedeutung von Aussagen.
2.5	Zu gleichgültig. Nicht vertrauenswürdig.	Müßig. Schlechte Konzentration.	Akzeptiert sehr wenig, weder wörtlich noch sonstwie. Neigt dazu, Humor buchstäblich zu nehmen.
2.0	Benutzt Verantwortung, um seine eigenen Zwecke zu verfolgen.	Beharrlichkeit hinsichtlich der Vernichtung von Feinden. Unterhalb dieses Punktes keine konstruktive Beharrlichkeit.	Nimmt Bemerkungen der Tonstufe 2.0 wörtlich auf.
1.5	Übernimmt Verantwortung, um zu zerstören.	Zerstörerische Beharrlichkeit, die kräftig beginnt und rasch erlahmt.	Nimmt alarmierende Bemerkungen wörtlich auf. Brutaler Sinn für Humor.
1.1	Unfähig, launenhaft, verantwortungslos.	Schwankend auf jedem Weg. Sehr schlechte Konzentration. Unbeständig.	Überhaupt keine Bemerkung wird angenommen. Weicht der Neigung, alles wörtlich zu nehmen, durch gezwungenen Humor aus.
0.5	Keine.	Sporadische Beharrlichkeit in Richtung Selbstzerstörung.	Wörtliche Aufnahme jeder Bemerkung, die zur Tonstufe paßt.
0.1	Keine.	Keine.	Alles wird wörtlich aufgenommen.

16 Methode im Umgang mit anderen	17 Stufe der Hypnotisierbarkeit	18 Fähigkeit, Vergnügen in der Gegenwart zu erleben	Ton-skala
Gewinnt Unterstützung durch schöpferische Begeisterung und Vitalität, hinter denen Vernunft steht.	Unmöglich ohne Drogen zu hypnotisieren.	Findet das Dasein randvoll von Vergnügen.	4.0
Gewinnt Unterstützung durch schöpferische Vernunft und Vitalität.	Schwer in Trance[23] zu versetzen, außer er besitzt noch ein Trance-Engramm.	Findet das Leben die meiste Zeit vergnüglich.	3.5
Lädt durch praktische Vernunft und gesellschaftlichen Charme zur Unterstützung ein.	Könnte hypnotisiert werden, ist aber hellwach, wenn wach.	Erlebt zeitweise Vergnügen.	3.0
Kümmert sich nicht um Unterstützung durch andere.	Kann Hypnose unterzogen werden, ist aber meistens hellwach.	Erlebt Augenblicke des Vergnügens. Geringe Intensität.	2.5
Nörgeln und grobe Kritik, um Befolgung seiner Wünsche durchzusetzen.	Leistet einigen Widerstand, kann aber hypnotisiert werden.	Erlebt gelegentlich in außerordentlichen Augenblicken etwas Vergnügen.	2.0
Benutzt Drohungen, Bestrafung und alarmierende Lügen, um andere zu beherrschen.	Leistet heftigen Widerstand gegen Äußerungen, nimmt sie aber in sich auf.	Erlebt selten irgendwelches Vergnügen.	1.5
Macht andere zunichte, um sie auf eine Stufe zu bringen, wo sie benutzt werden können. Verschlagene und heimtückische Mittel. Hypnose, Klatsch. Strebt nach versteckter Kontrolle.	In einer andauernden leichten Trance, leistet aber Widerstand.	Fröhlichkeit meist gezwungen. Wirkliches Vergnügen jenseits seiner Reichweite.	1.1
Enturbuliert andere, um sie zu kontrollieren. Winselt um Mitleid. Wildes Lügen, um Mitgefühl zu erheischen.	Sehr leicht hypnotisierbar. Jede Bemerkung, die gemacht wird, kann sich als „positive Suggestion"[24] auswirken.	Keine.	0.5
Gibt vor, tot zu sein, damit andere ihn für ungefährlich halten und weggehen.	Gleicht in seinem gewöhnlichen „Wachzustand" einer hypnotisierten Person.	Keine.	0.1

Ton-skala	19 Ihr Wert als Freund	20 Wie sehr andere Sie mögen	21 Zustand Ihrer Besitztümer
4.0	Ausgezeichnet.	Von vielen geliebt.	In ausgezeichnetem Zustand.
3.5	Sehr gut.	Herzlich geliebt.	In gutem Zustand.
3.0	Gut.	Von den meisten geschätzt.	Ziemlich gut.
2.5	Recht gut.	Von einigen gemocht.	Zeigt einige Vernachlässigung.
2.0	Dürftig.	Von kaum einem gemocht.	Sehr vernachlässigt.
1.5	Eindeutige Belastung.	Die meisten zeigen ihm offen ihre Abneigung.	Oft kaputt. Schlecht repariert.
1.1	Gefährliche Belastung.	Allgemein verabscheut.	Schlecht. In schlechtem Zustand.
0.5	Sehr große Belastung.	Man mag ihn nicht. Wird nur von einigen bemitleidet.	Allgemein in sehr schlechtem Zustand.
0.1	Absolute Belastung.	Wird nicht beachtet.	Keine Vorstellung von Besitz.

22 Wie gut Sie verstanden werden	23 Erfolgspotential	24 Überlebens-potential	Ton-skala
Sehr gut.	Ausgezeichnet.	Ausgezeichnet. Beträchtliche Langlebigkeit.	4.0
Gut.	Sehr gut.	Sehr gut.	3.5
Im allgemeinen.	Gut.	Gut.	3.0
Manchmal mißverstanden.	Recht gut.	Recht gut.	2.5
Oft mißverstanden.	Dürftig.	Dürftig.	2.0
Andauernd mißverstanden.	Versagt für gewöhnlich.	Frühes Ableben.	1.5
Kein wirkliches Verstehen.	Versagt fast immer.	Gering.	1.1
Überhaupt nicht verstanden.	Versagen auf der ganzen Linie.	Baldiges Ableben.	0.5
Wird ignoriert.	Kein Versuch. Vollständiges Versagen.	Nahezu tot.	0.1

Fußnoten für Seite 52 – 59

1. immun: vor einer Krankheit geschützt.
2. Ablagerungskrankheiten: Störungen in Organen, Gefäßen oder Gelenken, die durch nicht ausgeschiedene Abfallstoffe entstehen.
3. endokrin: in bezug auf Drüsen, die ihre Sekrete direkt ins Blut absondern.
4. neurologisch: auf das Nervensystem bezogen.
5. sublimieren: läutern, verfeinern, ins Erhabene steigern.
6. Promiskuität: geschlechtliche Beziehungen zu vielen Menschen.
7. Sadismus: sexuelle Verirrung, bei der aus körperlichem Schmerz oder Erniedrigung eines anderen Lust bezogen wird.
8. liberal: dazu geneigt, die Freiheit des Handelns und Entscheidens, vor allem in persönlichen Angelegenheiten, zu lieben und anderen zuzugestehen.

9. demokratisch: in Übereinstimmung mit dem Prinzip der Gleichberechtigung für alle.
10. Hypnose: ein mit Amnesie (Gedächtnisverlust) einhergehender Trancezustand, mit dem die Einpflanzung von Suggestionen bezweckt wird.
11. kommunistisch: den Kommunismus betreffend, eine politische Lehre, die eine Gesellschaft ohne Privateigentum und eine absolute Gleichstellung der Individuen zum Ziel hat.
12. enturbulieren: etwas „turbulent" (wirbelnd, stürmisch, aufrührerisch) machen, verwirren, aufregen oder durcheinanderbringen.
13. moralisch: bezogen auf oder bemüht um die Beurteilung von Gut und Schlecht im menschlichen Handeln und Charakter.
14. autoritär: diktatorisch, herrisch.
15. pseudo-ethisch: vorgeblich sittlich einwandfrei.
16. reaktiv: irrational; reagierend, statt agierend (handelnd).
17. Theta: Vernunft, Gelassenheit, Stabilität, Glück, Heiterkeit, Beharrlichkeit sowie die anderen Faktoren, die der Mensch gemeinhin als wünschenswert erachtet.
18. Intrigen: hinterlistige Handlungen, Machenschaften.
19. Entheta: bedeutet enturbuliertes Theta (Denken oder Leben); bezieht sich insbesondere auf Kommunikationen, die, da sie auf Lügen und Verwirrungen beruhen, verleumderisch, bösartig oder zerstörerisch sind in dem Versuch, eine Person oder Gruppe zu überwältigen oder zu unterdrücken.
20. Dynamiken (Triebkräfte, Impulse im Leben): Der Mensch überlebt weder allein für sich selbst, noch für Sex, noch für Gruppen, noch überlebt er allein für die Spezies Mensch. Ebenso wie andere lebende Organismen überlebt der Mensch offenbar durch acht verschiedene Kanäle. Diese Kanäle nennt man die Dynamiken, und diese acht Dynamiken stellen die acht grundlegenden Triebe oder Antriebskräfte dar, die das Verhalten motivieren. (Eine detaillierte Aufführung der acht Dynamiken finden Sie unter *Dynamiken* im Glossar am Ende des Buches.)
21. Differenzierung: hier für Unterscheidungsfähigkeit.
22. Clear: eine nicht aberrierte Person. Sie ist rational (vernünftig), da sie mit den ihr zur Verfügung stehenden Daten und von ihrem Gesichtspunkt aus die bestmöglichen Lösungen formt. Sie erreicht für den Organismus in Gegenwart und Zukunft sowie für die anderen Dynamiken maximales Vergnügen (engl. „pleasure"). Sie hat keine Engramme, die restimuliert werden können; somit kann die Richtigkeit ihrer Überlegungen nicht durch die Einführung von verborgenen und falschen Daten umgestoßen werden.
23. Trance: ein schlafähnlicher, halbbewußter Zustand, besonders in der Hypnose.
24. positive Suggestion: eine Suggestion des Hynotiseurs an den Hypnotisierten, mit welcher ausschließlich die Absicht verfolgt wird, allein durch die Einpflanzung der Suggestion einen veränderten geistigen Zustand oder eine veränderte Einstellung bei der Person hervorzurufen. Hier wird aus dem Verstand des Hypnotiseurs etwas in den Verstand des Hypnotisierten verpflanzt. Er soll es dann glauben und es als Teil seiner selbst auffassen.

8. KAPITEL

Tonskala-Tests

Erster Test

Machen Sie diesen Test, bevor Sie mit dem Prozeßteil der Selbstanalyse beginnen.

Seien Sie in Ihren Feststellungen so unvoreingenommen und ehrlich wie möglich.

Nehmen Sie als Grundlage, wie Sie in den letzten zwölf Monaten gewesen sind. Frühere Zustände in Ihrem Leben zählen nicht.

Schlagen Sie die Tabelle Seite 52 auf und sehen Sie sich die Spalte 1, „Verhalten und Physiologie", an. Fragen Sie sich selbst, wie aktiv Sie körperlich sind, und stellen Sie dann das Kästchen in dieser Spalte fest, dessen Text am besten auf Sie zuzutreffen scheint. Gehen Sie nun nach links auf die Tonskala und stellen Sie die dem Kästchen entsprechende Zahl fest. Ist sie 3.0? Ist sie 2.5?

Haben Sie die Zahl dann festgestellt, so schauen Sie sich die Linientabelle auf der nächsten Seite (Seite 62) an.

Tragen Sie in das Kästchen von Spalte 1, das Ihrer Zahl (3.0, 2.5 oder welche es auch war) entspricht, ein X ein. Auf diese Weise erhalten Sie auf der graphischen Darstellung denselben Platz, den Sie auf der Einstufungstabelle gefunden haben.

Gehen Sie nun zu Spalte 2 der Einstufungstabelle auf Seite 52, also „Medizinischer Bereich".

Finden Sie das Kästchen, dessen Text am besten Ihre Gesundheit beschreibt. Stellen Sie dann fest, welche Zahl der Tonskalaspalte dem Kästchen, das Sie ausgesucht haben, gegenüberliegt. (3.5, 2.0 oder welche es auch sei.)

Hierauf wenden Sie sich wieder der Linientabelle auf Seite 62 zu. Tragen Sie in Höhe der Tonskalazahl, die Sie aus der Einstufungstabelle genommen haben, ein X in Spalte 2 ein.

Verfahren Sie so mit allen Spalten, bis Sie in jeder Spalte der graphischen Darstellung ein X stehen haben. Lassen Sie dabei die letzten sechs Spalten 19 – 24 weg.

Nehmen Sie nun ein Lineal und bewegen Sie es auf der Tabelle waagrecht, bis Sie das Niveau der graphischen Darstellung erreicht haben, das die meisten X enthält. Ziehen Sie nun durch diese X quer über die ganze Tabelle bis hinüber an den rechten Rand eine Linie. Diese Linie wird Ihnen Ihren Platz in den letzten sechs Spalten 19 – 24 geben.

Die waagrechte Linie, die Sie gerade gezeichnet haben, zeigt Ihnen Ihren Platz auf der Tonskala. Das ist Ihr Niveau auf der Einstufungstabelle. Lassen Sie diese Linie im Buch. Lassen Sie sie stehen, damit Sie in einigen Wochen, wenn Sie den zweiten Test machen, vergleichen können.

Beachten Sie bitte, daß in den Spalten 4 und 10 die Kästchen in derselben Weise geteilt sind wie die Kästchen der Einstufungstabelle. Nehmen Sie für diese Spalten zwei Einschätzungen Ihrer selbst vor und setzen Sie jeweils ein X in ein Halbkästchen, so daß Sie für jede Spalte zwei Halbkästchen verwenden, auch wenn das eine X auf 3.0 und das andere X auf 1.1 fällt.

Tonskala	1	2	3	4	5	6	7	8	9	10	11	12	13	14	15	16	17	18	19	20	21	22	23	24	
4.0																									4.0
3.5																									3.5
3.0																									3.0
2.5																									2.5
2.0																									2.0
1.5																									1.5
1.1																									1.1
0.5																									0.5
0.1																									0.1

Zweiter Test

Machen Sie diesen Test, nachdem Sie die Prozesse (ab Seite 69) ungefähr zwei Wochen bzw. etwa 15 Stunden angewendet haben.

Nehmen Sie als Datengrundlage Ihre Einstellung zu den Dingen von dem Zeitpunkt ab, an dem Sie den ersten Test gemacht haben.

Tonskala	1	2	3	4	5	6	7	8	9	10	11	12	13	14	15	16	17	18	19	20	21	22	23	24	
4.0																									4.0
3.5																									3.5
3.0																									3.0
2.5																									2.5
2.0																									2.0
1.5																									1.5
1.1																									1.1
0.5																									0.5
0.1																									0.1

Dritter Test

Machen Sie diesen Test, nachdem Sie die Prozesse zwei Monate lang an sich angewandt haben.

Nehmen Sie als Datengrundlage Ihre Einstellung zu den Dingen von dem Zeitpunkt ab, an dem Sie den zweiten Test gemacht haben.

Benutzen Sie dieselbe Anleitung wie beim ersten Test.

Tonskala	1	2	3	4	5	6	7	8	9	10	11	12	13	14	15	16	17	18	19	20	21	22	23	24	
4.0																									4.0
3.5																									3.5
3.0																									3.0
2.5																									2.5
2.0																									2.0
1.5																									1.5
1.1																									1.1
0.5																									0.5
0.1																									0.1

Wie man die Scheibe benutzt

Für den Gebrauch durch den Leser ist eine sternförmig ausgeschnittene Scheibe beigelegt. Die Scheibe muß verwendet werden. Wenn man diese Scheibe nicht benutzt, wird der Nutzen der Prozesse zu mehr als achtzig Prozent verringert.

Man legt die Scheibe dergestalt über die erste Frage einer Liste, daß die Frage in einem der Fenster sichtbar ist. Hierauf ruft man sich das gewünschte Geschehnis[1] zurück[2].

Dann schaut man auf das auf der Scheibe ganz oben stehende Wort. Dies ist zum Beispiel „Sehen".

Man sucht nun beim Zurückrufen den gewünschten Vorfall zu „sehen".

Dann versucht man sich ein anderes Geschehnis zurückzurufen und bemüht sich während des Zurückrufens, ohne die Scheibe dabei zu bewegen, dieses Geschehnis zu „sehen".

Hierauf versucht man, sich das früheste Geschehnis dieser Art, dessen man sich erinnern kann, zurückzurufen, und versucht dieses zu „sehen".

Man rückt dann die Scheibe eine Frage tiefer und dreht dabei gleichzeitig die Scheibe, so daß eine andere „Sinneswahrnehmung" oben erscheint. Man benutzt dann vor allem diese

1. Geschehnis: eine einfache oder komplexe Erfahrung, die durch das gleiche Thema, den gleichen Ort, die gleiche Wahrnehmung oder dieselben Leute verbunden ist und in einem kurzen und begrenzten Zeitraum stattfindet, z.B. Minuten, Stunden oder Tage; oder auch geistige Eindrucksbilder solcher Erfahrungen.

2. zurückrufen: sich in der Gegenwart an etwas erinnern, was in der Vergangenheit geschehen ist. Es bedeutet nicht, es erneut zu erfahren, es wiederzuerleben oder nochmals zu durchlaufen. Sich etwas zurückzurufen bedeutet nicht, zu der Zeit zurückzugehen, als es geschah. Es bedeutet einfach, daß Sie in der Gegenwart sind und an etwas denken, sich an etwas erinnern, Ihre Aufmerksamkeit auf etwas richten, was in der Vergangenheit geschehen ist – und all das wird von der Gegenwart aus gemacht.

Sinneswahrnehmung, wenn man sich das gewünschte Geschehnis zurückruft.

Drehen Sie die Scheibe am Anfang jeder neuen Seite um, damit eine neue Reihe von Wahrnehmungen zum Tragen kommen kann.

Es spielt keine Rolle, mit welcher „Sinneswahrnehmung" Sie den Rückruf beginnen, und auch nicht, welche Seite der Scheibe Sie zuerst benutzen.

Sie sollten schließlich dazu fähig sein, bei jedem einzelnen Geschehnis mehr und mehr Wahrnehmungen zu bekommen, bis Sie zu guter Letzt ohne Anstrengung alle wiedererlangen.

Falls Sie die Scheibe verlieren sollten, finden Sie die vollständige Liste der darauf befindlichen Wahrnehmungen links auf jeder Seite. Nehmen Sie einen Bleistift und haken Sie diese jeweils ab, entsprechend dem Verfahren bei der Benutzung der Scheibe.

Sie finden eine grüne und eine weiße Scheibe beigelegt. Benutzen Sie diejenige, die Ihnen mehr zusagt.

Wenn Sie zunächst nur einen vagen Begriff von der Sinneswahrnehmung haben, das heißt, wenn Sie noch keinen eigentlichen, präzisen Rückruf der Wahrnehmung, wie sie ursprünglich gewesen ist, erreichen, dann stellen Sie sicher, daß Sie zumindest eine ungefähre Vorstellung davon erhalten. ☐

Dianetik-Prozessing

Das Dianetik-Prozessing kann in zwei Kategorien eingeteilt werden.

Die erste ist Leichtes Prozessing. Es enthält analytisches[1] Sich-Erinnern an bewußt erlebte Momente. Es beabsichtigt, Ihre Tonstufe zu verbessern und Ihre Wahrnehmungs- und Erinnerungsfähigkeit zu erhöhen. Oft werden dadurch chronische psychosomatische Störungen aufgelöst.

Die zweite ist Tiefes Prozessing. Es spricht Grundursachen an, macht Momente von körperlichem Schmerz oder von Kummer bewußt und mildert sie. Das geschieht ohne Drogen oder Hypnose durch einen Auditor. Auditoren haben die Dianetik entweder durch gründliches Studium des Hauptwerks *Dianetik: Die moderne Wissenschaft der geistigen Gesundheit (Dianetics: The Modern Science of Mental Health)* erlernt, oder sie wurden professionell ausgebildet. Kontakt zu professionellen Auditoren kann über jede der Organisationen, die hinten im Buch aufgeführt sind, aufgenommen werden.

Dieses Buch bietet Leichtes Prozessing, jedoch nicht „Selbst-Auditing", denn „Selbst-Auditing" ist nahezu unmöglich. Das Leichte Prozessing gibt in diesem Buch der Autor L. Ron Hubbard eigentlich selbst.

Die Herausgeber □

1. analytisch (griech. *analysis*, Auflösung, Zerlegung, ausführliche Zergliederung, d.h. etwas auseinandernehmen, um zu sehen, woraus es besteht): fähig, etwas zu lösen, z.B. Probleme oder Situationen.

10. KAPITEL

Prozessing-Abschnitt

Im Anschluß an diese notwendigen Erläuterungen beginnen die Fragenlisten, mit deren Hilfe jeder seine Vergangenheit erforschen und seine Reaktionen zum Leben verbessern kann. In der Sprache der Dianetik könnte man diesen Abschnitt über Selbstprozessing „Geraden Draht"[1] nennen. Es ist kein „Auto-Prozessing". In Wahrheit wird der Leser nämlich vom Autor selbst auditiert.

Im Hinblick auf die Dianetik in ihrer Gesamtheit könnten diese Fragen als Vorstufe zum Ko-Auditieren angesehen werden. Der Auditor wird durch diese Listen in der Hinsicht unterstützt, daß sie einen Fall für das Behandeln von Engrammen und Secondaries[2] öffnen und den Preclear[3] auf der Tonskala anheben. Soweit man zur Zeit weiß, werden diese Fragen keine Secondaries oder Engramme als solche herausauditieren[4], aber sie werden diese in einem beträchtlichen Maße abschwächen, worauf sich als Folge der körperliche und geistige Zustand des Betreffenden verbessert.

Ein Auditor, wie man den Praktiker in Dianetik nennt, weil er sowohl zuhört als auch Berechnungen anstellt[5], kann diese Fragen während einer Sitzung mit einem Preclear benutzen. Weiterhin können zwei Leute mit diesen Fragenlisten arbeiten, wobei der eine dem anderen die Fragen stellt und der andere diese beantwortet. Oder aber beide können diese Fragen lesen und versuchen, sich ein Geschehnis der verlangten Art zurückzurufen.

1. Gerader Draht („Straightwire"): Der Begriff des „Geraden Drahts" und die Erinnerungsübungen, die so bezeichnet werden, entstanden aus der Formel von Ursache und Wirkung. Wir verstehen darunter den Akt, zwischen der Gegenwart und einem Geschehnis in der Vergangenheit einen „Draht" zu spannen, und zwar direkt und ohne jegliche Umwege.
2. Secondary: ein geistiges (mentales) Eindrucksbild eines Augenblicks schweren und schockierenden Verlustes oder drohenden Verlustes, das unangenehme Emotion enthält, wie z.B. Wut, Furcht, Gram, Apathie oder Todesstimmung.
3. Preclear: jemand, der durch Prozessing mehr über sich selbst und das Leben herausfindet.
4. herausauditieren: auslöschen.
5. Anmerkung des Übersetzers: dies sind zwei der Bedeutungen des Wortes „Auditor", wie sie im englischen Wörterbuch gegeben werden.

Diese Listen werden wiederholt benutzt; das heißt, daß der Betreffende sie wieder und wieder durchgeht. Es gibt kein absolutes Ende dieser Arbeit. Der Grund, warum der Rückruf anhand dieser Fragen wichtig ist, besteht darin, daß sie die Locks[6], die sich über den grundlegenden Engrammen und Secondaries gebildet haben, enthüllen und entladen. Die Entladung dieser Locks macht Engramme und Secondaries verhältnismäßig unwirksam. Ein volles Klären[7] der Engramme und Secondaries eines Menschen mit Hilfe der Dianetik ergibt die besten überhaupt erreichbaren Resultate. Die folgenden Fragen ermöglichen aber das Selbst-Prozessing und stellen außerdem eine gute Vorbereitung für späteres professionelles Auditieren dar.

Beim Verwenden dieser Fragen kann dem Preclear vieles über sich selbst offenbar werden. Er kann eine beträchtliche gefühlsmäßige Erleichterung erleben. Er kann beim Wiederzusammensetzen mancher Dinge, die ihm zugestoßen sind, in Wut geraten, und ihm kann wegen mancher Verluste, die er auszuhalten hatte, zum Weinen zumute sein, und es ist tatsächlich möglich, daß er weint. Es ist jedoch nicht die Absicht dieser Fragen, die Aufmerksamkeit desjenigen, der die Prozesse bei sich anwendet, auf die schlimmen Dinge zu richten, die ihm zugestoßen sind, sondern vielmehr, seine Aufmerksamkeit auf die erfreulichen Dinge zu lenken, die es in seinem Leben gab. Die Konzentration auf diese glücklicheren Umstände läßt die unglücklichen Umstände dazu neigen, einen Teil ihrer Ladung und damit viel von ihrer Kraft zu verlieren.

Die Fragen in den Listen beruhen auf den Entdeckungen, Axiomen[8] und wissenschaftlichen Grundannahmen der Dianetik, die so viel dazu beigetragen haben, das Verstehen des Menschen in bezug auf die Natur des Daseins und seiner Rolle in diesem zu erweitern. Wir können davon ausgehen, daß der grundlegende Zweck des Lebens Überleben im materiellen Universum ist. Wenn man nun das Überleben einer ganz genauen Betrachtung unterzieht, entdeckt man, daß dieser Begriff alle zielgerichteten Hand-

6. Lock: ein geistiges (mentales) Eindrucksbild eines Geschehnisses, in dem man wissentlich oder unwissentlich an ein Secondary oder Engramm erinnert wurde. Es enthält keine Bewußtlosigkeit. Es kann ein Gefühl von Schmerz oder Krankheit usw. enthalten, ist aber selbst nicht die Quelle dieses Gefühls.

7. klären: bedeutet, das Leben eines Menschen von allen körperlichen Schmerzen und schmerzlichen Emotionen zu befreien.

8. Axiome: Aussagen über Naturgesetze, im gleichen Rang wie jene der Naturwissenschaften.

lungen eines Individuums, einer Gruppe, eines Staates, des Lebens selbst oder des materiellen Universums umfaßt.

Dieses materielle Universum ist aus Materie, Energie, Raum und Zeit zusammengesetzt. Das Leben kann also so betrachtet werden, daß es mit der Eroberung von Materie, Energie, Raum und Zeit einschließlich anderer Lebensformen, Organismen und Personen beschäftigt ist. Wenn es einem Organismus oder einer Gruppe gelungen ist, andere Organismen, Gruppen und das materielle Universum mit Erfolg zu handhaben, ist ihr Überlebenspotential sehr hoch. Wenn ein Organismus hierin nicht erfolgreich war, ist sein Überlebenspotential geringer. Seine Augenblicke des Erfolgs sind genauso wie die Augenblicke des Schmerzes mit starker *Ladung*[9] erfüllt. Durch gewisse Prozesse ist es möglich, schmerzerfüllten Geschehnissen die Ladung zu nehmen. Eine der Arten, dies zu erreichen, besteht darin, den Nachdruck und die Konzentration des Organismus auf jene Zeiten hinzurichten, in denen er beim Überleben erfolgreich war.

Mit der Erfindung der Sprache hat sich der Mensch eine unerwartete Quelle der Aberration eingehandelt. Obwohl die Sprache längst nicht der ganze Grund dafür ist, daß ein Organismus weniger erfolgreich ist, als er es sein könnte, legt unsere gegenwärtige Gesellschaftsordnung ganz ungebührlichen Nachdruck auf die Sprache. Wörter sind nur Symbole, die Handlungen ausdrücken. Ein Kind lernt diese Handlungen sehr früh und lernt die Symbole, die diese Handlungen wiedergeben. Später beginnt das Kind das Symbol fälschlich für die Handlung zu nehmen und fängt an zu glauben, daß die Worte selbst Kraft und Macht haben, was nicht der Fall ist. Wenn Sie das von Worten glauben, so halten Sie einmal die Hand vor den Mund, und sprechen Sie einige Worte. Sie werden sehen, wie unbedeutend die Kraft der Äußerung ist, welche Worte Sie auch benutzen. Der Grund für die fälschliche Überbetonung der Gewalt von Worten liegt in den tatsächlichen physikalischen Handlungen, für welche die Wörter als Symbol stehen. Der Hauptpunkt ist also, daß Worte nicht mächtig sind, wohl aber Handlungen. Wenn man zum Beispiel jemanden stillhalten heißt, so gehorcht er, einfach weil er von früher her weiß, was es bedeutet, durch körperliche Gewalt dazu gebracht zu werden, stillzuhalten.

9. Ladung: gespeicherte Energie oder gespeicherte wiedererschaffbare Energiepotentiale.

Für den Organismus ist es aus vielen Gründen wichtig, seine Beweglichkeit zu steigern. Es hat einen gewissen therapeutischen Wert, alle Zeitpunkte zu entdecken, in denen der Organismus befehlsgemäß stillgehalten und gehorcht hat, aber viel wichtiger für die Wiederherstellung der Beweglichkeit des Organismus ist die Entdeckung von wirklichen Geschehnissen, bei denen der Organismus durch physische Gewalt gezwungen wurde, bewegungslos zu bleiben.

Die folgenden Listen haben also die Tendenz, die Bedeutung der Sprache herabzusetzen. Dies ist nur eine ihrer zahlreichen Funktionen, aber eine bedeutende; deshalb sollte man durch das Lesen dieser Listen zu Augenblicken hingeführt werden, in denen tatsächlich Handlungen stattfanden und nicht nur jemand sagte, sie fänden statt. Bei der Anwendung von Selbst-Prozessing sind Wörter und Redewendungen unzulässig, die einem von anderen mitgeteilt worden sind. Wenn man zum Beispiel nach einer Zeit gefragt wird, als jemand weggegangen ist, sollte man sich nicht an die Zeit zu erinnern versuchen, als jemand *sagte*, es sei jemand weggegangen oder ginge gerade eben weg, sondern sollte sich das tatsächliche körperliche Weggehen des Betreffenden zurückrufen, unabhängig davon, was gesagt wurde.

Sie werden feststellen können, daß Worte durch das physikalische Universum zu anderen Organismen hin kommuniziert werden. Geräusche zum Beispiel haben ihren Ursprung im Organismus, werden in Schallwellen umgesetzt und erreichen dann als Schallwellen die andere Person. Das geschriebene Wort wird in Symbolen aus Tinte oder Schreibmaschinenfarbe dargestellt, die dann mit Hilfe des physikalischen Phänomens Licht von einem anderen Organismus gesehen werden. Außersinnliche Wahrnehmung[10] mag es zwar durchaus geben, doch ist sie nicht aberrierend.

Es gibt sehr viele Wahrnehmungsmöglichkeiten, besser gesagt Kanäle, durch die jemand mit dem physikalischen Universum in Kontakt treten kann. Mittels der Ihnen zur Verfügung stehenden Gesichts-, Gehör-, Geschmackssinne und anderer Über-

10. außersinnliche Wahrnehmung: Erkenntnisse, die nicht auf dem gewöhnlichen Weg gewonnen werden, sondern beispielsweise durch Telepathie.

mittlungssysteme sind Sie sich des physikalischen Universums bewußt. Darum werden Sie nach jeder Aufforderung, sich ein bestimmtes Geschehnis zurückzurufen, und nachdem Sie es zurückgerufen haben, aufgefordert werden, Ihre Aufmerksamkeit auf die Wahrnehmungen eines bestimmten Sinneskanals zu richten, die vorhanden waren, als Sie das Geschehnis damals erlebten. Für diesen Zweck ist die runde Scheibe bestimmt. Wie Sie bemerken, hat diese Scheibe zwei Seiten. Die auf der einen Seite der Scheibe aufgeführten Wahrnehmungen oder Sinnesbotschaften unterscheiden sich von denen auf der anderen Seite. Wenn Sie die Fragen der Reihe nach durchgehen, sollten Sie diese durch eines der Fenster in der Scheibe lesen. Drehen Sie jedesmal, wenn Sie zur nächsten Frage übergehen, die Scheibe so im Gegenuhrzeigersinn, daß Sie das nächste Fenster benutzen können. So bekommen Sie immer eine neue Wahrnehmung. Die Frage kann sich zum Beispiel auf eine Zeit beziehen, in der jemand von Ihnen weggegangen ist. Sie werden sich eine Zeit zurückrufen, in der dies geschah, und wählen dabei den Moment aus, wo diese Person Sie tatsächlich körperlich verlassen hat. Ohne Zweifel werden Sie eine gewisse Vorstellung von der Szene bekommen, vielleicht sogar eine volle Wahrnehmung von ihr.

Viele Leute sehen, fühlen, hören und nehmen auf andere Weise Erinnerungen wahr, wenn sie sich diese zurückrufen. Manche Leute sind zu abgesperrt[11]. Die folgenden Listen beseitigen diese Absperrungen. Wenn Sie sich eine Person zurückrufen, die von Ihnen wegging, dann sollten Sie sich dabei nicht nur die Tatsache zurückrufen, daß jemand weggegangen ist, sondern den Moment, in dem er dies tatsächlich tat, und Sie sollten von seinem Weggehen so viele Wahrnehmungen wie möglich bekommen. Die Scheibe, die währenddessen über der Frage liegt, wird dabei, ganz zufällig, irgendeine spezielle Wahrnehmung auf dem oberen Rand tragen. Diese Wahrnehmung kann zum Beispiel *Geräusch* sein. Sie sollten dann versuchen, all die Geräusche wiederzubekommen, die gegenwärtig waren, als jene Person wegging; Sie konzentrieren sich einfach auf diese Wahrnehmung. *Wenn Sie nicht dazu fähig sind, die Geräusche als solche wiederzubekommen, sie*

11. abgesperrt: bedeutet in bezug auf Erinnerung, daß sie nicht zugänglich ist, wenn man versucht, sie sich zurückzurufen. Eine „abgesperrte Person" wäre jemand, der ein schlechtes Gedächtnis hat und sich die Wahrnehmungen der Vergangenheit nur schlecht zurückrufen kann.

also wieder zu hören, so verschaffen Sie sich zumindest einen Begriff davon, wie diese Geräusche gewesen sein könnten.

Sie werden feststellen, daß die Scheibe sechs Wahrnehmungen enthält, mit denen Sie Verbindung mit dem physikalischen Universum hergestellt haben. Tatsächlich gibt es aber viel mehr als diese sechs.

Wenn Sie sich zu einer Frage ein Geschehnis zurückgerufen haben und dabei das Wort „Emotion" ganz oben auf der Scheibe steht, sollten Sie den Versuch machen, ganz speziell die Emotion, die Sie zu jener Zeit fühlten, herbeizurufen und wenn möglich diese Emotion wieder zu fühlen. Bei der nächsten Frage wird die Scheibe um ein Fenster im Gegenuhrzeigersinn gedreht. Sie werden dann „Lautstärke" ganz oben finden. Sie sollten sich ein der Frage entsprechendes Geschehnis zurückrufen und dann, nachdem Sie das Geschehnis wahrgenommen haben, Ihre Aufmerksamkeit insbesondere auf die Lautstärke der verschiedenen Geräusche in diesem Geschehnis richten.

Bevor Sie dann zur nächsten Frage gehen, sollten Sie die Scheibe wiederum im Gegenuhrzeigersinn drehen. Ganz oben werden Sie nun „Körperstellung" finden. Lesen Sie die Frage, rufen Sie sich ein entsprechendes Geschehnis zurück, nehmen Sie es so gut wie möglich wahr und richten Sie dann besondere Aufmerksamkeit auf die Stellung, in der Ihr eigener Körper zu der Zeit war, als sich das Geschehnis zugetragen hat. Sie gehen hierauf zur nächsten Frage, drehen die Scheibe wiederum und finden nun „Geräusch" oben. Sie sollten sich das von der Frage verlangte Geschehnis zurückrufen und dann den Geräuschen in diesem Geschehnis besondere Aufmerksamkeit schenken.

Vor der nächsten Frage drehen Sie die Scheibe noch einmal; nun werden Sie feststellen, daß „Gewicht" oben steht. Bei dem Geschehnis, das jetzt zurückgerufen wird, sollte die Aufmerksamkeit auf die Schwere der Dinge gelenkt werden, einschließlich des Zuges der Schwerkraft auf Sie selbst und des Gewichts von allem, was Sie während des Geschehnisses tatsächlich gehalten oder getragen haben, wie zum Beispiel Ihre Kleidung, einen Ball oder irgend etwas anderes.

Wenn die Scheibe wiederum zur nächsten Frage auf der Liste weitergedreht wird, werden Sie „Eigene Bewegung“ oben finden. Wenn Sie die Frage beantwortet haben, sollten Sie Ihre Aufmerksamkeit auf die Bewegung lenken, die Sie zum Zeitpunkt des Geschehnisses gemacht haben.

Jedesmal, wenn Sie zu einer neuen Seite gehen, sollten Sie die Scheibe umdrehen. Auf der Rückseite finden Sie eine neue Reihe von Wahrnehmungen. Diese werden so angewandt, daß Sie, wenn Sie die Liste ein zweites Mal durchgehen, wahrscheinlich nicht dieselbe Wahrnehmung erhalten werden, da man mit diesen Wahrnehmungen nach Belieben beginnen kann. Nehmen wir zum Beispiel die Frage über eine Person, die auf Sie zukommt. Als Sie diese Frage das erste Mal beantworteten, hatten Sie Ihre Aufmerksamkeit, der Scheibe entsprechend, vielleicht auf „Geräusch“ gerichtet. Wenn Sie das zweite Mal durch die Liste gehen und diese Frage erreichen, wird auf der Scheibe oben möglicherweise „Emotion“ stehen. Während Sie sich beim ersten Mal auf die Geräusche konzentriert hatten, sollten Sie jetzt also, beim zweiten Mal, mit aller vorhandenen Emotion Verbindung aufnehmen.

Auf der anderen Seite der Scheibe sehen Sie die Wahrnehmungen *Sehen, Riechen, Berühren, Farbe, Klang* und *Bewegung um einen herum. Sehen* ist, was Sie tatsächlich zu der Zeit sahen. Eine Person, deren Wahrnehmungen in guter Verfassung sind, wird noch einmal sehen, was sie zu dem Zeitpunkt, als das Geschehnis tatsächlich stattfand, gesehen hat. *Sehen* verlangt also nach dem, was während des verlangten Geschehnisses gesehen wurde. *Riechen* verlangt von dem Betreffenden das Zurückrufen aller Gerüche, die während der Szene, die er sich zurückruft, vorhanden waren. *Berühren* verlangt von der Person das Zurückrufen von allem, das die Person zu der Zeit tatsächlich mit der Empfindung des Berührens berührt hat, Druck eingeschlossen. Man hat immer Berührungskontakt mit der materiellen Welt, auch wenn es nur die Berührung des Bodens durch die Füße oder das Fühlen von Kleidung am Körper ist. Wenn die Wahrnehmung von *Farbe* oben ist, sollte die Person versuchen, die Farbe wieder wahrzunehmen, die in der verlangten Szene enthalten war. Wenn *Klang* verlangt wird, sollte die Person versuchen, mit der Qualität der während der Szene vorhandenen Geräusche Verbindung aufzunehmen. Wenn *Bewegung um einen herum* oben ist, sollte die Person, während sie sich das verlangte Geschehnis zurückruft, versuchen, die darin enthaltene Bewegung wahrzunehmen; die Bewegung von anderen Leuten, von Objekten oder von Energie.

Wenn man mit der Scheibe diese Fragen durcharbeitet, erforscht man sein eigenes Leben, und während dieser Erforschung versucht man, die Dinge, die man wahrgenommen hat, mit der höchstmöglichen Stufe von Realität in sein inneres Blickfeld zu holen. Als unmittelbares Ergebnis verbessert sich die Wahrnehmung der gegenwärtigen Welt. Und weitere Resultate gibt es: die Stärkung des Gedächtnisses, die Umgruppierung und Neueinschätzung von Dingen, die einem zugestoßen sind. Noch ein Resultat, und zwar ein mechanischeres und grundlegenderes, ist die Entschärfung unangenehmer Erfahrungen – man bringt sie sozusagen ans Licht. Eine Zeitlang mag man glauben, es sei besser, unangenehme Dinge zu vergessen. Aber vergessen haben sie mehr Kraft und zerstörende Eigenschaften als unter die Lupe genommen.

Wenn man die Listen wiederholt benutzt, wird man feststellen, daß man immer frühere Geschehnisse erhält. Es ist nicht unmöglich, daß man sich geradewegs an die frühesten Anfänge seines Lebens zurückerinnert, ganz zu schweigen von seiner Kindheit.

Es kann gar nicht oft genug betont werden, und deshalb sage ich es hier noch einmal: diese Fragen verlangen nach tatsächlichen körperlichen Handlungen, nicht nach Aussagen über körperliche Handlungen. Es ist völlig in Ordnung, wenn man sich Szenen zurückruft, die man im Kino gesehen oder über die man in Büchern gelesen hat, aber man sollte sich im Fall Kino der Leinwand, des Sitzes, des Ortes und der Zeit des Geschehnisses vollkommen bewußt sein. Bei Büchern, die man gelesen hat, sollte man sich nicht an die Szene erinnern, die der Autor dem Leser gerne vermittelt hätte, sondern an die Situation des Lesens, und der Rückruf sollte das Gedruckte und das Sitzen in einem Stuhl hervorholen, nicht was man sich damals vorgestellt hat.

Hinter den Fragen steht, nicht ohne weiteres sichtbar, eine enorme Menge an Technologie. Wichtig ist vor allem, daß dieses Verfahren, wenn Sie beharrlich eine Liste nach der anderen durchgehen und sich die verlangten Dinge zurückrufen, Ihre Fähigkeit zum Denken und Handeln und Ihr körperliches Wohlbefinden sowie Ihr Verhältnis zu Ihrer gegenwärtigen Umwelt beträchtlich verbessert.

Die allerletzte Liste in diesem Buch wird die „Liste für das Sitzungsende" genannt. Das bedeutet, daß Sie immer dann, wenn Sie Selbst-Prozessing angewandt und eine Liste vollständig durchgearbeitet haben – oder aber so lange gearbeitet haben, wie Sie möchten –, sich der „Liste für das Sitzungsende" zuwenden sollten, um als Routinemaßnahme die darin enthaltenen Fragen zu beantworten.

Vor dieser letzten Liste des Buches finden Sie eine andere, die die Überschrift trägt: „Wenn Sie sich unwohl fühlen." Wenn Sie während einer Sitzung beim Selbst-Prozessing feststellen, daß Sie sich allmählich ziemlich unwohl oder elend fühlen, sollten Sie diese Liste aufschlagen. Ihre Benutzung dürfte Ihre gute Laune bald wiederherstellen.

Sollte Ihnen das Zurückrufen bei irgendeiner Frage in diesen Listen besonders schwerfallen, dann lassen Sie sie einfach aus und gehen zur nächsten weiter. Falls Sie bei der Beantwortung der Fragen irgendeiner dieser Listen allgemein Schwierigkeiten haben, wird es Ihnen leichter fallen, wenn ein Freund sie Ihnen vorliest.

Sollte das Durchführen von Selbst-Prozessing Sie äußerst unglücklich machen, so ist anzunehmen, daß Ihr Fall unter die Aufsicht eines Dianetik-Auditors gestellt werden sollte, und zwar so lange, bis Sie in der Lage sind, die Angelegenheit selbständig zu handhaben.

Sie können eine Liste viele Male durchgehen, bevor Sie sich der nächsten zuwenden. Sie können aber auch in einem Zug durch alle Listen gehen, ohne irgendeine zu wiederholen. Wahrscheinlich werden Sie feststellen, daß das oftmalige Durchgehen einer Liste bessere Resultate ergibt, als wenn Sie in einem einzigen Zug durch das Buch gehen. Sie werden bemerken, daß eine unangenehme Erinnerung, an die Sie trotzdem mehrere Male herangegangen sind, dann keine Wirkung mehr auf Sie ausübt. Das heißt, daß die Intensität dieser Erinnerung abnimmt und daß die darin enthaltene Energie, die Ihr gegenwärtiges Leben in Mitleidenschaft gezogen hat, sich auflöst. Wenn Sie sich an mehrere Geschehnisse derselben Art erinnern können, dann tun Sie es; und wenn diese für Sie beunruhigend sind, gehen Sie einfach die Dinge, an die Sie sich erinnert haben, noch einmal durch, eines nach dem anderen, und dann noch einmal. In der Sprache der Dianetik nennt man dies „*Wiederholenden Geraden Draht*"[12]. Er nimmt unangenehmen Erinnerungen ihre Intensität. Doch zielen diese Listen selbstverständlich auf das Zurückrufen von angenehmen Geschehnissen ab. Angenehme Geschehnisse verlieren nicht, wie die unangenehmen, ihre Intensität, wenn man sie sich zurückruft, sie nehmen vielmehr den unangenehmen Geschehnissen, unterhalb der Ebene der Aufmerksamkeit, deren Kraft.

Alles, was Sie beim Durcharbeiten der Listen wirklich beachten müssen, ist, daß Handlungen und nicht Worte verlangt werden und daß die Scheibe benutzt werden sollte, um Ihnen die besondere Art des Rückrufs zu geben, die Sie bei der Erinnerung haben sollten. Für den Fall, daß Sie die Scheibe verlieren sollten, finden Sie auf jeder Seite eine Liste der Wahrnehmungen. Wenn Sie diese seitliche Liste benutzen, sollten Sie beim Zurückrufen von Wahrnehmungen genau wie mit der Scheibe verfahren und jeweils eine Wahrnehmung nach der anderen verwenden.

Beantworten Sie die Fragen nicht einfach mit „Ja" oder „Nein". Wählen Sie, der Aufforderung der Frage entsprechend, einen wirklichen Augenblick Ihres Lebens. Versuchen Sie diesen Moment mit der von der Scheibe angegebenen Wahrnehmung wiederzuempfinden.

Wenn Sie das Durchgehen der Fragen unglücklich macht, dann fahren Sie einfach mit der gerade bearbeiteten Liste fort und gehen die Fragen immer wieder durch. Die unglückliche Stimmung wird abklingen,

12. Wiederholender Gerader Draht („Repetitive Straightwire"): Geraden Draht zu einem Geschehnis so oft wiederholen, bis diesem die Intensität genommen ist.

wenn Sie sich unangenehme Geschehnisse viele Male zurückgerufen haben. Alsbald wird sich ein Gefühl der Erleichterung einstellen.

Es gibt Leute, die bei dem Gedanken, diese Fragen durchstehen zu sollen, in Furcht geraten. Nun, Sie haben sicherlich bessere Nerven. Das Schlimmste, was diese Fragen können, ist, Sie umzubringen.

Wundern Sie sich nicht, wenn Sie sich nach der Beantwortung einiger Fragen schläfrig fühlen. Schläfrigkeit ist bloß ein Zeichen für Entspannung. Das Allermindeste, was dieses Buch für Sie tun kann, ist, Ihre Beruhigungsmittel zu ersetzen!

Wenn Sie bei der Beantwortung dieser Fragen zu gähnen anfangen, so ist das gut. Gähnen ist eine Befreiung von früheren Zeiten der Bewußtlosigkeit. Sie dürfen ruhig so sehr gähnen, daß Ihnen die Tränen kommen. Das ist ein Fortschritt.

Sollten Sie sich, während Sie diese Fragen beantworten, sehr benommen fühlen, so ist das nur „Boil-off“[13]*, das Anzeichen dafür also, daß frühere Zeiten von Bewußtlosigkeit verdampfen. Fahren Sie einfach mit dem Rückruf des Geschehnisses oder anderer ähnlicher Geschehnisse fort, dann wird dieses Gefühl verschwinden und Sie lebhafter als vorher zurücklassen. Wenn Sie aber dieses „Boil-off“ unterbrechen und mit Ihrer Sitzung aufhören, werden Sie sich übellaunig und gereizt fühlen. Gelegentlich steigert sich dieses Benommensein zu nahezu vollständiger Bewußtlosigkeit, aber es verschwindet auch stets wieder. Diese Bewußtlosigkeit war es, die Sie daran gehindert hat, hoch oben auf der Tonskala zu sein.*

Wenn Sie Fragen beantworten, werden ab und zu unbestimmte oder auch stechende Schmerzen kommen und gehen. Versuchen Sie nicht herauszufinden, woher diese Schmerzen kommen. Wenn Sie mit den Fragen beharrlich fortfahren, werden die Schmerzen wieder verschwinden. Beachten Sie sie einfach nicht. Es sind die Geister dessen, was man psychosomatische Krankheiten zu nennen pflegte, restimulierte[14] *Verletzungen aus früherer Zeit.*

13. Boil-off: eine Manifestation der Bewußtlosigkeit, die sehr milde ist und einfach bedeutet, daß eine Periode des Lebens einer Person, in der sie bewußtlos war, leicht restimuliert worden ist; ein Zustand von Schläfrigkeit, der von Schlaf manchmal gar nicht zu unterscheiden ist.

14. restimulieren: wieder in Tätigkeit versetzen; Restimulation bezeichnet den Vorgang, daß eine Erinnerung durch ähnliche Umstände in der Gegenwart, die Umständen der Vergangenheit in etwa entsprechen, wieder aktiviert wird.

Ein Mensch wird durch diese Speicherung früherer Schmerzen und früherer Bewußtlosigkeit unterdrückt. Die Selbstanalyse *läßt solche früheren Augenblicke vergehen oder zumindest teilweise an Intensität verlieren, ohne daß Sie herauszufinden hätten, was in ihnen war.*

Eine ausführliche Beschreibung dieser Erscheinungen und ihrer Ursachen bietet Ihnen Die Wissenschaft des Überlebens, *das populäre Werk über Dianetik, das Sie im Bücherverzeichnis am Schluß dieses Buches finden können.*

Wichtig:
Benutzen Sie die Listen viele Male.
Versuchen Sie bei jeder Frage das früheste nur mögliche Geschehnis zu bekommen.

Allgemeine Geschehnisse

Der Zweck dieser Liste ist, Ihnen Übung im Zurückrufen von Geschehnissen zu geben. Benutzen Sie die hinten im Buch beigelegte Scheibe und lesen Sie die Anleitung für die Benutzung der Liste am Anfang dieses Abschnitts.

Kannst du dir eine Zeit zurückrufen, als:

- ☐ *Sehen*
- ☐ *Riechen*
- ☐ *Berühren*
- ☐ *Farbe*
- ☐ *Klang*
- ☐ *Bewegung um einen herum*
- ☐ *Emotion*
- ☐ *Lautstärke*
- ☐ *Körperstellung*
- ☐ *Geräusch*
- ☐ *Gewicht*
- ☐ *Eigene Bewegung*

1. du glücklich warst?
2. du etwas fertiggebaut hattest?
3. das Leben fröhlich war?
4. jemand dir etwas gegeben hatte?
5. du etwas Gutes gegessen hast?
6. du einen Freund hattest?
7. du dich voller Energie fühltest?
8. jemand auf dich gewartet hat?
9. du schnell gefahren bist?
10. du etwas gesehen hast, was du mochtest?
11. du etwas Gutes erworben hast?
12. du etwas Schlechtes weggeworfen hast?
13. du jemanden geküßt hast, den du mochtest?
14. du über einen Witz gelacht hast?

15. du Geld erhalten hast?
16. du dich jung gefühlt hast?
17. du das Leben mochtest?
18. du ein Spiel gespielt hast?
19. du etwas Gefährliches besiegt hast?
20. du in den Besitz eines Tieres kamst?
21. jemand dachte, du seist wichtig?
22. du etwas Böses verscheucht hast?
23. du begeistert warst?
24. etwas dir gehörte?
25. du dich des Lebens freutest?
26. du schnell gegangen bist?
27. du richtig gefaulenzt hast?
28. du dich stark gefühlt hast?
29. jemand wegging, den du nicht mochtest?
30. jemand dir geholfen hat?
31. du etwas Gutes gesammelt hast?
32. du etwas gemessen hast?
33. du eine angenehme Reise gemacht hast?
34. du Licht angemacht hast?
35. du gute Musik gehört hast?
36. du etwas unter Kontrolle hattest?
37. du etwas zerstört hast?
38. du etwas gemeistert hast?
39. du Glück hattest?

☐ *Sehen*
☐ *Riechen*
☐ *Berühren*
☐ *Farbe*
☐ *Klang*
☐ *Bewegung um einen herum*
☐ *Emotion*
☐ *Lautstärke*
☐ *Körperstellung*
☐ *Geräusch*
☐ *Gewicht*
☐ *Eigene Bewegung*

40. du dich friedlich gefühlt hast?
41. du eine hübsche Szene gesehen hast?
42. du etwas Gutes eingeschenkt hast?
43. du in den Besitz von etwas kamst, das selten war?
44. du einen Feind zum lauten Schreien gebracht hast?
45. du angenehm gesessen hast?
46. du etwas gut gehandhabt hast? (Echte körperliche Handhabung!)
47. du etwas bewegt hast?
48. du etwas Schnelles beobachtet hast?
49. du mit Freunden zusammen warst?
50. du einen guten Raum bewohnt hast?
51. jemand dich liebte?
52. du dich über jemanden gefreut hast?
53. du etwas erfunden hast?
54. du Energie nutzbar gemacht hast?
55. du ein Insekt erschlagen hast?
56. du etwas in die Tasche gesteckt hast?
57. du Fortschritte gemacht hast?
58. du zu Fuß gegangen bist?
59. du etwas gerettet hast?
60. du eine Maschine angehalten hast?
61. du eine Maschine in Gang gesetzt hast?
62. du gut geschlafen hast?

- ☐ *Sehen*
- ☐ *Riechen*
- ☐ *Berühren*
- ☐ *Farbe*
- ☐ *Klang*
- ☐ *Bewegung um einen herum*
- ☐ *Emotion*
- ☐ *Lautstärke*
- ☐ *Körperstellung*
- ☐ *Geräusch*
- ☐ *Gewicht*
- ☐ *Eigene Bewegung*

63. du einen Dieb aufgehalten hast?
64. du unter etwas gestanden hast?
65. du ein Feuer entfacht hast?
66. du die Treppen nach oben gegangen bist?
67. dir warm war?
68. du reiten gegangen bist?
69. du geschickt warst?
70. du geschwommen bist?
71. du deinen Mann standest?
72. du gut gelebt hast?
73. du respektiert wurdest?
74. du ein Rennen gewonnen hast?
75. du gut gegessen hast?

- ☐ *Sehen*
- ☐ *Riechen*
- ☐ *Berühren*
- ☐ *Farbe*
- ☐ *Klang*
- ☐ *Bewegung um einen herum*
- ☐ *Emotion*
- ☐ *Lautstärke*
- ☐ *Körperstellung*
- ☐ *Geräusch*
- ☐ *Gewicht*
- ☐ *Eigene Bewegung*

Zeit-
orientierung

Diese Liste ist darauf abgestellt, Ihren allgemeinen Sinn für Zeit in bezug auf Abschnitte in Ihrem Leben zu fördern. Jeder Mensch besitzt eine vollständige Aufzeichnung all dessen, was er in seinem Leben erlebt hat. Es kann sein, daß er sich gewisse Zeitabschnitte nicht unmittelbar zurückrufen kann. Man sagt dann, diese Zeitabschnitte seien „abgesperrt". Im allgemeinen werden durch das Arbeiten mit diesen Listen solche Absperrungen allmählich dadurch verschwinden, daß man sein Leben durch Zurückrufen anspricht. Damit werden sich auch das geistige und das körperliche Wohlbefinden erhöhen und die Wahrnehmung der gegenwärtigen Umgebung verbessern.

Man geht in der Dianetik davon aus, daß jeder Mensch eine „Zeitspur" hat. Alles, was jemand irgendwann in seinem Leben wahrgenommen hat, ist von Anfang bis Ende auf dieser „Zeitspur" aufgezeichnet. Abgesperrte Abschnitte zu haben ist gefährlich, da die Daten in dem abgesperrten Gebiet zwanghaft werden und ein weniger optimales Verhalten verursachen. Der Zweck dieser Liste ist, die Spur im allgemeinen in Ordnung zu bringen.

Seien Sie nicht entmutigt, wenn es Ihnen nicht gelingt, den tatsächlichen Augenblick der Erinnerung zurückzurufen. Erinnern Sie sich zuerst. Wenn Sie die dann noch verbliebenen Fragen beantworten können, um so besser.

Kannst du dir ein Geschehnis zurückrufen, das sich zugetragen hat:

1. vor einer langen Zeit? (Jahr? Monat? Tag? Uhrzeit?)

2. gestern? (Uhrzeit? Tag?)
3. letzten Monat? (Stand der Sonne?)
4. als du sehr klein warst? (Kleidung der Leute? Stand der Sonne?)
5. als du halb so groß warst wie jetzt? (Die Größe von anderen zu jener Zeit?)
6. als du ein Drittel deines jetzigen Gewichts hattest? (Stand der Sonne?)
7. als deine Mutter jünger aussah? (Kleidung der Mutter? Stand der Sonne?)
8. als du dich behend gefühlt hast? (Jahr? Uhrzeit?)
9. letztes Weihnachtsfest? (Tageszeit?)
10. an deinem fünften Weihnachtsfest? (Kleidung anderer?)
11. an deinem achten Geburtstag? (Einrichtung?)
12. an einem Geburtstag? (Das Aussehen anderer? Jahr? Stand der Sonne?)
13. heute vor einem Jahr? (Das Haus, in dem du gewohnt hast? Tag? Jahreszeit?)
14. heute mittag?
15. bei einem Festessen? (Kleidung der dort anwesenden Personen?)

- ☐ *Sehen*
- ☐ *Riechen*
- ☐ *Berühren*
- ☐ *Farbe*
- ☐ *Klang*
- ☐ *Bewegung um einen herum*
- ☐ *Emotion*
- ☐ *Lautstärke*
- ☐ *Körperstellung*
- ☐ *Geräusch*
- ☐ *Gewicht*
- ☐ *Eigene Bewegung*

16. bei einer Hochzeit? (Jahr? Jahreszeit?)
17. bei einer Geburt? (Jahreszeit?)
18. bei einer Verabredung mit jemandem? (Frisur?)
19. mit einer Uhr? (Stand der Sonne?)
20. mit einer Armbanduhr? (Bewegung des Sekundenzeigers?)
21. mit einem Tier? (Als es kleiner war?)

Kannst du dir Geschehnisse zurückrufen, die vergleichen:

- ☐ *Sehen*
- ☐ *Riechen*
- ☐ *Berühren*
- ☐ *Farbe*
- ☐ *Klang*
- ☐ *Bewegung um einen herum*
- ☐ *Emotion*
- ☐ *Lautstärke*
- ☐ *Körperstellung*
- ☐ *Geräusch*
- ☐ *Gewicht*
- ☐ *Eigene Bewegung*

1. heutige Kleidung und Kleidung, als du klein warst?
2. heutige Frisur und Frisur, als du in deinen Teenagerjahren warst?
3. etwas, das neu war und jetzt alt ist?
4. etwas, das klein war und jetzt groß ist?
5. etwas, das jetzt alt ist, und als es jung war?
6. wie die Sonne am Morgen schien und wie sie am Nachmittag schien?
7. Winter mit Sommer?
8. Frühling mit Winter?
9. Herbst mit Frühling?
10. Sonnenaufgang mit Sonnenuntergang?

11. einen Schatten am Morgen mit einem Schatten am Abend?
12. Kleidung, die jetzt alt ist, und als sie neu war?
13. ein Haus, das jetzt steht, und als es dort kein Haus gab?
14. einen offenen Raum, der jetzt aufgeteilt ist?
15. eine lange Zeit mit einer kurzen Zeit?
16. eine angezündete Zigarette, und als sie ausgedrückt wurde?
17. den Beginn eines Rennens und sein Ende?
18. Schlafengehen mit Aufstehen?
19. Schule am Morgen mit Herauskommen am Nachmittag?
20. deine jetzige Größe, und als du klein warst?
21. einen bewölkten Tag mit einem sonnigen Tag?
22. stürmisches Wetter mit regnerischem Wetter?
23. etwas, das heiß war, und als es kalt wurde?
24. etwas Junges mit etwas Altem?
25. einen schnellen Herzschlag mit einem langsamen?
26. Überhitztsein mit Frösteln?
27. als du viel Raum hattest und als du wenig Raum hattest?

- ☐ *Sehen*
- ☐ *Riechen*
- ☐ *Berühren*
- ☐ *Farbe*
- ☐ *Klang*
- ☐ *Bewegung um einen herum*
- ☐ *Emotion*
- ☐ *Lautstärke*
- ☐ *Körperstellung*
- ☐ *Geräusch*
- ☐ *Gewicht*
- ☐ *Eigene Bewegung*

28. strahlendes Licht mit düsterem Licht?
29. ein Feuer, das hell loderte, und als es niederbrannte?
30. einen halbfertigen Gegenstand und seinen Anfangszustand?
31. jemanden, als er groß war, und als er klein war?
32. als du dich klein fühltest und als du dich erwachsen fühltest?
33. gestern morgen mit heute morgen?
34. einen vollständigen Kalender, und als seine Blätter abgerissen waren?
35. eine Uhr, die steht, und eine, die geht?
36. die Bewegung der Sonne mit der Bewegung des Mondes?
37. als du dich müde fühltest und als du dich energisch fühltest?
38. Autos damals und Autos heute?
39. als du mit dieser Liste begonnen hast, und diese Frage?

- ☐ *Sehen*
- ☐ *Riechen*
- ☐ *Berühren*
- ☐ *Farbe*
- ☐ *Klang*
- ☐ *Bewegung um einen herum*
- ☐ *Emotion*
- ☐ *Lautstärke*
- ☐ *Körperstellung*
- ☐ *Geräusch*
- ☐ *Gewicht*
- ☐ *Eigene Bewegung*

Orientierung der Sinne

Diese Liste ist speziell zu dem Zweck zusammengestellt, Ihre Aufmerksamkeit darauf zu lenken, daß es viele Kanäle gibt, durch die Sie sich selbst und das physikalische Universum um sich herum wahrnehmen. Obwohl sich jede der hier aufgeführten Fragen auf einen besonderen Sinneskanal, zum Beispiel Licht oder Geräusch, bezieht, kann die Scheibe weiterhin benutzt werden, weil das, wonach verlangt wird, die besonderen Augenblicke sind, in denen Sie verschiedene Sinneswahrnehmungen gebrauchten, und weil jeder spezifische Augenblick neben der einen verlangten Sinneswahrnehmung auch viele andere enthält. Benutzen Sie deshalb die Scheibe wie bei anderen Fragen auch, und versuchen Sie, wenn Sie ein bestimmtes, der Frage entsprechendes Geschehnis gefunden haben, bei diesem Geschehnis besondere Aufmerksamkeit auf jene Sinneswahrnehmung zu richten, die zu diesem Zeitpunkt gerade oben auf der Scheibe steht.

Zeitsinn

Jeder Mensch hat einen Zeitsinn. Dieser Sinn gerät leicht in einen aberrierten Zustand. Das Vorhandensein von Uhren an jedem Handgelenk scheint uns zu beweisen, daß wir mechanische Hilfe brauchen, um zu wissen, wie spät es ist. Der erste Mensch, der einen aberrierten oder in Unordnung geratenen Zeitsinn hatte, ließ die erste Uhr wünschenswert erscheinen – aber auch nur für ihn. Uhren und Kalender sind künstliche Symbole und stellen die Zeit dar, die ein tatsächlich vorhandenes Phänomen ist und von jedem Menschen direkt wahrgenommen werden kann.

Dieser Abschnitt und nahezu alle anderen Abschnitte in diesen Listen stellen den Sinn für Zeit wieder her. Die meisten Leute bringen in ihrem Denken Zeit und Raum durcheinander. Die Worte, die Zeit beschreiben, beschreiben auch Raum, was zeigt, daß der Mensch seinem Zeitsinn keine besondere Aufmerksamkeit schenkt. Der Organismus mißt die Zeit auf viele Arten, meist aber in Form von Bewegung oder Wachstum und Verfall. Das auffallendste Zeichen des Vergehens von Zeit ist Veränderung, doch gibt es einen direkten Sinn für Zeit, den jeder hat, wenn der Zeitsinn auch durch eine Gesellschaft abgesperrt sein kann, die das Vorhandensein des Zeitsinns durch die Benutzung von Uhren und Kalendern abzuwerten scheint. Sie sollten über Zeit keinerlei Verwirrung haben.

Kannst du dir eine Zeit zurückrufen, als:

- ☐ *Sehen*
- ☐ *Riechen*
- ☐ *Berühren*
- ☐ *Farbe*
- ☐ *Klang*
- ☐ *Bewegung um einen herum*
- ☐ *Emotion*
- ☐ *Lautstärke*
- ☐ *Körperstellung*
- ☐ *Geräusch*
- ☐ *Gewicht*
- ☐ *Eigene Bewegung*

1. es sehr spät war?
2. du zu früh dran warst?
3. du warten mußtest?
4. du eine Zeitlang stehen mußtest und dabei etwas Schweres getragen hast?
5. du sehr schnell gegangen bist?
6. du einen großen Raum durchmessen hast?
7. du viel Zeit gebraucht hast? (Als du tatsächlich lange gebraucht hast, nicht als das jemand anderer behauptet hat.)
8. etwas zu laufen aufhörte? (Keine Uhr.)
9. ein Raum lang war?
10. ein Raum kurz war?
11. ein Gegenstand sich bewegte?
12. ein Tier sich bewegte?
13. ein Uhrzeiger sich bewegte?

14. ein Gegenstand rund war?
15. ein Gegenstand nahe einem anderen Gegenstand war?
16. ein Blitzstrahl zuckte?
17. du eine Uhr kaputtgemacht hast? (Hielt die Zeit an?)
18. du eine Menge Spaß hattest?
19. du zu spät dran warst?
20. jemand zu lange lebte?

(Zusätzliche Fragen über Zeit befinden sich in der zweiten Hälfte von Liste 2.)

Sehen

Es gibt mehrere Teile des Wahrnehmungskanals, der Sehen genannt wird. Von Sonne, Mond, Sternen oder künstlichen Quellen kommen Lichtwellen, werden von Gegenständen reflektiert, treten dann in die Augen ein und werden für eine gegenwärtige Handlung oder als Erinnerung für zukünftige Verwendung aufgezeichnet. Auch Lichtquellen werden aufgezeichnet. Dies ist also die Sinneswahrnehmung, die *Sehen* genannt wird.

Sie hat Unterabteilungen. Als erste könnte man die Bewegung betrachten, bei der Sehen von einer Zeitspanne abhängt, um ein sich ständig veränderndes Bild aufzuzeichnen. Jemand kann in der Gegenwart sehr wohl Bewegung sehen, verschiedene Aberrationen des Sehens aber können ihn dazu bringen, sich nur stillstehende Bilder zurückzurufen. Dessen ungeachtet sind alle diese Bewegungen immer noch aufgezeichnet, und man kann sie sich als in Bewegung befindliche Bilder zurückrufen. Da Bewegung auch von den anderen Wahrnehmungen aufgezeichnet wird, hängen auf diese Weise alle Sinne, damit sie die Nachricht der Bewegung vermitteln können, von der Zeit ab.

Teil des Sehens im engeren Sinn ist daher die Farbwahrnehmung. Es gibt Leute, die in der Gegenwart farbenblind sind; damit soll ausgedrückt werden, daß sie zwar Farben sehen können, aber unfähig sind, Unterschiede in den Abstufungen wahrzunehmen. Dann gibt es Leute, die in der Gegenwart Farben sehen können, aber beim Versuch, sich das zurückzurufen, was sie gesehen haben, nur in Schwarz-Weiß zurückrufen. Das wäre Rückruf-Farbenblindheit. Die Farbe ist dabei gänzlich ausgelöscht. Wenn sich jemand die Dinge, die er in Farbe gesehen hat, nur als schwarz-weiße oder ausschließlich bewegungslose Bilder zurückrufen kann, so ist dies eine Aberration, die leicht behoben werden kann.

Ein anderer Teil des Sehens ist die *Tiefenwahrnehmung.* Tiefenwahrnehmung wird auf zwei Arten beobachtet. Zum ersten sieht man den Größenunterschied von Objekten und hat so eine Vorstellung von der Tatsache, daß das eine weiter hinten ist als das andere oder das Objekt selbst sich in einer bestimmten Entfernung befindet. Zum zweiten gibt es einen stereoskopischen[1] Effekt, der dadurch entsteht, daß man zwei Augen hat. Jedes Auge sieht ein kleines bißchen um den Gegenstand herum, und so ist echte Tiefenwahrnehmung möglich. Dennoch kann jemand zwei Augen haben und in der gegenwärtigen Beobachtung keine Tiefenwahrnehmung besitzen. Andererseits kann jemand in der Gegenwart völlig perfekt und mit Tiefenwahrnehmung sehen und doch die Bilder beim Zurückrufen flach und ohne Tiefenwahrnehmung sehen. Auch dieser Mangel an Tiefenwahrnehmung ist heilbar.

Ein Mensch, der in der Gegenwart keine Bewegung wahrnehmen kann und der darüber hinaus auch weder Farbe noch Tiefe wahrnehmen kann, wäre als Autofahrer äußerst gefährlich; beinahe genauso schlimm ist jemand dran, der sich nicht zurückrufen kann, was er gesehen hat, oder es sich nicht mit Tiefenwahrnehmung, vollen Farben und Bewegungen zurückrufen kann. Dieser Teil der Liste ist dazu bestimmt, Ihnen eine tiefere Einsicht in das Sehen zu geben. Allgemein wird mit dem Durcharbeiten der Listen das Zurückrufen all dieser Wahrnehmungen wieder und wieder geübt. Wenn Sie beim Zurückrufen nicht un-

1. stereoskopisch: einen dreidimensionalen Effekt vermittelnd.

mittelbar sehen können, was Sie in einer anderen Zeit erblickt haben, dann versuchen Sie einfach einen Begriff davon zu bekommen, wie die Dinge jeweils zu bestimmten Zeiten ausgesehen haben.

Kannst du dir einen Anblick zurückrufen, der:

- ☐ *Sehen*
- ☐ *Riechen*
- ☐ *Berühren*
- ☐ *Farbe*
- ☐ *Klang*
- ☐ *Bewegung um einen herum*
- ☐ *Emotion*
- ☐ *Lautstärke*
- ☐ *Körper-stellung*
- ☐ *Geräusch*
- ☐ *Gewicht*
- ☐ *Eigene Bewegung*

1. sehr hell war?
2. dunkel war?
3. grün war?
4. weit ausgedehnt war?
5. Bewegung hatte?
6. flach war?
7. tief war?
8. farbenfroh war?
9. rasch war?
10. langsam war?
11. angenehm war?
12. wünschenswert war?
13. hübsch war?
14. selten war?
15. bemerkenswert war?
16. verworren war?
17. geheimnisvoll war?
18. träge war?
19. warm war?
20. fröhlich war?

21. nahezu unsichtbar war?
22. verschwommen war?
23. scharf begrenzt war?
24. liebenswert war?
25. leidenschaftlich war?
26. freudig war?
27. sehr real war?
28. etwas war, das du dir mit dem Sehen wirklich gut zurückrufen kannst?

Relative Größen

Das Erkennen seiner eigenen Größe im Verhältnis zu der Szene, in der man sich befindet, und den Organismen und Gegenständen in dieser Szene ist selbst schon eine Sinnesmitteilung. Das stellt besonders an Kinder Anforderungen, und ohne Zweifel war es auch für Sie als Kind eine Belastung, von großen Objekten umgeben zu sein. Wenn sich jemand ein Geschehnis in der Kindheit wirklich gut zurückrufen kann, ist er oft aufs äußerste überrascht, zu sehen, wie groß ihm die Dinge vorkamen und wie groß diese Riesen von Erwachsenen waren, die ihn umgaben. Sich in der Nachbarschaft von großen Objekten klein zu fühlen, erzeugt manchmal das Gefühl von Unzulänglichkeit. Man sagt sogar, daß sich Leute, die unterdurchschnittlich groß sind, in ihrer Umwelt weniger sicher fühlen. Das rührt offenbar von der Tatsache her, daß das Gefühl der Kleinheit und Unzulänglichkeit während der Kindheit in dauernder Restimulierung ist, weil sie die Durchschnittsgröße eines Erwachsenen nicht erreicht haben. Es hat aber ganz sicher nicht den Grund, daß eine Person, bloß weil sie kleiner ist, wirklich unzulänglich ist.

Leute, die überdurchschnittlich groß sind, werden dieser Tatsache meistens deshalb gewahr, weil kleinere Leute Mittel und Wege zu finden suchen, um sie ihrer Größe wegen herabzusetzen.

Es ist deshalb wichtig, die Wahrnehmung der relativen Größe wiederherzustellen, und jemand, der überdurchschnittlich groß ist, würde gut daran tun, beim Durcharbeiten der folgenden Fragen das Wort „Lautstärke" auf der Scheibe durch „Relative Größe" zu ersetzen.

Kannst du dir eine Zeit zurückrufen, als:

- ☐ *Sehen*
- ☐ *Riechen*
- ☐ *Berühren*
- ☐ *Farbe*
- ☐ *Klang*
- ☐ *Bewegung um einen herum*
- ☐ *Emotion*
- ☐ *Lautstärke*
- ☐ *Körper-stellung*
- ☐ *Geräusch*
- ☐ *Gewicht*
- ☐ *Eigene Bewegung*

1. du größer warst als ein Tier?
2. du kleiner warst als ein Objekt?
3. du größer warst als eine Person?
4. du kleiner warst als eine Person?
5. Dinge dir klein vorkamen?
6. Dinge dir groß vorkamen?
7. du in einem riesigen Raum warst?
8. du in die Sterne geschaut hast?
9. ein Objekt dich zum Zwerg machte?
10. du einen Riesen gesehen hast?
11. jemand dich bedient hat?
12. du jemandem Furcht eingejagt hast?
13. du jemanden gejagt hast?
14. du einen größeren Jungen verprügelt hast?
15. die Möbel für dich zu klein waren?
16. ein Bett für dich zu klein war?
17. ein Bett für dich zu groß war?
18. ein Hut nicht paßte?
19. du höflich sein mußtest?

- ☐ *Sehen*
- ☐ *Riechen*
- ☐ *Berühren*
- ☐ *Farbe*
- ☐ *Klang*
- ☐ *Bewegung um einen herum*
- ☐ *Emotion*
- ☐ *Lautstärke*
- ☐ *Körper-stellung*
- ☐ *Geräusch*
- ☐ *Gewicht*
- ☐ *Eigene Bewegung*

20. du jemanden eingeschüchtert hast?
21. deine Kleidung zu groß war?
22. deine Kleidung zu klein war?
23. das Fahrzeug zu groß war?
24. das Fahrzeug zu klein war?
25. ein Raum zu groß war?
26. ein Tisch zu groß war?
27. dein Arm zu groß war?
28. eine Köchin klein war?
29. du etwas erreicht hast, das sich über dir befand?
30. ein Ball zu klein war?
31. eine Tochter kleiner war?
32. ein Schreibtisch zu klein war?

Kannst du dir zurückrufen:

33. eine große Gabel?
34. einen kleinen Kessel?
35. einen kleinen Hügel?
36. einen kleinen Fisch?
37. eine kleine Blume?
38. einen kleinen Doktor?
39. einen winzigen Hund?
40. einen kleinen Mann?
41. ein kleines Kind?

42. eine kleine Katze?
43. ein kleines Haus?
44. eine kleine Maschine?
45. kurze Beine?
46. ein kleines Gesicht?
47. einen kleinen Platz?

Geräusch

Das *Geräusch* besteht aus der Wahrnehmung von Wellen, die von einem sich bewegenden Objekt ausgehen. Ein Objekt bewegt sich langsam oder schnell und versetzt die Luft in seiner Nähe in pulsierende Schwingungen. Wenn diese Schwingungen auf das Trommelfell auftreffen, setzen sie den Tonaufzeichnungsmechanismus des Individuums in Bewegung, und das Geräusch wird registriert. Im luftleeren Raum gibt es keine Geräusche; Geräusche sind eigentlich nur Kraftwellen.

Zu starke oder allzu mißtönende Geräusche können körperlich schmerzhaft sein, genauso wie Licht in zu großer Quantität die Augen schädigen kann. Allerdings ist das durch Geräusche, ähnlich wie durch Licht, verursachte Ausmaß an Nervosität nicht gerechtfertigt und in der Hauptsache eine Aberration. Geräusche an sich verursachen normalerweise keinen Schaden, und es gibt im Leben jedes Menschen nur wenige Geschehnisse, bei denen ein Geräusch genügend physikalische Kraft hatte, um ihm körperlich zu schaden.

Allerdings können Besorgnis und Furcht vor dem physikalischen Universum und anderen Personen einen Menschen dazu bringen, in bezug auf Geräusche nervös zu werden, da das Gehör einer der verläßlichsten Warnmechanismen ist. Aber es ist töricht, in einer zivilisierten Umwelt bei jedem Geräusch aufzuschrecken oder die Stimmen anderer und die Geräusche im Verkehr zu fürchten, da Menschen nur selten ein Dasein führen, in dem es derart hart auf hart zugeht, daß eine solche Aufmerksamkeit gerechtfertigt wäre.

Da sich Geräusch mit vergangenem Schmerz vermischt, verwechselt das Individuum den Augenblick und die Zeit, wenn es ein Geräusch hört. Und so wird es möglicherweise das Geräusch mit vergangenem Schmerz in Verbindung bringen, wie es dies bei anderen Wahrnehmungen auch tun kann.

Mit den Listen gewinnt der Mensch seine Fähigkeit wieder, den Unterschied zwischen einer Zeit und einer anderen und einer Situation und einer anderen zu erkennen.

Das Geräusch hat verschiedene Bestandteile. Der erste ist die Tonhöhe. Sie ergibt sich aus der Anzahl der Schwingungen eines Gegenstandes, von dem ein Geräusch ausgeht, pro Zeiteinheit. Der zweite, die Qualität oder Klangfarbe, ist einfach der Unterschied zwischen einer zackigen bzw. zerhackten Geräuschwelle und einer glatten Welle, wie sie bei einer Musiknote auftritt. Der dritte ist die Lautstärke, die sich schlicht aus der Stärke der Geräuschwellen ergibt.

Rhythmus ist in Wirklichkeit ein Teil des Zeitsinns, aber er ist auch die Fähigkeit, die Zwischenräume zwischen regelmäßig pulsierenden Geräuschwellen zu bestimmen, wie beispielsweise beim Schlagen einer Trommel.

Viele Leute haben ein sogenanntes „erweitertes Gehör", was bedeutet, daß sie geräuschanfälliger als andere sind. Gewöhnlich ist damit eine allgemeine Angst vor der Umwelt oder den Menschen in der Umwelt verbunden. Dann gibt es noch die Taubheit, mit der jemand einfach Geräusche abschaltet. Manche Arten von Taubheit sind natürlich auf rein mechanische Defekte des Aufnahmemechanismus zurückzuführen, jedoch sind die meisten Arten von Taubheit, vor allem die partiellen, „psychosomatisch" oder durch geistige (mentale) Aberration verursacht.

Zu Anfang mag der einzelne vielleicht nicht fähig sein, sich das, was er einmal gehört hat und was in der Vergangenheit aufgezeichnet wurde, zurückzurufen, wenn er sich daran erinnert. Er erhält also kein Geräusch, auch wenn er sich daran erinnert, eines gehört zu haben. Die Geräuschaufzeichnung ist dann abgesperrt. Den Rückruf eines Geräusches, so daß man es wieder hört, nennt man in der Dianetik „Sonik". Dies ist ein wünschenswerter Zustand, und er kann einem wiedergegeben werden.

Interessant ist noch zu bemerken, daß es auch bei Geräuschen eine Tiefenwahrnehmung gibt. Weil der Mensch zwei Ohren hat, bekommt er von den Geräuschquellen her einen „stereoskopischen" Eindruck und kann so erkennen, wie weit diese von ihm entfernt sind, und er kann ihre Richtung von seinem Standort aus angeben.

Kannst du dir eine Zeit zurückrufen, als du gehört hast:

- ☐ *Sehen*
- ☐ *Riechen*
- ☐ *Berühren*
- ☐ *Farbe*
- ☐ *Klang*
- ☐ *Bewegung um einen herum*
- ☐ *Emotion*
- ☐ *Lautstärke*
- ☐ *Körperstellung*
- ☐ *Geräusch*
- ☐ *Gewicht*
- ☐ *Eigene Bewegung*

1. einen sanften Wind?
2. eine ruhige Stimme?
3. ein angenehmes Geräusch?
4. eine angenehme Stimme?
5. eine Brise?
6. einen winselnden Hund?
7. eine Glocke?
8. eine fröhliche Stimme?
9. ein Musikinstrument?
10. das Schließen einer Tür?
11. laufendes Wasser?
12. eine Flüssigkeit, die aus einer Flasche kommt?
13. Brutzeln eines guten Essens?
14. einen Ball, der rollt?
15. das Summen eines Rades?
16. ein Auto, das anfährt?

17. das Lachen eines Kindes?
18. einen aufprallenden Ball?
19. eine laufende Nähmaschine?
20. eine Katze, die miaut?
21. einen Kugelschreiber, der schreibt?
22. ein Kind, das rennt?
23. das Umblättern einer Buchseite?
24. eine Zeitung, die geöffnet wird?
25. einen Kuß?
26. ein anregendes Geräusch?
27. ein sanftes Geräusch?
28. ein rhythmisches Geräusch?
29. ein glückliches Geräusch?
30. ein reibendes Geräusch?
31. ein begeistertes Geräusch?
32. einen Seufzer?
33. eine eifrige Stimme?
34. eine lärmende Festlichkeit?
35. eine Musikkapelle?
36. ein seidiges Geräusch?
37. stilles Wasser?
38. ein Geräusch in einem großen Raum?
39. ein erwünschtes Geräusch?
40. ein zärtliches Geräusch?
41. ein häusliches Geräusch?

- ☐ *Sehen*
- ☐ *Riechen*
- ☐ *Berühren*
- ☐ *Farbe*
- ☐ *Klang*
- ☐ *Bewegung um einen herum*
- ☐ *Emotion*
- ☐ *Lautstärke*
- ☐ *Körperstellung*
- ☐ *Geräusch*
- ☐ *Gewicht*
- ☐ *Eigene Bewegung*

42. ein geschäftiges Geräusch?
43. ein angenehmes Geräusch?
44. ein weit entferntes Geräusch?
45. ein nahes Geräusch?
46. einen Mischmasch von Geräuschen?
47. ein sicheres Geräusch?
48. ein Geräusch, das dir sehr real ist? 103

Geruchssinn

Der Geruchssinn wird offenbar durch kleine Teilchen in Tätigkeit gesetzt, die aus einem Gegenstand entweichen, sich durch den Raum bewegen und auf die Geruchsnerven treffen, wodurch der die Teilchen abgebende Gegenstand wahrgenommen wird. Manchmal mag das zwar recht unangenehm erscheinen, doch gibt es auch viele sehr angenehme Gerüche.

Den Geruchssinn kann man in vier Richtungen unterteilen, in der Hauptsache verschiedene Kategorien der Geruchsarten.

Der Geschmackssinn wird gewöhnlich als Teil des Geruchssinns angesehen.

Kannst du dir eine Zeit zurückrufen, als du gerochen hast:

1. etwas Süßes?
2. etwas Scharfes?
3. etwas Öliges?
4. etwas Stechendes?
5. etwas Begehrenswertes?
6. etwas Verbranntes?

7. etwas Aufreizendes?
8. etwas Heiteres?
9. eine gute Person?
10. eine glückliche Person?
11. eine warme Person?
12. ein freundliches Tier?
13. ein angenehmes Blatt?
14. frisch gemähtes Gras?
15. etwas Leidenschaftliches?
16. etwas, das du gewollt hast?
17. etwas, das du weggeworfen hast?
18. einen Vogel?
19. etwas Aufregendes?
20. etwas Begehrenswertes?
21. ein Kind?
22. Gesichtspuder?
23. Parfüm?
24. Lippenstift?
25. Leder?
26. Pfeifenrauch?
27. Schweiß?
28. Wolle?
29. frische Bettücher?
30. frische Luft?
31. ein Blumenbukett?
32. Geld?

- ☐ *Sehen*
- ☐ *Riechen*
- ☐ *Berühren*
- ☐ *Farbe*
- ☐ *Klang*
- ☐ *Bewegung um einen herum*
- ☐ *Emotion*
- ☐ *Lautstärke*
- ☐ *Körperstellung*
- ☐ *Geräusch*
- ☐ *Gewicht*
- ☐ *Eigene Bewegung*

33. Papier?
34. Möbel?
35. einen schönen Morgen?
36. eine Party?
37. einen angenehmen Duft, der dir sehr real ist?

Kannst du dir eine Zeit zurückrufen, als du geschmeckt hast:

- ☐ *Sehen*
- ☐ *Riechen*
- ☐ *Berühren*
- ☐ *Farbe*
- ☐ *Klang*
- ☐ *Bewegung um einen herum*
- ☐ *Emotion*
- ☐ *Lautstärke*
- ☐ *Körperstellung*
- ☐ *Geräusch*
- ☐ *Gewicht*
- ☐ *Eigene Bewegung*

1. Suppe?
2. Eier?
3. Brot?
4. Kekse?
5. Kaffee?
6. Tee?
7. Milch?
8. Getreideflocken?
9. Klöße?
10. Fisch?
11. Rindfleisch?
12. Hähnchen?
13. ein Steak?
14. Ente?
15. Füllung?
16. Käse?
17. ein Filet?

18. Kartoffeln?
19. Wassermelone?
20. einen Cocktail?
21. Alkohol?
22. ein heißes Sandwich?
23. Gelee?

- ☐ *Sehen*
- ☐ *Riechen*
- ☐ *Berühren*
- ☐ *Farbe*
- ☐ *Klang*
- ☐ *Bewegung um einen herum*
- ☐ *Emotion*
- ☐ *Lautstärke*
- ☐ *Körper-stellung*
- ☐ *Geräusch*
- ☐ *Gewicht*
- ☐ *Eigene Bewegung*

24. Eiskrem?
25. Pudding?
26. Bonbons?
27. Essigfrüchte?
28. Punsch?
29. ein Gemüse?
30. einen Apfel?
31. eine Orange?
32. eine Frucht?
33. Kuchen?
34. etwas, das du für wirklich gut gekocht gehalten hast?
35. etwas, das du gern roh ißt?
36. ein Plätzchen?
37. einen Cracker?
38. Fleisch?
39. etwas Kaltes?
40. etwas Warmes?
41. deine Leibspeise?
42. etwas in eleganter Umgebung?

43. etwas auf einer Party?
44. etwas im Freien?
45. etwas an einem Feiertag?
46. etwas, als du sehr hungrig warst?
47. etwas, das selten war?
48. etwas, woraufhin du dich gut gefühlt hast?
49. etwas, für das du dankbar warst?
50. etwas, auf das du lange Zeit gewartet hattest?
51. etwas, das du vorher nicht bekommen konntest?
52. etwas, das du gestohlen hast?

- ☐ *Sehen*
- ☐ *Riechen*
- ☐ *Berühren*
- ☐ *Farbe*
- ☐ *Klang*
- ☐ *Bewegung um einen herum*
- ☐ *Emotion*
- ☐ *Lautstärke*
- ☐ *Körperstellung*
- ☐ *Geräusch*
- ☐ *Gewicht*
- ☐ *Eigene Bewegung*

Berühren

Der Berührungssinn ist derjenige Kommunikationskanal, der das zentrale Kontrollsystem des Körpers immer dann informiert, wenn irgendein Teil des Körpers in Kontakt mit dem materiellen Universum, anderen Organismen oder dem Organismus selbst ist. Wahrscheinlich ist der Berührungssinn der älteste Sinn, was das Zentralnervensystem anbelangt. Er hat vier Unterteilungen. Die erste ist der Druck, die zweite ist Reibung, die dritte ist Wärme bzw. Kälte und die letzte Glitschigkeit.

Genauso wie jemand schwerhörig sein oder schlecht sehen kann, so kann auch sein Berührungssinn abgestumpft sein oder sogar fast vollkommen fehlen. Dieser Zustand ist als Unempfindlichkeit bekannt. So wie jede andere Wahrnehmung kann auch der Berührungssinn angenehm, unangenehm oder schmerzhaft sein. Wenn einem Menschen sehr wehgetan worden ist, wie bei einem Unfall, einer Krankheit oder einer Verletzung, neigt er dazu, die Kommunikation mit dem physikalischen Universum und anderen Organismen abzuschneiden, genauso wie er Kommunikation abschneidet, indem er schlecht zu sehen beginnt, schwerhörig wird und so weiter.

Der Berührungssinn kann bei manchen Menschen abgestumpft, bei anderen jedoch überempfindlich sein. Bei letzteren ist dieser Sinneskanal soweit aberriert, daß er weitaus mehr mit Gefahren in Berührung kommen möchte, als Gefahr überhaupt existiert. Eine der Erscheinungsformen des aberrierten Berührungssinns ist eine Überempfindlichkeit bei sexuellem Kontakt, die diesen schmerzhaft oder beunruhigend macht, oder ein solches Abstumpfen dieses Kontaktes, daß die Empfindung fast völlig fehlt.

Der Berührungssinn ist sehr wichtig. Er ist zum Teil für Vergnügen verantwortlich, wie beim Sex, und in hohem Maße für die Empfindung, die wir als körperlichen Schmerz kennen. Der Tastsinn erstreckt sich vom Zentralnervensystem bis zur Hautoberfläche und ist auf diese Weise mit dem physikalischen Universum innig verbunden und auf elementarste Weise mit ihm in Kontakt. Die Sinne Hören, Sehen und Riechen nehmen normalerweise Kontakt mit Dingen auf, die entfernt sind, wogegen der Berührungssinn nur in allernächster Nähe wirklichen Kontaktes empfänglich ist. Der Berührungssinn ist zum Teil auch für das Vergnügen am Essen verantwortlich und überschneidet sich in dieser Hinsicht mit dem Geschmackssinn.

Als Demonstration dafür, welch schlechte Dienste der Tastsinn vielen Menschen leistet, sollten Sie einmal den Versuch machen, jemandem Ihre Hand ganz freundlich auf die Schulter zu legen. Nur allzu viele Menschen werden vor dem Kontakt ausweichen oder zurückzucken. Ein aberrierter Tastsinn ist zum Teil auch für eine Abneigung gegen Essen ebenso wie für Impotenz und Antipathie zum Geschlechtsakt verantwortlich.

Die Wiederherstellung des Berührungssinns ist ein beträchtliches Stück voran auf dem Weg zur Wiederherstellung des Zutrauens eines Menschen zu seiner Umwelt und fördert beträchtlich sein Überleben, weil es ihm ermöglicht, da Vergnügen zu finden, wo vorher möglicherweise nur Widerwille war.

Kannst du dir ein Geschehnis zurückrufen, bei dem du gefühlt (berührt) hast:

- ☐ *Sehen*
- ☐ *Riechen*
- ☐ *Berühren*
- ☐ *Farbe*
- ☐ *Klang*
- ☐ *Bewegung um einen herum*
- ☐ *Emotion*
- ☐ *Lautstärke*
- ☐ *Körperstellung*
- ☐ *Geräusch*
- ☐ *Gewicht*
- ☐ *Eigene Bewegung*

1. den Druck auf deinen Füßen, während du gestanden hast?
2. eine Gabel?
3. eine fettige Oberfläche?
4. den Druck eines Kinosessels?
5. ein Steuerrad?
6. eine Katze?
7. eine andere Person?
8. kühle Kleidung?
9. dein Haar?
10. ein Kind?
11. etwas, das du bewundert hast?
12. etwas Neues?
13. einen Arm?
14. einen Ball?
15. einen Lehnstuhl?
16. einen Kragen?
17. einen Schürhaken?
18. ein Musikinstrument?
19. etwas Bequemes?
20. etwas, das dir Zuversicht gab?
21. etwas Helles?
22. einen Schreibtisch?
23. ein Mädchen?

24. einen Jungen?
25. einen Fisch?
26. eine Puppe?
27. Seide?
28. Samt?
29. dein Ohr?
30. deinen Körper?
31. etwas, worüber du in Begeisterung geraten bist?
32. etwas, das dich entzückte?
33. etwas, das du heftig begehrt hast?
34. jemanden, der treu war?
35. ein glückliches Kind?
36. eine freigebige Hand?
37. eine gute Maschine?
38. einen angenehmen Brief?
39. eine Zeitung, die gute Nachrichten enthielt?
40. ein Telefon, als du gute Nachrichten erhalten hast?
41. einen Hut?
42. ein liebes Gesicht?
43. ein Treppengeländer?
44. einen freundlichen Gegenstand?
45. einen sich bewegenden Gegenstand?
46. einen Gegenstand, den du geliebt hast?

- ☐ *Sehen*
- ☐ *Riechen*
- ☐ *Berühren*
- ☐ *Farbe*
- ☐ *Klang*
- ☐ *Bewegung um einen herum*
- ☐ *Emotion*
- ☐ *Lautstärke*
- ☐ *Körperstellung*
- ☐ *Geräusch*
- ☐ *Gewicht*
- ☐ *Eigene Bewegung*

47. einen Feind, der verletzt war?
48. eine höfliche Person?
49. etwas Hübsches?
50. etwas, das dich freudig stimmte?
51. eine Speise, die du mochtest?
52. etwas, an das du glaubtest?
53. etwas, das du gern gestreichelt hast?
54. einen starken Menschen?
55. einen kleinen Menschen?
56. Wasser, das dir gefiel?
57. eine Dusche?
58. einen alten Menschen?
59. etwas Warmes?
60. etwas Kaltes?
61. Wind?
62. einen schläfrigen Menschen?
63. ein kühles Bett in einer warmen Nacht?
64. etwas, das dich begeistert hat?
65. etwas, das du heute morgen berührt hast?
66. etwas, das du jetzt gerade berührst?

- ☐ *Sehen*
- ☐ *Riechen*
- ☐ *Berühren*
- ☐ *Farbe*
- ☐ *Klang*
- ☐ *Bewegung um einen herum*
- ☐ *Emotion*
- ☐ *Lautstärke*
- ☐ *Körperstellung*
- ☐ *Geräusch*
- ☐ *Gewicht*
- ☐ *Eigene Bewegung*

Eigene Emotion

Es gibt viele Emotionen. Die hauptsächlichen sind Glücklichsein, Langeweile, Antagonismus, Wut, versteckte Feindseligkeit, Furcht, Gram und Apathie. Andere Emotionen sind gewöhnlich nur dem Umfang nach größer oder geringer als die hier aufgeführten. Entsetzen zum Beispiel ist große Furcht, Traurigkeit ist Gram in geringem Ausmaß. Niedergeschlagenheit ist eine schwächere Form von Apathie. Liebe ist intensives Glücklichsein in einer bestimmten Richtung. Diese Emotionen bilden eine stufenweise aufsteigende Skala, die in der Dianetik den Emotionsteil der Tonskala bildet. Glücklichsein ist die höchste Emotion und Apathie die niedrigste. Ein Mensch kann entlang dieser Tonskala auf jedem beliebigen Niveau seine chronische Emotion haben.

Ein Individuum neigt dazu, diese Tonskala hinauf- oder hinunterzugehen und dabei die verschiedenen Emotionen in der oben angeführten Reihenfolge zu durchlaufen.

Emotion steuert und reguliert das endokrine System. Die Wahrnehmungen und das Zentralnervensystem verlangen gewisse emotionell bedingte Sekretionen[1], die eine schnellere Bereitschaft des Körpers herstellen, den verschiedenen Situationen der Umwelt zu begegnen.

Die Emotion ist einer der am leichtesten zu aberrierenden Faktoren. Es gibt Menschen, die glauben, daß sie andauernd traurig sein müssen, auch wenn die Verhältnisse sie glücklich stimmen sollten. Es gibt Menschen, die glauben, fortwährend glücklich sein zu müssen, egal wie die Umwelt auch aussieht, und die doch sehr elend dran sind. Die meisten Menschen sind nicht emotional, sie sind vielmehr miß-emotional, weil sie auf die Situationen in ihrer Umgebung nicht mit der Emotion reagieren, die rational am Platze wäre.

Die Gesellschaftsordnung hat die Begriffe „irrational“[2] und „emotional“ durcheinandergebracht. Tatsächlich ist nämlich eine voll und ganz rationale Person am fähigsten, auf die Reize ihrer Umwelt zu reagieren. Rational sein heißt also nicht, kalt und berechnend zu sein. Man kann sicher damit rechnen, daß ein Mensch, der rational glücklich ist, die besten Berechnungen vornehmen kann. Ohne freie Emotion kann ein Mensch die angenehmen Dinge in seiner Umwelt nicht so schätzen, wie er es sollte. Fehlende Wertschätzung von Kunst und Musik kommt dadurch zustande,

1. Sekretion: Absonderung.
2. irrational: nicht auf der Vernunft beruhend.

daß ein Mensch nicht frei emotional sein kann. Jemand, der das Gefühl hat, kaltblütig sein zu müssen, um rational zu sein, wird in der Sprache der Dianetik ein „Kontrollfall" genannt, und man wird bei näherer Untersuchung feststellen, daß er weit davon entfernt ist, so rational zu sein, wie er sein könnte. Leute, die aufgrund ihrer Aberrationen keine Emotionen empfinden können, sind im allgemeinen kranke Leute. Gesunde Menschen können Emotionen empfinden.

Störungen des endokrinen Systems, wie zum Beispiel der Schilddrüse[3], der Bauchspeicheldrüse[4] und anderer Drüsen, kommen durch Aberrationen der Emotionen zustande. Es ist in der Dianetik schlüssig getestet und bewiesen worden, daß Funktion Struktur kontrolliert. Wenn ein Mann oder eine Frau sexuell aberriert sind, sind Hormoninjektionen[5] von geringem oder gar keinem Wert, da sie nichts an den geistigen Aberrationen ändern. Genau diese Aberrationen machen die Injektionen unwirksam. Die Beseitigung emotioneller Aberrationen normalisiert das endokrine System, so daß die Injektionen gewöhnlich nicht einmal notwendig sind. Wenn die emotionelle Reaktion eines Menschen einfriert, kann er verschiedene körperliche Beschwerden erwarten, wie Geschwüre, Unterfunktion der Schilddrüse, Zuckerkrankheit und andere Krankheiten, die mehr oder weniger direkt auf das endokrine System zurückzuführen sind.

Beschränkte Emotionen bzw. exzessive Miß-Emotionalität gehören mit zu den destruktivsten Dingen, die im menschlichen Organismus vorkommen können. Wer so aberriert ist, ist unfähig, Glück zu erleben und sich somit des Lebens zu erfreuen. Sein physischer Körper wird nicht gedeihen.

Kannst du dir ein Geschehnis zurückrufen, als:

1. jemand zornig war?
2. jemand etwas haben wollte?

3. Schilddrüse: Drüse im Halsbereich, die Wachstum und Stoffwechsel reguliert.
4. Bauchspeicheldrüse: eine Drüse hinter dem Magen, die Insulin und andere Verdauungssäfte produziert.
5. Hormone: vom Körper gebildete Wirkstoffe, die eine bestimmte Körperfunktion regulieren.

3. du etwas begehrt hast?
4. du glücklich warst?
5. du erfreut warst?
6. du gewonnen hast, indem du antagonistisch warst?
7. du Zärtlichkeit gefühlt hast?
8. du etwas bewundert hast?
9. etwas liebenswürdig war?
10. du belustigt warst?
11. du einen Gegenstand gebilligt hast?
12. du von etwas angenehm überrascht warst?
13. du etwas erfolgreich angegriffen hast?
14. du jemanden angegriffen hast?
15. du an etwas hingst?
16. du erröten mußtest?
17. du dich kühn gefühlt hast?
18. du nicht aus der Ruhe zu bringen warst?
19. du energisch warst?
20. du herausgefunden hast, daß du nicht ungeschickt warst?
21. du zufriedengestellt warst?
22. du dich um jemanden gekümmert hast?
23. du zuversichtlich warst?
24. du jemanden beeinflußt hast?

- ☐ *Sehen*
- ☐ *Riechen*
- ☐ *Berühren*
- ☐ *Farbe*
- ☐ *Klang*
- ☐ *Bewegung um einen herum*
- ☐ *Emotion*
- ☐ *Lautstärke*
- ☐ *Körper-stellung*
- ☐ *Geräusch*
- ☐ *Gewicht*
- ☐ *Eigene Bewegung*

25. dir das Nichtstun Spaß machte?
26. jemand geduldig war?
27. du dich des Lebens gefreut hast?
28. du dich gefreut hast?
29. du gelacht hast?
30. du verliebt warst?
31. du gute Nachrichten erhalten hast?
32. du dich an Musik erfreut hast?
33. du dachtest, daß etwas hübsch ist?
34. du satt warst?
35. du leidenschaftlich warst?
36. du etwas verhindert hast?
37. du etwas produziert hast?
38. du froh warst, eine Auseinandersetzung zu vermeiden?
39. du froh warst, jemanden zu verletzen?
40. du gejubelt hast?
41. du dich sehr sicher gefühlt hast?
42. du vor Lachen gebrüllt hast?
43. du dich der Stille erfreut hast?
44. du dazu kamst, ins Bett zu gehen?
45. du fandest, daß es ein schöner Tag sei?
46. du einen Kampf gewonnen hast?
47. du eine Person unterworfen hast?

- ☐ *Sehen*
- ☐ *Riechen*
- ☐ *Berühren*
- ☐ *Farbe*
- ☐ *Klang*
- ☐ *Bewegung um einen herum*
- ☐ *Emotion*
- ☐ *Lautstärke*
- ☐ *Körperstellung*
- ☐ *Geräusch*
- ☐ *Gewicht*
- ☐ *Eigene Bewegung*

48. du etwas erobert hast?
49. du erhalten hast, was Du wolltest?
50. du jemanden überrascht hast?
51. du einen Beitrag geleistet hast?
52. du etwas handhaben durftest?
53. du froh warst, etwas nicht bedauern zu müssen?
54. du fandest, daß die Besorgnis umsonst war?
55. du entdeckt hast, daß dein Verdacht unbegründet war?
56. du etwas schließlich losgeworden bist?
57. du jemanden davon abgehalten hast, entsetzt zu sein?
58. du glücklich warst?
59. jemand dich verstand?
60. jemand dir achtungsvoll zuhörte?
61. du dich voller Energie gefühlt hast?
62. du kraftvoll warst?
63. du wußtest, daß es gut gemacht war?
64. du nicht länger warten mußtest?
65. du gerne zugesehen hast?
66. du jemanden vom Weinen abgehalten hast?
67. du nach Lust und Laune umhergestreift bist?
68. du dich frei gefühlt hast?

- ☐ *Sehen*
- ☐ *Riechen*
- ☐ *Berühren*
- ☐ *Farbe*
- ☐ *Klang*
- ☐ *Bewegung um einen herum*
- ☐ *Emotion*
- ☐ *Lautstärke*
- ☐ *Körperstellung*
- ☐ *Geräusch*
- ☐ *Gewicht*
- ☐ *Eigene Bewegung*

69. du jemandem geholfen hast?
70. du dich jung gefühlt hast?
71. du gewonnen hast?
72. du froh warst, zusammen zu sein?
73. du froh warst, aufzubrechen?
74. du Emotion gemocht hast?
75. du dich über Bewegung gefreut hast?
76. die Bewegung dir Freude machte?
77. du etwas zu sehen bekamst, auf das du gewartet hattest?
78. du ein Geschenk erhalten hast, das du mochtest?
79. du etwas herausgefunden hast?
80. du etwas weggestoßen hast?
81. du etwas zu dir herangezogen hast?
82. du etwas produziert hast?
83. du stolz auf etwas warst?
84. du etwas hoch emporgehoben hast?
85. du dich durchgesetzt hast?
86. du eine Energie nutzbar gemacht hast?
87. du die Zeit angenehm machtest?
88. du froh warst, mit einem Freund zusammen zu sein?
89. du etwas zum Gehorsam gebracht hast?
90. du glücklich warst, Anstoß zu erregen?

- ☐ *Sehen*
- ☐ *Riechen*
- ☐ *Berühren*
- ☐ *Farbe*
- ☐ *Klang*
- ☐ *Bewegung um einen herum*
- ☐ *Emotion*
- ☐ *Lautstärke*
- ☐ *Körperstellung*
- ☐ *Geräusch*
- ☐ *Gewicht*
- ☐ *Eigene Bewegung*

91. du erkannt hast, daß du Glück hattest?
92. du Antagonismus niedergerungen hast?
93. du am Hüpfen Spaß hattest?
94. du der Arbeit ausgekommen bist?
95. du nicht länger mehr dort sitzen mußtest?
96. du festgestellt hast, daß es der letzte Schultag war?
97. du glücklich warst, daß es wirklich war?
98. du dich tugendhaft gefühlt hast?
99. du wußtest, daß du Mut bewiesen hattest?
100. dein Verlangen gestillt war?
101. du mit einer List Erfolg hattest?
102. du Niedergeschlagenheit überwunden hast?
103. du froh warst, daß es vorbei war?
104. du angespannt gewartet hast?
105. du sie auseinandergetrieben hast?
106. du den Unterschied sagen konntest?
107. deine Eltern stolz auf dich waren?
108. jemand dir treu war?
109. du entkommen bist?
110. du festgestellt hast, daß du dich ohne Grund versteckt hattest?

- ☐ *Sehen*
- ☐ *Riechen*
- ☐ *Berühren*
- ☐ *Farbe*
- ☐ *Klang*
- ☐ *Bewegung um einen herum*
- ☐ *Emotion*
- ☐ *Lautstärke*
- ☐ *Körperstellung*
- ☐ *Geräusch*
- ☐ *Gewicht*
- ☐ *Eigene Bewegung*

111. du jemandem Furcht eingejagt hast?
112. du Konservatismus überwunden hast?
113. du einen Freund entdeckt hast?
114. du freundlich warst?
115. du etwas getan hast, was verboten war, und davonkamst?
116. du jemandem die Tür gewiesen hast?
117. du etwas geheilt hast?
118. du ein Haustier erworben hast?
119. es eine Erleichterung war?
120. du festgestellt hast, daß du nicht verletzt warst?
121. du einen angenehmen Anruf erhalten hast?
122. dein Einkommen sich erhöhte?
123. du festgestellt hast, daß du Einfluß hattest?
124. du ehrgeizig warst?
125. du erfolgreich warst?
126. du schließlich festgestellt hast, daß du es nicht mehr wolltest?
127. du die Armut überwunden hast?
128. viele auf dich stolz waren?
129. du geliebt wurdest?
130. man sich für dich sehr freute?
131. man dich für bemerkenswert hielt?
132. du ein Geheimnis bewahrt hast?

- ☐ *Sehen*
- ☐ *Riechen*
- ☐ *Berühren*
- ☐ *Farbe*
- ☐ *Klang*
- ☐ *Bewegung um einen herum*
- ☐ *Emotion*
- ☐ *Lautstärke*
- ☐ *Körperstellung*
- ☐ *Geräusch*
- ☐ *Gewicht*
- ☐ *Eigene Bewegung*

133. jemand an dich glaubte?
134. du verstanden hast?
135. du dein Geschick zeigtest?
136. man dich mochte?
137. jemand glücklich war?
138. jemand dich schätzte?
139. du fühltest, daß du gute Arbeit geleistet hattest?
140. ein Kind dich liebte?
141. ein Freund dich brauchte?
142. die anderen über deinen Witz lachten?
143. jedermann überrascht war?
144. du begehrt warst?
145. du eingeladen wurdest?
146. jemand dich erkennen ließ, daß du stark bist?
147. du wichtig warst?
148. du dich selbst notwendig fandest?
149. es der Mühe wert war?
150. du wußtest, daß du Vergnügen bereitet hattest?
151. du gesund warst?
152. jemand von dir entzückt war?
153. du den Kampf gewonnen hast?
154. man dir glaubte?
155. du jemanden gerettet hast?

- ☐ *Sehen*
- ☐ *Riechen*
- ☐ *Berühren*
- ☐ *Farbe*
- ☐ *Klang*
- ☐ *Bewegung um einen herum*
- ☐ *Emotion*
- ☐ *Lautstärke*
- ☐ *Körper-stellung*
- ☐ *Geräusch*
- ☐ *Gewicht*
- ☐ *Eigene Bewegung*

156. du entdeckt hast, daß du nicht schwach warst?

157. man aufhörte, gegen dich zu kämpfen?

158. jemand vor dir in Furcht geriet?

159. du jemanden erfolgreich machtest?

160. du Besorgnis zerstreut hast?

161. man zu dir aufschaute?

162. jemand froh war, daß du da warst?

163. du Sorgen bezwungen hast?

164. du froh warst, daß die anderen zuschauten?

165. du gehen und kommen konntest, wie es dir gefiel?

166. man dir einen Stuhl brachte?

167. du belohnt wurdest?

168. du für dich selbst entschieden hast?

169. du fandest, daß du recht hattest?

170. du dich der Jugend freutest?

171. du vor Glück gejauchzt hast?

172. du erhalten hast, was du wolltest?

173. man entdeckt hat, daß du wertvoll bist?

174. du großes Glück geschenkt hast?

175. du froh warst, daß du es getan hattest?

176. du fandest, daß du trotz allem nicht eingebildet warst?

- ☐ *Sehen*
- ☐ *Riechen*
- ☐ *Berühren*
- ☐ *Farbe*
- ☐ *Klang*
- ☐ *Bewegung um einen herum*
- ☐ *Emotion*
- ☐ *Lautstärke*
- ☐ *Körper-stellung*
- ☐ *Geräusch*
- ☐ *Gewicht*
- ☐ *Eigene Bewegung*

177. du ihnen erfolgreich ausgewichen bist?

178. du wichtig wurdest?

179. du nicht länger unglücklich warst?

180. du dazu kamst, zu gehen?

181. du eine Energie bezwungen hast?

- ☐ *Sehen*
- ☐ *Riechen*
- ☐ *Berühren*
- ☐ *Farbe*
- ☐ *Klang*
- ☐ *Bewegung um einen herum*
- ☐ *Emotion*
- ☐ *Lautstärke*
- ☐ *Körperstellung*
- ☐ *Geräusch*
- ☐ *Gewicht*
- ☐ *Eigene Bewegung*

182. du es in Ordnung gebracht hast?

183. die anderen feststellten, daß du zu Unrecht verdächtigt worden warst?

184. du rasch verstanden hast?

185. du entdeckt hast, daß du dich nicht zu schämen brauchtest?

186. du in deinem Kampf erfolgreich warst?

187. du froh warst, jemandem die Hand zu geben?

188. dir der Kuß Spaß machte?

189. es gut war, zu rennen?

190. du fähig warst, es zurückzuhalten?

191. du es wieder instand setztest?

192. du nicht ins Bett gehen mußtest?

193. du den Zusammenbruch verhindert hast?

194. du eine Zuflucht[6] fandest?

195. es gut war, es nicht bedauern zu müssen?

196. du deiner Absicht treu geblieben bist?

6. Zuflucht: ein Ort des körperlichen oder seelischen Schutzes.

197. du massenhaft Zeit hattest?

198. du herausgekommen bist?

199. jemand sich darüber gefreut hat, daß du geschrieben hast?

200. deine Leute dich geschätzt haben?

201. du groß wurdest?

202. du soviel Lärm machen konntest, wie du wolltest?

203. es nicht notwendig war, irgend etwas zu tun?

204. du jemandem eine Gefälligkeit erwiesen hast?

205. es eine wunderbare Gelegenheit war?

206. du dich gefreut hast, daß du verliebt warst?

207. du nicht verlieren konntest?

208. du die anderen in Begeisterung versetzt hast?

209. du etwas verkauft hast?

210. die anderen sich über deine Musik freuten?

211. du zuletzt gelacht hast?

212. du herausgefunden hast, daß du nicht faul warst?

213. die anderen entdeckten, daß du nicht unwissend bist?

214. die anderen deinen Einfluß wollten?

215. du dich nicht beeilen mußtest?

- ☐ *Sehen*
- ☐ *Riechen*
- ☐ *Berühren*
- ☐ *Farbe*
- ☐ *Klang*
- ☐ *Bewegung um einen herum*
- ☐ *Emotion*
- ☐ *Lautstärke*
- ☐ *Körperstellung*
- ☐ *Geräusch*
- ☐ *Gewicht*
- ☐ *Eigene Bewegung*

216. du etwas Schönes beleuchtet hast?
217. du das Unmögliche fertiggebracht hast?
218. du dir keine Sorgen über Einkommen machen mußtest?
219. du jemanden hereinkommen sahst, den du mochtest?

- ☐ *Sehen*
- ☐ *Riechen*
- ☐ *Berühren*
- ☐ *Farbe*
- ☐ *Klang*
- ☐ *Bewegung um einen herum*
- ☐ *Emotion*
- ☐ *Lautstärke*
- ☐ *Körperstellung*
- ☐ *Geräusch*
- ☐ *Gewicht*
- ☐ *Eigene Bewegung*

220. du jemanden weggehen sahst, den du nicht mochtest?
221. du dich fit gefühlt hast?
222. deine Befürchtungen grundlos waren?
223. es in Ordnung war, aufgeregt zu sein?
224. du dich allem gewachsen fühltest?
225. es ein strahlender Morgen war?
226. das Leben voller Würze war?
227. die anderen dich genug haben ließen?
228. das Getränk gerade recht kam?
229. du froh warst, zu essen?
230. es so gut war, jemanden in die Arme zu schließen?
231. du geliefert hast, was erwartet wurde?
232. man sich auf dich verließ?
233. niemand dir irgend etwas abschlagen konnte?
234. du festgestellt hast, daß du nicht übers Ohr gehauen worden bist?

235. du es verdient hattest?

236. du unter die Bettdecke gekrochen bist?

237. man dich weitermachen ließ?

238. du so widerspenstig sein konntest, wie du wolltest?

239. der Doktor unrecht hatte?

- ☐ *Sehen*
- ☐ *Riechen*
- ☐ *Berühren*
- ☐ *Farbe*
- ☐ *Klang*
- ☐ *Bewegung um einen herum*
- ☐ *Emotion*
- ☐ *Lautstärke*
- ☐ *Körper-stellung*
- ☐ *Geräusch*
- ☐ *Gewicht*
- ☐ *Eigene Bewegung*

240. jemand für dich kochte?

241. du ein nettes Haus hattest?

242. du fandest, daß es ein hübsches Land war?

243. du entdeckt hast, daß du nicht dort bleiben mußtest?

244. du einen schöneren Titel bekamst?

245. du etwas Wertvolles gefunden hast?

246. du umgehen konntest, mit wem du wolltest?

247. du entdeckt hast, daß es nicht allzu kompliziert war?

248. die anderen Vertrauen in dich hatten?

249. du ihnen geholfen hast, etwas zu erobern?

250. du das Klassenzimmer verlassen konntest?

251. du nicht mehr weiter dorthin gehen mußtest?

252. jemand kam, als du gerufen hast?

253. dich ein neues Auto freute?

254. du aus dem Käfig herauskamst?

255. die anderen zugaben, daß du clever warst?

256. du fandest, daß du geschickte Hände hattest?

257. du entdeckt hast, daß du schneller rennen konntest?

- ☐ *Sehen*
- ☐ *Riechen*
- ☐ *Berühren*
- ☐ *Farbe*
- ☐ *Klang*
- ☐ *Bewegung um einen herum*
- ☐ *Emotion*
- ☐ *Lautstärke*
- ☐ *Körperstellung*
- ☐ *Geräusch*
- ☐ *Gewicht*
- ☐ *Eigene Bewegung*

258. du entdeckt hast, daß es dir egal sein konnte?

259. du fandest, daß es trotz allem nicht vergeblich war?

260. Hoffnung sich auszahlte?

261. du ein Recht hattest, an dich selbst zu denken?

262. du fandest, daß du nicht enttäuscht sein mußtest?

263. du entdeckt hast, wie beharrlich du warst?

264. du wußtest, daß du Verantwortung tragen konntest?

265. die ganze Welt dir gehörte?

266. du entzückt warst?

267. du dich heute morgen gut gefühlt hast?

Organempfindung

Organempfindung ist jene Sinneswahrnehmung, die dem Zentralnervensystem den Zustand der verschiedenen Organe des Körpers mitteilt. Seien Sie nicht beunruhigt, wenn Sie sich eine Zeitlang benommen fühlen oder ungeheuer gähnen müssen. Diese

Erscheinungen sind positiv, und sie werden vorübergehen, wenn Sie sich bei der Frage, bei der Sie sich komisch gefühlt haben, noch zusätzlich weitere Erinnerungen zurückrufen.

Kannst du dir eine Zeit zurückrufen, als:

- ☐ *Sehen*
- ☐ *Riechen*
- ☐ *Berühren*
- ☐ *Farbe*
- ☐ *Klang*
- ☐ *Bewegung um einen herum*
- ☐ *Emotion*
- ☐ *Lautstärke*
- ☐ *Körperstellung*
- ☐ *Geräusch*
- ☐ *Gewicht*
- ☐ *Eigene Bewegung*

1. du dich in guter körperlicher Verfassung gefühlt hast?
2. du körperlichen Spaß hattest?
3. du gerade etwas gegessen hattest, das du gerne mochtest?
4. es deinem Kopf gutging?
5. es deinem Rücken gutging?
6. du dich sehr erleichtert gefühlt hast?
7. du aufgeregt warst?
8. du dich sehr lebendig gefühlt hast?
9. du auf deinen Körper stolz warst?
10. dein Körper leistungsfähig war?
11. dein Herz ruhig schlug?
12. du keinerlei Wehwehchen oder Schmerzen hattest?
13. du dich wieder frisch gefühlt hast?
14. alle ihren Spaß hatten?
15. es euch beiden Spaß machte?
16. dein Rücken sich stark anfühlte?
17. du sehr aufrecht gestanden hast?
18. du deine Haltung mochtest?

19. du eine neue Haltung eingenommen hast?
20. du einen Schluck kalten Wassers gebraucht hast und ihn bekamst?
21. dein Kopf klar war?
22. es gut war, frische Luft zu atmen?
23. du es hochgebracht hast?
24. du es herausgebracht hast?
25. du dich wieder stark gefühlt hast?
26. du gut gegessen hattest?
27. du Spaß daran hattest?
28. du es mit Leichtigkeit getan hast?
29. du etwas heraussprudeln ließest?
30. du ganz angespannt vor Erregung warst?
31. du entspannt warst?
32. es deiner Brust gutging?
33. es deinem Hals gutging?
34. es deinen Augen gutging?
35. dir dein Atmen nicht bewußt war?
36. es in deinen Ohren nicht rauschte?
37. deine Hände etwas gekonnt fertigbrachten?
38. deine Beine dir gute Dienste leisteten?

- ☐ *Sehen*
- ☐ *Riechen*
- ☐ *Berühren*
- ☐ *Farbe*
- ☐ *Klang*
- ☐ *Bewegung um einen herum*
- ☐ *Emotion*
- ☐ *Lautstärke*
- ☐ *Körperstellung*
- ☐ *Geräusch*
- ☐ *Gewicht*
- ☐ *Eigene Bewegung*

39. es deinen Füßen gutging?
40. du wußtest, daß du gut aussiehst?

Eigene Bewegung

Unter den verschiedenen Wahrnehmungen gibt es die der eigenen Bewegung. Sie ist das Bewußtsein über Veränderung von Position im Raum. Viele andere Wahrnehmungen unterstützen dieses Bewußtsein über die eigene Bewegung, und zwar Sehen, Fühlen von Wind, Veränderungen des Körpergewichts und die Beobachtung der äußeren Umgebung. Sie ist jedoch ein selbständiger Wahrnehmungssinn, und in den folgenden Fragen wird Ihre Aufmerksamkeit einfach auf Ihr inneres Bewußtsein über sich selbst, wenn Sie in Bewegung sind, gelenkt.

Kannst du dir eine Zeit zurückrufen, als:

- ☐ *Sehen*
- ☐ *Riechen*
- ☐ *Berühren*
- ☐ *Farbe*
- ☐ *Klang*
- ☐ *Bewegung um einen herum*
- ☐ *Emotion*
- ☐ *Lautstärke*
- ☐ *Körperstellung*
- ☐ *Geräusch*
- ☐ *Gewicht*
- ☐ *Eigene Bewegung*

1. du gerannt bist?
2. du zu Fuß gegangen bist?
3. dir ein Spaziergang Spaß machte?
4. du etwas bezwungen hast?
5. du etwas weggeworfen hast, das du nicht wolltest?
6. du beim Tauziehen gewonnen hast?
7. du Seil gesprungen bist?
8. du geritten bist?
9. du im Sport etwas erfolgreich gemacht hast?
10. du dich hingelegt hast?
11. du aufgestanden bist?

12. du dich im Kreise gedreht hast?
13. du gesprungen bist?
14. du auf etwas gestanden hast, das sich bewegte?
15. du aufgesprungen bist?
16. du ein Rennen gewonnen hast?
17. du körperlich etwas getan hast, wofür du bewundert wurdest?
18. dir Bewegung Spaß machte?
19. dir Stillstehen Spaß machte?
20. du auf etwas gezeigt hast?
21. du dich körperlich überlegen gezeigt hast?
22. deine rechte Hand etwas Geschicktes tat?
23. deine linke Hand etwas Geschicktes tat?
24. du ein Tier gezähmt hast?
25. du eine andere Person ausgestochen hast?
26. du etwas Körperliches getan hast, was dir Freude machte?
27. du hinaufgestiegen bist?
28. du etwas dicht an dich gehalten hast?
29. du etwas weggeworfen hast, das du nicht wolltest?
30. du dich träge gefühlt hast?

- ☐ *Sehen*
- ☐ *Riechen*
- ☐ *Berühren*
- ☐ *Farbe*
- ☐ *Klang*
- ☐ *Bewegung um einen herum*
- ☐ *Emotion*
- ☐ *Lautstärke*
- ☐ *Körperstellung*
- ☐ *Geräusch*
- ☐ *Gewicht*
- ☐ *Eigene Bewegung*

31. du die Seite eines Buches umgeblättert hast, das zu lesen dir Spaß machte?
32. du dich angezogen hast?
33. du aufgestanden bist, als du es wolltest?
34. es dir Spaß machte, mit jemandem zu ringen?
35. du ein kompliziertes Objekt erfolgreich gehandhabt hast?
36. du gut gefahren bist?
37. du ein Gewicht getragen hast?
38. du Dinge zusammengetragen hast?
39. du gepackt hast?
40. du etwas nicht loslassen wolltest?
41. dich der Morgen freute?
42. du gut getanzt hast?
43. du Leute amüsiert hast, weil du es so wolltest?
44. du dich geweigert hast, das zu tun, was man von dir wollte, und getan hast, was du wolltest?
45. du froh warst, du zu sein?
46. man dir Komplimente über deine Körperhaltung machte?
47. du jemandem die Hand gegeben hast, den zu sehen dich freute?
48. du etwas ergriffen hast, was du dir gewünscht hast?

- ☐ *Sehen*
- ☐ *Riechen*
- ☐ *Berühren*
- ☐ *Farbe*
- ☐ *Klang*
- ☐ *Bewegung um einen herum*
- ☐ *Emotion*
- ☐ *Lautstärke*
- ☐ *Körperstellung*
- ☐ *Geräusch*
- ☐ *Gewicht*
- ☐ *Eigene Bewegung*

49. du dir die Haare gekämmt hast?
50. du dieses Buch in die Hand genommen hast?
51. du dich vorhin hingesetzt hast?

132 Bewegung um einen herum

Die Beobachtung von äußerer Bewegung geschieht durch viele Sinneskanäle. Die Fähigkeit, in der Gegenwart Bewegung wahrzunehmen, und die Fähigkeit, sich Dinge zurückzurufen, die sich bewegt haben, und deren Bewegung auch wahrzunehmen, sind zwei verschiedene Dinge. Wenn jemand unfähig ist, verschiedene Bewegungen, die in seiner Umgebung vorkommen, richtig wahrzunehmen, ist dies gefährlich. Seine Unfähigkeit wird jedoch durch die falsche Annahme verursacht, daß die Bewegungen, die er wahrnimmt, gefährlich sind, obwohl sie es meistens nicht sind. Auf jede gefährliche Bewegung in der Umgebung eines Menschen kommen zahllose sichere und freundliche Bewegungen. Daß Bewegungen in der Vergangenheit gefährlich waren, ist noch kein Grund anzunehmen, jede Bewegung sei gefährlich.

Vielleicht ist es eine der am meisten aberrierenden Handlungen oberhalb des Niveaus der Bewußtlosigkeit, jemandem plötzlich einen Schlag zu versetzen, wenn er es nicht erwartet. Kinder zu schlagen, besonders wenn sie nicht darauf gefaßt sind, daß Schläge in der Luft liegen, kann dazu führen, ihnen Mißtrauen gegen jede Bewegung einzuflößen. Auch wenn sie dann in einem Alter sind, wo sie einen überraschenden Schlag nicht mehr zu fürchten brauchen, bleiben sie Bewegung gegenüber mißtrauisch.

Bemühen Sie sich, die tatsächlichen Bewegungen, die um Sie herum waren, zu sehen, wenn Sie sich Bewegung um sich herum zurückrufen.

Kannst du dir eine Zeit zurückrufen, als:

- ☐ *Sehen*
- ☐ *Riechen*
- ☐ *Berühren*
- ☐ *Farbe*
- ☐ *Klang*
- ☐ *Bewegung um einen herum*
- ☐ *Emotion*
- ☐ *Lautstärke*
- ☐ *Körperstellung*
- ☐ *Geräusch*
- ☐ *Gewicht*
- ☐ *Eigene Bewegung*

1. etwas Angenehmes sich sehr schnell bewegte?
2. du jemanden, den du nicht mochtest, vor dir hast weglaufen sehen?
3. es dich freute, den Regen fallen zu sehen?
4. es dich freute, Kinder spielen zu sehen?
5. Bäume im Sommerwind rauschten?
6. ein stiller Bach floß?
7. du Ball gespielt hast?
8. du einen Drachen hast steigen sehen?
9. du beschwingt abwärts gefahren bist?
10. du einen Vogel graziös hast fliegen sehen?
11. du wahrgenommen hast, daß der Mond sich bewegt hatte?
12. du ein Tier von dir weggescheucht hast?
13. du eine graziöse Tänzerin gesehen hast?
14. du einen vorzüglichen Musiker gesehen hast?
15. du einen ausgezeichneten Schauspieler gesehen hast?
16. du ein anmutiges Mädchen beobachtet hast?

17. du ein glückliches Kind beobachtet hast?
18. du ein Objekt in Bewegung versetzt hast?
19. du ein Objekt angehalten hast?
20. du etwas zerbrochen hast, das du nicht mochtest?

134
- ☐ *Sehen*
- ☐ *Riechen*
- ☐ *Berühren*
- ☐ *Farbe*
- ☐ *Klang*
- ☐ *Bewegung um einen herum*
- ☐ *Emotion*
- ☐ *Lautstärke*
- ☐ *Körperstellung*
- ☐ *Geräusch*
- ☐ *Gewicht*
- ☐ *Eigene Bewegung*

21. du einen anmutigen Mann beobachtet hast?
22. es dir Freude machte, einem wilden Tier zuzuschauen?
23. du froh warst, etwas fallen zu sehen?
24. du etwas beobachtet hast, das immer rundherum ging?
25. es dir Freude machte, etwas hüpfen zu lassen?
26. du glücklich warst, etwas in die Luft hinaufschießen zu sehen?
27. du ein schnelles Pferd beobachtet hast?
28. du etwas Flinkes gehört hast?
29. du eine Sternschnuppe gesehen hast?
30. du Gras sich im Wind hast wiegen sehen?
31. du den Sekundenzeiger einer Uhr beobachtet hast?
32. du gesehen hast, wie jemand, den du nicht mochtest, von dir wegging?
33. du gesehen hast, wie jemand, den du mochtest, auf dich zukam?

34. jemand auf dich zulief und dich begrüßte?
35. du gesehen hast, wie ein Tier einem anderen Tier nachjagte?
36. du einen Gegenstand bewegt hast?
37. du einen Gegenstand gehoben hast?
38. du einen Gegenstand hingeworfen hast?
39. du ein freundliches Feuer beobachtet hast?
40. du ein Licht aufkommen sahst?
41. du etwas in etwas hineingehen sahst?
42. du etwas ausgeleert hast?
43. du etwas herausgezogen hast?
44. du eine freundliche Bewegung gehört hast?
45. du etwas vernichtet hast, das du nicht wolltest?
46. du die Seite dieses Buches umgeblättert hast?

☐ *Sehen*
☐ *Riechen*
☐ *Berühren*
☐ *Farbe*
☐ *Klang*
☐ *Bewegung um einen herum*
☐ *Emotion*
☐ *Lautstärke*
☐ *Körperstellung*
☐ *Geräusch*
☐ *Gewicht*
☐ *Eigene Bewegung*

Körperstellung

Man ist sich der Stellung seines Körpers durch besondere Wahrnehmungen bewußt. Zu diesen Wahrnehmungen gehört auch die Stellung der Gelenke. Richten Sie bei den Geschehnissen, die Sie sich mit den folgenden Fragen zurückrufen, Ihre besondere Aufmerksamkeit auf die Stellung Ihres Körpers zu der Zeit, als sich das jeweilige Geschehnis ereignete.

Kannst du dir eine Zeit zurückrufen, als:

1. es dir Spaß machte, einfach dazusitzen?
2. du dir deinen Weg aus einem Ort heraus erkämpft hast, an dem du nicht sein wolltest?
3. du dagestanden und die Aussicht genossen hast?
4. du deine Zehe in den Mund gesteckt hast?
5. du versucht hast, auf dem Kopf zu stehen?
6. du herauszufinden versucht hast, ob du ein Schlangenmensch sein könntest?
7. du etwas Angenehmes getrunken hast?
8. du ausgezeichnet gegessen hast?
9. du ein gutes Auto gefahren hast?
10. du etwas getan hast, das du gerne mochtest?
11. es dich freute, etwas zu handhaben?
12. du in einem Sport Können gezeigt hast?
13. du bewundert wurdest?
14. du glücklich warst?
15. du dich über eine Gelegenheit, dich hinzusetzen, gefreut hast?

- ☐ *Sehen*
- ☐ *Riechen*
- ☐ *Berühren*
- ☐ *Farbe*
- ☐ *Klang*
- ☐ *Bewegung um einen herum*
- ☐ *Emotion*
- ☐ *Lautstärke*
- ☐ *Körper-stellung*
- ☐ *Geräusch*
- ☐ *Gewicht*
- ☐ *Eigene Bewegung*

16. du in heller Begeisterung aufgestanden bist, um wo hinzugehen?

17. du etwas losgeworden bist?

18. du ein Kind beim Training beobachtet hast?

19. du bleiben wolltest und es getan hast?

20. du gehen wolltest und es getan hast?

- ☐ *Sehen*
- ☐ *Riechen*
- ☐ *Berühren*
- ☐ *Farbe*
- ☐ *Klang*
- ☐ *Bewegung um einen herum*
- ☐ *Emotion*
- ☐ *Lautstärke*
- ☐ *Körperstellung*
- ☐ *Geräusch*
- ☐ *Gewicht*
- ☐ *Eigene Bewegung*

Standard-Prozessing

Man kann als die Aufgabe der Energie des Lebens, oder zumindest als eine ihrer Aufgaben, das Erschaffen, Bewahren, Erhalten, Erlangen, Zerstören, Verändern, Besetzen, Gruppieren und Zerstreuen von Materie, Energie, Raum und Zeit, die die Komponenten des materiellen Universums bilden, betrachten.

Solange ein Mensch den Glauben an seine Fähigkeit behält, das physikalische Universum und die Organismen um ihn herum zu handhaben und, wenn nötig, zu kontrollieren oder in Harmonie mit ihnen zu wirken und das physikalische Universum seiner Umwelt angemessen zu meistern, so lange bleibt dieser Mensch gesund, stabil, ausgeglichen und heiter. Erst wenn er seine Unfähigkeit entdeckt, Organismen, Materie, Energie, Raum und Zeit zu handhaben, und wenn diese Bestandteile des Universums für ihn schneidend schmerzhaft waren, beginnt er körperlich und geistig abzubauen und im Leben zu versagen. Die Fragen dieser Liste zielen auf die Wiederherstellung der Fähigkeit ab, Organismen und das physikalische Universum zu handhaben.

Vor Dianetik gab es die irrtümliche Meinung, daß ein Mensch so lange gesund ist, wie er an seine Umwelt angepaßt ist. Nichts ist weniger brauchbar als diese „Anpassungsthese". Hätte sich jemand die Mühe gemacht, sie mit der Wirklichkeit zu vergleichen, so hätte er entdeckt, daß der Erfolg eines Menschen von seiner Fähigkeit abhängt, seine Umwelt zu meistern und zu verändern. Der Mensch hat Erfolg, weil er seine Umwelt *sich* anpaßt, nicht aber er sich seiner Umwelt. Die „Anpassungsthese" ist sogar in heimtückischer Weise gefährlich, weil sie den einzelnen glauben machen will, er müsse ein Sklave seiner Umgebung sein. Es handelt sich eben deshalb um eine gefährliche Philosophie, weil die Menschen, denen sie eingebleut wurde, in jenem letzten aller Friedhöfe, im Wohlfahrtsstaat, versklavt werden können. Diese „These" ist jedoch für den sehr nützlich, der menschliche

Wesen für seine eigenen Zwecke unterjochen oder fertigmachen will. Die Bemühungen, die Menschen ihrer Umwelt anzupassen, indem man sie „sozial schult", sie bestraft, wenn sie böse sind, und sonstwie versucht, sie zu unterwerfen und zu brechen, diese Bemühungen haben die Gefängnisse und Irrenhäuser der Gesellschaft bis zum Bersten gefüllt.

Hätte man sich schon früher die Mühe gemacht, auf das wirkliche Universum zu sehen, so hätte man folgendes als wahr erkannt: Kein lebender Organismus kann durch Gewalt in einen angepaßten Zustand gepreßt werden und dabei noch fähig und gutherzig bleiben. Jeder Pferdetrainer zum Beispiel weiß, daß man ein Pferd, will man dessen Fähigkeiten erhalten, nicht durch gewaltsame Mittel zur Unterwürfigkeit abrichten darf. Aber, wie man in der Armee so schön zu sagen pflegte, Maulesel sind viel teurer als Männer; vielleicht war auch das Interesse am Menschen vor der Dianetik nicht, ihn in einem glücklichen Zustand zu erhalten. Man sollte jedoch gegen diese früheren Denkrichtungen nicht allzu streng sein, da ihnen das Wissen über die Naturgesetze des Denkens fehlte. Erkennt man diese nicht, kann ein Verbrecher nur bestraft, nicht aber gebessert und kann der Geisteskranke nur in Fügsamkeit der allertraurigsten Art getrieben werden. Je näher am Tod, desto besser, das ist letztlich die Denkart dieser Schulen. Dafür legen Elektroschock-„Therapie"[1] und Gehirnchirurgie Zeugnisse ab, diese Bestrebungen der Medizinmänner des Geistes, sich der Euthanasie so weit wie möglich zu nähern, ohne die Grenze des Todes, wie das Gesetz sie zieht, zu überschreiten.

Diese Schulen der Vergangenheit sind nun unter die Fittiche der Dianetik genommen worden, die alle Gebiete des Denkens umfaßt, und sie werden umgeschult. Es hat sich herausgestellt, daß sie ihre zur Bestrafung neigenden „Therapien" schnell aufgeben, wenn sie erst einmal vollständig verstanden haben, daß diese unnötig sind, nachdem die Naturgesetze vom Denken und Verhalten nun bekannt sind. Man kann sich jedoch eines Schauders ob des Schicksals vieler Hunderttausender menschlicher Versuchskaninchen nicht ganz erwehren, deren Leben und Persönlichkeit durch die in den dunklen Zeitaltern der Unver-

1. Elektroschock-„Therapie": es gibt keine therapeutische Veranlassung, jemanden zu schocken, und es gibt noch keinen überprüfbaren Fall, nach dem irgend jemand von irgend etwas durch Schock geheilt worden wäre.

nunft im Schwange gewesenen euthanasistischen Methoden ruiniert worden sind.

Ihre Gesundheit hängt beinahe ganz von Ihrem Vertrauen in Ihre Fähigkeit ab, das physikalische Universum um Sie herum zu handhaben und Ihre Umwelt so zu verändern und Ihnen anzupassen, daß Sie in ihr überleben können. Es ist einfach nicht wahr, daß Sie Ihre Umwelt nicht geschickt handhaben können. Das wurde Ihnen in der Vergangenheit von aberrierten Leuten eingepflanzt, und zwar entweder in Momenten, in denen Sie bewußtlos waren und sich nicht verteidigen konnten, oder als Sie noch klein waren, dirigiert und fehlgeleitet, in Schmerz, Kummer und Aufruhr versetzt und ohne die Möglichkeit, Ihr Recht durchzusetzen, sich selbst in Ihrer Umgebung zu handhaben.

Am Tanganjikasee[2] haben die Eingeborenen eine sehr interessante Art des Fischfangs. Dort am Äquator strahlt die Sonne senkrecht nach unten durch das klare Wasser hinab. Die Eingeborenen nehmen nun Holzblöcke und binden sie der Reihe nach an ein langes Seil. Sie spannen dieses Seil zwischen zwei Kanus und paddeln damit auf gleicher Höhe dem seichten Wasser zu. Bis sie das seichte Wasser erreicht haben, werden Schwärme von Fischen zwischen den Klippen und auf den Strand zusammengedrängt. Die Holzblöcke an dem Seil werfen Schatten, die bis hinunter auf den Grund des Sees reichen, und die Fische, die diese Schatten, scheinbar massive Balken, auf sich zu kommen sehen, schwimmen voller Angst vor ihnen davon und werden so gefangen.

Auch ein Mensch kann durch aberrierte Leute um ihn herum getrieben, beunruhigt und bearbeitet werden, bis er ebenfalls Schatten für Wirklichkeit hält. Würde er nach diesen Schatten greifen, so würde er erkennen, wie dünn und durchlässig sie sind. Seine normale Reaktion ist jedoch, vor ihnen zurückzuweichen, und so findet er sich zu guter Letzt im Schatten schlechter Gesundheit, zerschlagener Träume und äußerster Verleugnung seiner selbst und des physikalischen Universums wieder.

Ein mechanischer Hintergrund beachtlichen Umfangs der Aktion und Eigenschaften der Energie des Denkens macht es

2. Tanganjikasee: ein See in Zentralafrika, der längste Süßwassersee der Welt (724 km lang).

möglich, daß die Fragelisten erwiesenermaßen einen verbesserten Seinszustand hervorbringen, wenn sie richtig angewandt werden. Aber über diese mechanischen Aspekte hinaus bestätigt schon die einfache Erkenntnis, daß es im Leben eines Menschen Zeiten gegeben hat, in denen er das physikalische Universum angemessen kontrolliert hat und sich mit den ihn umgebenden Organismen in Harmonie befand, die Realität seiner Fähigkeit dazu.

Gefangen in der Illusion der Worte, als Kind durch körperliche Mittel zum Gehorsam getrieben, ist der Mensch seinem dunkelsten Schatten und seiner größten Illusion untertänig – *der Sprache.* Tatsächlich haben die eindringlich gesprochenen Worte: „Komm her!" keine körperliche Kraft, einen Menschen zu dem Sprecher hinzuziehen. Und doch wird er näherkommen, mag er sich auch davor fürchten. Er ist zu diesem Näherkommen gezwungen, weil er in einem frühen Abschnitt seines Lebens so viele Male durch körperliche Gewalt zum Herkommen veranlaßt wurde, als die Worte „Komm her!" gesprochen wurden, daß er nun, einem dressierten Hund nur zu ähnlich, gehorcht. Die körperliche Gewalt, die ihn früher den Befehl befolgen ließ, hat er aus dem Auge verloren. An ihre Stelle ist nun der Schatten des „Komm her!" getreten; und in eben diesem Maße verliert er im Bereich des „Komm her!" seine Selbstbestimmung.

Im weiteren Verlauf seines Lebens verfällt er dann dem großen Irrtum, anzunehmen, daß alle, aber auch alle Worte Kraft und Bedeutung haben. Worte sind es, mit denen die Menschen um ihn herum ihre Schattenkäfige errichten. Sie zwingen ihn, dies zu tun und jenes zu lassen – und beinahe Stunde für Stunde und Tag für Tag wird er von Strömen von Worten dirigiert, die in der normalen Gesellschaft nicht zu seiner Hilfe gedacht sind, sondern nur dazu, ihn einzuschränken, weil die anderen sich fürchten. Diese Sintflut von Worten ist nur deshalb wirksam, weil sie stellvertretend für die Zeiten steht, in denen ein Mensch entgegen seinen Wünschen körperlich dazu gezwungen wurde, Dinge anzunehmen, die er nicht wollte, sich um Dinge zu kümmern, für die er tatsächlich keine Verwendung und kein Interesse hatte, zu gehen, wohin er nicht gehen wollte, und zu tun, was er nicht tun wollte.

Die Sprache ist brauchbar, wenn sie als *Symbol* für eine Handlung oder ein Ding verstanden wird, aber das Wort „Aschenbecher" zum Beispiel ist kein Ersatz für einen Aschenbecher. Wenn Sie das nicht glauben, versuchen Sie einmal, Ihre Asche auf den Luftwellen abzustreifen, die gerade eben noch das Wort „Aschenbecher" getragen haben. Andererseits dient der Gegenstand, der für die Aufnahme von Asche bestimmt ist, seinem Zweck genauso gut, wenn man ihn „Untertasse" oder „Elefant" nennt.

Durch den Trick der Sprache also, und es ist ein ganz und gar substanzloser Zaubertrick, versuchen Menschen das Leben anderer Menschen zu ihrem eigenen Vorteil zu bestimmen, und diese Menschen wiederum, in den Käfig der Schatten eingesperrt, beobachten die Schatten und glauben zu ihrem eigenen Nachteil daran.

Alle Sprachen sind aus der Beobachtung von Materie, Energie, Raum und Zeit und anderer Organismen in der Umwelt abgeleitet. Es gibt kein einziges Wort, das nicht davon abgeleitet ist und nicht in seiner Bedeutung das physikalische Universum und andere Organismen mit einschließt.

Wenn Sie die folgenden Fragen beantworten, indem Sie sich die Geschehnisse zurückrufen, die dabei hervorkommen, sollen Sie sich also unbedingt vergewissern, daß Sie keine sprachlichen Geschehnisse hervorholen, sondern von Handlung erfüllte Geschehnisse. Sie wollen *nicht* die Zeit, in der man Ihnen *auftrug,* etwas zu tun, Sie wollen die Zeit, als Sie die *Handlung* ausführten. Sie brauchen die Sprache mit der Handlung in keiner Weise zu verbinden, aber Sie werden bei der Beantwortung der Fragen aller Listen feststellen, daß der Wert der Sprache sich beträchtlich zu vermindern beginnt und daß die Sprache trotzdem, so seltsam es klingt, für Sie um sehr vieles nützlicher wird.

Kannst du dir eine Zeit zurückrufen, als:

1. du einen Gegenstand bewegt hast?
2. ein Gegenstand dich bewegt hat?
3. du einen Organismus in die Luft hochgeworfen hast?
4. du die Treppe hinuntergegangen bist?
5. du etwas erhalten hast, was du wolltest?
6. du etwas Gutes geschaffen hast?
7. du dich in einem bestimmten Raum groß gefühlt hast?
8. du stolz darauf warst, etwas Schweres zu bewegen?
9. du Energie gut gehandhabt hast?
10. du ein Feuer gemacht hast?
11. du etwas verloren hast, das du nicht wolltest?
12. du jemandem etwas aufgezwungen hast?
13. du Überleben gefördert hast?
14. du Zeit angenehm verbracht hast?
15. du Raum eingeschlossen hast?
16. du Herr deiner eigenen Zeit warst?
17. du einen Raum geöffnet hast?
18. du eine Maschine gut gehandhabt hast?
19. du eine Maschine angehalten hast?

- ☐ *Sehen*
- ☐ *Riechen*
- ☐ *Berühren*
- ☐ *Farbe*
- ☐ *Klang*
- ☐ *Bewegung um einen herum*
- ☐ *Emotion*
- ☐ *Lautstärke*
- ☐ *Körperstellung*
- ☐ *Geräusch*
- ☐ *Gewicht*
- ☐ *Eigene Bewegung*

20. du einen Gegenstand hochgehoben hast?
21. du dich selbst hinabgelassen hast?
22. du etwas zerstört hast, das du nicht wolltest?
23. du etwas zum Guten verändert hast?
24. ein Organismus, den du nicht mochtest, sich von dir wegbewegte?
25. du etwas erhalten hast, das du wolltest?
26. du eine Person unterstützt hast?
27. du jemanden, den du mochtest, nahe an dich herangebracht hast?
28. du einen Raum verlassen hast, den du nicht mochtest?
29. du Energie bezwungen hast?
30. du einen schlechten Organismus zerstört hast?
31. du mit Flüssigkeit gut umgegangen bist?
32. du eine Anzahl angenehmer Gegenstände zusammengebracht hast?
33. du eine Anzahl von Gegenständen im Raum plaziert hast?
34. du unerwünschte Gegenstände weggeworfen hast?
35. du viele Gegenstände verstreut hast?
36. du einen unerwünschten Gegenstand in Stücke gerissen hast?

- ☐ *Sehen*
- ☐ *Riechen*
- ☐ *Berühren*
- ☐ *Farbe*
- ☐ *Klang*
- ☐ *Bewegung um einen herum*
- ☐ *Emotion*
- ☐ *Lautstärke*
- ☐ *Körperstellung*
- ☐ *Geräusch*
- ☐ *Gewicht*
- ☐ *Eigene Bewegung*

37. du einen Raum gefüllt hast?
38. du die Zeit eines anderen geregelt hast?
39. du einen Gegenstand, den du wolltest, dicht an dich gehalten hast?
40. du einen Gegenstand verbessert hast?
41. du einen Raum geleert hast, den du wolltest?
42. du eine Entfernung zurückgelegt hast?
43. du Zeit hast verstreichen lassen?
44. du getan hast, was du selbst tun wolltest?
45. du über einen Organismus gesiegt hast?
46. du dich von fremder Beherrschung befreit hast?
47. du erkannt hast, daß du dein eigenes Leben lebst?
48. du wußtest, daß du es nicht tun mußtest?
49. du aus einem gefährlichen Raum entkommen bist?
50. für dich eine angenehme Zeit anfing?

- ☐ *Sehen*
- ☐ *Riechen*
- ☐ *Berühren*
- ☐ *Farbe*
- ☐ *Klang*
- ☐ *Bewegung um einen herum*
- ☐ *Emotion*
- ☐ *Lautstärke*
- ☐ *Körper-stellung*
- ☐ *Geräusch*
- ☐ *Gewicht*
- ☐ *Eigene Bewegung*

Erinnerungs-hilfen

Erinnern ist natürlich direkt von Handlung im physikalischen Universum abgeleitet. Wie würde ein Taubstummer ein Kind lehren, sich zu erinnern? Er müßte dem Kind andauernd Gegenstände oder Handlungen aufzwingen, wenn es sich um die Dinge nicht kümmern würde oder Handlungen unterließe. Eltern sind nun nicht taubstumm, aber Kinder verstehen noch keine Sprache, wenn sie ganz klein sind, und daher lernen sie sich zu „erinnern", indem ihre Aufmerksamkeit zuerst auf Handlungen und Gegenstände sowie Räume und Zeiten gelenkt wird.

Es verletzt die Selbstbestimmung des Individuums und dadurch seine Fähigkeit, selbständig zu handeln, wenn man ihm Dinge ohne sein Einverständnis aufzwingt. Dies erklärt zum Teil manch „schlechtes Gedächtnis", dessen sich Leute rühmen oder das sie beklagen.

Da man die Sprache auf der Ebene des physikalischen Universums und der Handlung in ihm lernt, könnte man sagen, daß man mit seinen Gedanken tut, was man mit Materie, Energie, Raum und Zeit in seiner Umwelt zu tun gezwungen war. Wenn diese jemandem nun aufgezwungen wurden und er sie aber gar nicht wollte, wird er nach einer Weile beginnen, die Gedanken an diese Gegenstände zurückzuweisen. Wenn diese Gegenstände, Räume, Zeiten und Handlungen ihm aber konsequent genug aufgezwungen werden, wird er schließlich in bezug auf sie apathisch werden. Er wird sie nicht mögen, aber er denkt, er müsse sie akzeptieren. Später, in der Schule, scheint es für ihn von lebenswichtiger Bedeutung zu sein, ob er sich an das „Wissen", das ihm aufgezwungen wurde, erinnern kann oder nicht.

Die Erinnerung auf der Ebene des physikalischen Universums hält also Materie, Energie, Raum und Zeit fest. Um das Gedächtnis zu verbessern, ist es lediglich notwendig, die freie Wahl des Individuums wiederherzustellen, das materielle Universum zu akzeptieren.

Bei der Beantwortung der nachfolgenden Fragen sollte man seine Aufmerksamkeit vor allem auf Geschehnisse glücklicherer Natur richten. Unweigerlich werden auch viele unglückliche Geschehnisse aufkommen, aber wo Auswahl möglich ist, sollte auf glückliche Geschehnisse oder analytische Geschehnisse Nachdruck gelegt werden. Sie sollen sich bei dieser Liste nicht an Augenblicke erinnern, in denen Sie sich erinnerten. Die Liste bezieht sich auf das Erlangen von Dingen, die Sie erlangen wollten.

Kannst du dir eine Zeit zurückrufen, als:

- ☐ *Sehen*
- ☐ *Riechen*
- ☐ *Berühren*
- ☐ *Farbe*
- ☐ *Klang*
- ☐ *Bewegung um einen herum*
- ☐ *Emotion*
- ☐ *Lautstärke*
- ☐ *Körperstellung*
- ☐ *Geräusch*
- ☐ *Gewicht*
- ☐ *Eigene Bewegung*

1. du etwas erworben hast, das du wolltest?
2. du etwas weggeworfen hast, das du nicht wolltest?
3. du auf etwas verzichtet hast, von dem du wußtest, daß du es eigentlich haben solltest?
4. du mit der Zeit etwas anderes angefangen hast, als du solltest?
5. du in einen Raum gegangen bist, in den du eigentlich nicht hättest gehen sollen?
6. du den Platz verlassen hast, an dem du eigentlich sein solltest?
7. du glücklich warst, etwas erworben zu haben, das du dir nicht leisten konntest?

8. es dich glücklich machte, Anweisungen zu mißachten, die man dir gegeben hatte?
9. du zu einem Ort geschickt wurdest und beschlossen hast, anderswohin zu gehen?
10. du deine Kleidung selbst ausgewählt hast?
11. du etwas getragen hast, ungeachtet dessen, was die Leute denken würden?
12. du etwas losgeworden bist, das dich langweilte?
13. du froh warst, zwischen zwei Gegenständen wählen zu können?
14. du kein bißchen mehr getrunken hast, als du wolltest?
15. du dich mit Erfolg geweigert hast, zu essen?
16. du mit dir gemacht hast, was dir gefiel?
17. du mit einer kleineren Person getan hast, was dir gefiel?
18. du damit recht hattest, etwas nicht akzeptiert zu haben?
19. du ein Geschenk weggegeben hast, das du erhalten hattest?
20. du einen Gegenstand zerstört hast, den dir jemand aufgezwungen hatte?
21. du etwas hattest, das du wolltest, und es gut instand gehalten hast?

- ☐ *Sehen*
- ☐ *Riechen*
- ☐ *Berühren*
- ☐ *Farbe*
- ☐ *Klang*
- ☐ *Bewegung um einen herum*
- ☐ *Emotion*
- ☐ *Lautstärke*
- ☐ *Körperstellung*
- ☐ *Geräusch*
- ☐ *Gewicht*
- ☐ *Eigene Bewegung*

22. du absichtlich deine Schuhe abgescheuert hast?
23. du das Buch nicht gelesen hast, das man dir gegeben hatte?
24. du dich geweigert hast, dich als Eigentum behandeln zu lassen?
25. du die Anweisungen von jemandem geändert hast?
26. du geschlafen hast, wo es dir gefiel?
27. du dich geweigert hast, zu baden?
28. du ein Kleidungsstück kaputtgemacht hast und darüber froh warst?
29. du bekommen hast, was du wolltest?
30. du etwas zurückbekommen hast, das du verloren hattest?
31. du die Person bekommen hast, die du wolltest?
32. du einen Partner abgelehnt hast?
33. du die Decken vom Bett geworfen hast?
34. du deinen Willen durchgesetzt hast?
35. du bemerkt hast, daß du recht gehabt hattest, es zurückzuweisen?

- ☐ *Sehen*
- ☐ *Riechen*
- ☐ *Berühren*
- ☐ *Farbe*
- ☐ *Klang*
- ☐ *Bewegung um einen herum*
- ☐ *Emotion*
- ☐ *Lautstärke*
- ☐ *Körperstellung*
- ☐ *Geräusch*
- ☐ *Gewicht*
- ☐ *Eigene Bewegung*

Vergessen

Es herrscht allgemeine Übereinstimmung darüber, daß *vergessen* das Gegenteil von *sich erinnern* ist. Die Menschen bringen diese beiden Begriffe sehr leicht durcheinander und vergessen das, woran sie sich ihrer Ansicht nach erinnern sollten, und erinnern sich an das, was sie lieber vergessen möchten. Die grundsätzliche Verwirrung in bezug auf *Vergessen* und *Erinnern* hat offensichtlich mit dem zu tun, was dem Individuum im physischen Bereich zugefügt worden ist und was ihm in Form von Materie, Energie, Raum und Zeit aufgezwungen oder weggenommen wurde.

Die Definition des Wortes *vergessen*[1] beruht darauf, sich um etwas nicht zu kümmern. Wie würde ein Taubstummer ein Kind lehren, etwas zu vergessen? Er müßte dieses Etwas natürlich verstecken oder dem Kind andauernd wegnehmen, bis das Kind diesbezüglich apathisch würde und nichts weiter damit zu tun haben wollte. Wenn er dies so lange tun würde, bis das Kind den Gegenstand aufgegeben hat, könnte man sagen, daß das Kind den Gegenstand vergessen hat, da das Kind, wie auch jeder andere Mensch, mit seinen Gedanken das tun wird, was es mit Materie, Energie, Raum, Zeit und den Organismen um sich herum getan hat, sind doch Gedanken eine Annäherung an das physikalische Universum in symbolischer Form.

Wenn ein Kind dazu gezwungen worden ist, sich nicht um Objekte, Energien, Räume und Zeiten zu kümmern oder sie aufzugeben, wird das Wort *Vergessen*, wenn es dieses Wort später hört, nichts anderes bedeuten, als eine bestimmte Idee aufzugeben; und wenn es dann noch bezüglich des erzwungenen Verlustes oder der Wegnahme von Objekten in seiner Kindheit in Apathie ist, wird es die Objekte sehr gründlich vergessen.

1. vergessen: (englisch: forget) leitet sich von dem germanischen Stamm *get* (erreichen, fassen) und der Vorsilbe *fer*, was die Umkehrung ins Gegenteil anzeigt, ab. Die Grundbedeutung von vergessen ist also „aus dem Besitz verlieren".

Man könnte sagen, daß ein Individuum so viele Gedanken „absperren" wird, wie es Gegenstände in seinem Leben aufgeben mußte oder verloren hat. Schmerz selbst ist ein Verlust, der immer mit dem Verlust von Körperzellen einhergeht. Auf diese Weise kann der Verlust von Objekten oder Organismen von einem Menschen fälschlich als schmerzhaft gedeutet werden. Es können dann Erinnerungen schmerzhaft genannt werden, die in Wirklichkeit keinen körperlichen Schmerz enthalten. Doch muß der Mensch körperlichen Schmerz gehabt haben, um zu der Auffassung gelangen zu können, daß Verlust Schmerz bedeutet.

Bei der Erziehung von Kindern werden die Augenblicke, in in denen das Kind etwas in Ruhe lassen soll, oft von Prügel begleitet. Auf diese Weise wird „etwas in Ruhe lassen müssen" mit „schmerzhaft" gleichgesetzt. Wenn sich nun jemand an etwas erinnert, was er eigentlich hätte vergessen sollen, kann er dies irrtümlich als schmerzhaft einschätzen, und doch ist es dies nicht.

Es existiert eine ganze Philosophie, die besagt, das Beste, was man mit unangenehmen Gedanken tun könne, sei, sie zu vergessen. Dies beruht mit Sicherheit auf einer Apathie, die in der frühen Erziehung verursacht worden ist. Wenn ein Kind um einen Gegenstand bittet, ist es anfangs normalerweise fröhlich und wird erst zornig, wenn es ihn nicht erhält. Wenn es ihn dann immer noch nicht bekommt, mag es weinen; und zuletzt wird es in bezug auf diesen Gegenstand apathisch und sagt, daß es ihn gar nicht wolle. Dies ist eine der Ableitungen der dianetischen Tonskala und kann von jedermann beobachtet werden.

Die folgenden Fragen zielen nun darauf ab, die Zeiten zu bewältigen, in denen man sich mit Dingen nicht befassen durfte, Dinge hergeben mußte und Verluste erzwungen wurden. Wenn Sie diese Fragen beantworten, wäre es also sehr gut, zu versuchen, auf jede Frage mehrere Geschehnisse und vor allem ein sehr frühes Geschehnis zu finden.

Kannst du dir ein Geschehnis zurückrufen, als:

- ☐ *Sehen*
- ☐ *Riechen*
- ☐ *Berühren*
- ☐ *Farbe*
- ☐ *Klang*
- ☐ *Bewegung um einen herum*
- ☐ *Emotion*
- ☐ *Lautstärke*
- ☐ *Körper-stellung*
- ☐ *Geräusch*
- ☐ *Gewicht*
- ☐ *Eigene Bewegung*

1. du etwas zur Seite gelegt hast, weil du geglaubt hast, es sei gefährlich, aber es war nicht so?
2. du etwas erworben hast, das du eigentlich nicht haben solltest, und es behalten hast?
3. du dich fröhlich mit allem befaßt hast, mit dem du dich nicht hättest befassen sollen?
4. du zu etwas zurückgegangen bist, von dem du weggezogen worden warst?
5. du die Warnung, etwas in Ruhe zu lassen, grundlos gefunden hast?
6. du fröhlich einen teuren Gegenstand zerstört hast?
7. du etwas weggeworfen hast, weil du wolltest?
8. du mit jemandem gespielt hast, mit dem du keinen Umgang haben solltest?
9. du recht gehabt hattest, nicht zu gehorchen?
10. du ein verbotenes Buch gelesen hast?
11. du dich gefreut hast, Dinge zu haben?
12. du einen gefährlichen Gegenstand erworben und dich darüber gefreut hast?
13. du etwas zu essen gestohlen hast und froh darüber warst?

14. du genau das gegessen hast, was du mochtest?
15. du elektrische Leitungen erfolgreich repariert hast?
16. du mit Feuer gespielt hast?
17. du mit Erfolg gefährlich gefahren bist?
18. du etwas allen Warnungen zum Trotz berührt hast?
19. du mit etwas ungeschoren davonkamst?
20. sie dich verlassen hat?
21. du und ein paar Freunde Gegenstände sammelten?
22. du glücklich ein verbotenes Ding berührt hast?
23. du es trotzdem bekommen hast?
24. du dorthin gegangen bist, wo du nicht hingehen solltest, und es dich freute?
25. du etwas besessen hast, was einmal verboten war?
26. er dich verlassen hat?
27. du etwas weggeworfen hast, das du vorher annehmen mußtest?
28. du etwas gefunden hast, das man vor dir versteckt hatte?
29. du eine Gewohnheit angenommen hast, die du nicht haben solltest, und es dich freute?

- ☐ *Sehen*
- ☐ *Riechen*
- ☐ *Berühren*
- ☐ *Farbe*
- ☐ *Klang*
- ☐ *Bewegung um einen herum*
- ☐ *Emotion*
- ☐ *Lautstärke*
- ☐ *Körper-stellung*
- ☐ *Geräusch*
- ☐ *Gewicht*
- ☐ *Eigene Bewegung*

30. du recht hattest, und die anderen unrecht?

31. du dich in einem verbotenen Raum amüsiert hast?

32. du es eigentlich nicht tun solltest und es doch getan hast?

33. Leute froh waren, daß sie falsch über dich gedacht hatten?

- ☐ *Sehen*
- ☐ *Riechen*
- ☐ *Berühren*
- ☐ *Farbe*
- ☐ *Klang*
- ☐ *Bewegung um einen herum*
- ☐ *Emotion*
- ☐ *Lautstärke*
- ☐ *Körperstellung*
- ☐ *Geräusch*
- ☐ *Gewicht*
- ☐ *Eigene Bewegung*

34. du dir etwas geholt hast, was jemand weggeworfen hatte?

35. du jemanden tyrannisiert hast, bis er dir etwas gab, was du haben wolltest?

36. du mit diesem Prozessing weitergemacht hast, ungeachtet dessen, was gesagt wurde?

37. du darauf beharrt hast, etwas zu tun, bis man zugab, daß du ein Recht dazu hattest?

38. du plötzlich erkannt hast, daß du mit einem Gegenstand alles tun konntest, was du wolltest?

39. du etwas Gefährliches getan hast und ungeschoren davonkamst?

40. deine Gruppe schließlich etwas bekam, das man ihr verweigert hatte?

41. du festgestellt hast, daß du nicht länger dort sitzen mußtest?

42. dir klar wurde, daß du nie wieder in die Schule gehen mußtest?

43. dir klar wurde, daß Pause war?
44. du die Schule geschwänzt hast?
45. du etwas so gemacht hast, daß es wie etwas anderes aussah?
46. du herausgefunden hast, wo ein Erwachsener einen Fehler gemacht hattest?
47. du entdeckt hast, daß es nicht so war, wie man sagte?
48. du dich als Herr all deiner Besitztümer erkannt hast?
49. du entdeckt hast, daß du abends nicht unbedingt schlafengehen mußtest?
50. du das Gefühl hattest, es essen zu müssen, es aber nicht angerührt hast?
51. du etwas gegessen hast, das für dich nicht gut war, und es genossen hast?
52. du deiner Wut freien Lauf gelassen hast und froh darüber warst?
53. du plötzlich entschieden hast, daß du so schlecht nicht sein konntest?
54. du eine verbotene Tür geöffnet hast?
55. du es ganz schnell gehen ließest, als es hätte langsam gehen sollen?
56. du dir die Zeit dazu gestohlen hast?
57. du Liebe gefunden hast, wo du sie nicht vermutet hättest?
58. du jemanden verlassen hast und froh darüber warst?

- ☐ *Sehen*
- ☐ *Riechen*
- ☐ *Berühren*
- ☐ *Farbe*
- ☐ *Klang*
- ☐ *Bewegung um einen herum*
- ☐ *Emotion*
- ☐ *Lautstärke*
- ☐ *Körperstellung*
- ☐ *Geräusch*
- ☐ *Gewicht*
- ☐ *Eigene Bewegung*

59. du dich geweigert hast, diese Zeit in Ruhe zu lassen?

60. du dich fortgeschlichen und ein Feuer gemacht hast?

61. du nicht geglaubt hattest, daß es so gut sein könnte?

62. du herausgefunden hast, daß es nicht schlecht war, zu spielen?

63. du nicht sehen konntest, was an Vergnügen schlecht sein sollte?

64. du aufgehört hast, etwas zu tun, was du solltest, um etwas zu tun, das dir Spaß machte?

65. du einen Raum erlangt hast, mit dem du früher nichts hättest zu tun haben wollen?

66. du dich wirklich gehen lassen konntest?

67. man dich nicht davon zurückhalten konnte?

68. du dich mit Erfolg geweigert hast, zu Tisch zu kommen?

69. du dir sowieso die Finger verbrannt hast und es dich nicht kümmerte?

70. du einen Gegenstand losgeworden bist und Freiheit erlangt hast?

- ☐ *Sehen*
- ☐ *Riechen*
- ☐ *Berühren*
- ☐ *Farbe*
- ☐ *Klang*
- ☐ *Bewegung um einen herum*
- ☐ *Emotion*
- ☐ *Lautstärke*
- ☐ *Körperstellung*
- ☐ *Geräusch*
- ☐ *Gewicht*
- ☐ *Eigene Bewegung*

Überlebens-faktoren

Da der Grundtrieb des Lebens *Überleben* ist, und da gutes Überleben Überfluß enthalten muß, sind vom Standpunkt eines Individuums aus die Überlebenscharakteristika von anderen Menschen, von Organismen, Materie, Energie, Raum und Zeit von großer Wichtigkeit. Das Gewinnen von Vergnügen spornt zum Überleben an. Die Androhung von Schmerz drängt vom Tod weg. Hohe Ideale und Ethik steigern die Überlebensmöglichkeiten des Einzelnen und der Gruppe. Äußerstes Überleben ist Unsterblichkeit.

Die das Leben ausmachenden Faktoren können auch widersprüchlich werden. So kann ein und dasselbe Ding das Überleben unterstützen und es behindern. Zum Beispiel ist ein Messer, hält man es in der Hand, überlebensfördernd, aber es ist überlebensfeindlich, wenn jemand anderer es einem auf die Brust richtet. Wenn ein Mensch älter wird, gerät er in bezug auf den Überlebenswert von gewissen Personen und verschiedenen Objekten, von Energie, Raum und Zeit in Verwirrung. Das Individuum versucht, für sich selbst, für seine Familie, seine Kinder, seine Gruppe, für das Leben allgemein und für das physikalische Universum Überleben zu erreichen. Bringt jemand die Dinge nun durcheinander und betrachtet etwas, was einmal dem Überleben nützte, nunmehr als überlebensfeindlich und sieht auf der anderen Seite in Nichtüberlebens-Entitäten allmählich Überlebensqualitäten, so wird seine Fähigkeit verfallen, seine Umwelt dahingehend zu bewerten, ob sie eine Unterstützung oder Behinderung des Überlebens darstellt.

Ein Individuum, eine Familie oder eine Gruppe überleben selbstverständlich dann am besten, wenn überlebensfördernde Entitäten in der Nähe und erreichbar und keine überlebensfeindlichen Entitäten vorhanden sind. Man kann den Lebenskampf als die Beschaffung von überlebensfördernden Faktoren und als das Ausmerzen, Zerstören und Verbannen von überlebensfeindlichen Faktoren bezeichnen.

Die Emotion wird direkt von überlebensfördernden und überlebensfeindlichen Faktoren im Leben reguliert. Wenn sich jemand eine starke Überlebens-Entität, wie einen anderen Menschen, ein Tier oder einen Gegenstand, verschafft und in seiner Nähe hat, ist er *glücklich*. Wenn sich diese Überlebens-Entität von ihm entfernt, verschlechtert sich seine emotionelle Reaktion im direkten Verhältnis zu seinem Glauben an seine Fähigkeit, sie wiederzubekommen. Droht sie sich zu entfernen, wird der Mensch *antagonistisch* und kämpft darum, sie in seiner Nähe zu behalten. Scheint ihr Fortgehen sicher zu sein, wird der Mensch *wütend* und wird sie vielleicht sogar zerstören, damit sie nicht für eine andere Lebensform überlebensfördernd wird und er die Gewißheit hat, daß er sie verloren hat. Macht er sich den Zustand seiner selbst, seiner Familie, seiner Kinder oder seiner Gruppe klar, der eintritt, wenn sich die überlebensfördernde Entität von ihm getrennt hat, erlebt er *Furcht* davor, daß dieser Verlust für immer sein wird. Wenn der Mensch das fast unwiederbringliche Fehlen dieser überlebensfördernden Entität zu erkennen glaubt, erlebt er *Gram*. Wenn er sie als andauernd verloren betrachtet, erlebt er *Apathie* und mag dabei soweit gehen, daß er schließlich behauptet, er hätte sie nicht gewollt. Tatsächlich kämpft der Mensch den ganzen Weg die Emotionsskala hinunter, von Antagonismus bis hin zu Gram, immer noch darum, sie wiederzubekommen, und erst in Apathie gibt er sie auf und leugnet, daß er sie haben will.

Falls eine Person, ein Tier, ein Gegenstand, Energie, Raum oder Zeit das Überleben eines Menschen, seiner Familie, seiner Kinder oder seiner Gruppe bedrohen, kann das beste Überleben dann erreicht werden, wenn solch eine Entität vertrieben oder vernichtet wurde oder so weit wie möglich von dem Menschen, seiner Familie, seinen Kindern oder seiner Gruppe entfernt ist. Im Falle eines tollwütigen Hundes besteht die größte Gefahr, wenn dieser am nächsten ist, und die größte Sicherheit ist gegeben, wenn er sehr weit weg oder überhaupt nicht vorhanden ist. Bei überlebensfeindlichen Objekten haben wir also die Tonskala in umgekehrter Reihenfolge vor uns. Wenn das überlebensfeindliche Objekt anwesend ist und nicht beseitigt werden kann, erlebt der

Mensch Apathie. Wenn der Mensch sich selbst bedroht glaubt oder seine Familie, seine Kinder oder seine Gruppe von einem überlebensfeindlichen Objekt in einem solchen Maße bedroht sieht, daß er es nicht ohne weiteres abwehren kann, erlebt er Gram, da Gram etwas Hoffnung auf Sieg enthält, und zwar dadurch, daß man das Mitleid seiner Verbündeten gewinnt. Wenn sich eine überlebensfeindliche Entität zu nähern droht, wird Furcht empfunden, vorausgesetzt man hat das Gefühl, daß direkter Angriff nicht möglich ist. Wenn das überlebensfeindliche Objekt nahe ist, der Mensch, seine Familie, seine Kinder oder seine Gruppe aber das Gefühl haben, daß es bezwungen werden kann, resultiert daraus Wut, auch wenn das Objekt einem schon dicht auf den Leib gerückt ist. Wenn eine überlebensfeindliche Entität sich möglicherweise nähern könnte, zeigt man Antagonismus. Oberhalb dieses Niveaus können überlebensfeindliche Objekte entweder weiter und weiter entfernt sein oder aber leicht gehandhabt werden, was soweit gehen kann, daß der Mensch über sie sogar in fröhlicher Stimmung sein kann, wobei sie entweder gerade nicht da sind oder aber mit Leichtigkeit gehandhabt werden können.

Menschen gehen in einen fixierten emotionellen Zustand in bezug auf ihre Umgebung, wenn überlebensfeindliche Objekte allzu statisch in ihrer Umgebung bleiben oder überlebensfördernde Objekte zu schwer zu bekommen sind, nicht beschafft oder herangebracht werden können oder wenn es scheint, daß sie zum Verschwinden neigen. Mit diesen emotionellen Zuständen wird jene Verwirrung vermischt, die durch die Trübung der Fähigkeit, zwischen überlebensfördernden und überlebensfeindlichen Entitäten zu unterscheiden, verursacht wird.

Eltern sind überlebensfeindlich, weil sie strafen, weil sie viel zu groß sind und ein Kind nicht zu ihrem Wohl beitragen kann, was wiederum sein Überlebenspotential verringert. Auf der anderen Seite gewähren dieselben Eltern Nahrung, Kleidung und Obdach und sind nicht zuletzt auch Entitäten[1], die lieben und geliebt werden können, überlebensfördernde Entitäten also. Wenn die Eltern überhaupt nicht da sind, ist dies also kein zufriedenstellender Überlebenszustand. Wenn die Eltern da sind, ist dies aber auch kein zufriedenstellender Überlebenszustand. Hieraus resul-

1. Entität (nach engl. *entity*, von lat. *ens*, das Seiende): etwas, was wirklich und gesondert existiert, entweder in der Realität oder im geistigen Bereich.

tiert Unschlüssigkeit, und der einzelne fühlt den Eltern gegenüber Beunruhigung. Diese Beunruhigung aber beruht auf vielen verborgenen Situationen, die bis zurück zum Anfang des Lebens eines Menschen reichen. Die folgenden Fragen sind so abgefaßt, daß sie dem Individuum die Möglichkeit geben, die überlebensfeindliche und überlebensfördernde Natur von Personen, Tieren, Objekten, Energien, Raum und Zeit ganz allgemein neu einzuschätzen.

162 Kannst du dir eine Zeit zurückrufen, als:

- ☐ *Sehen*
- ☐ *Riechen*
- ☐ *Berühren*
- ☐ *Farbe*
- ☐ *Klang*
- ☐ *Bewegung um einen herum*
- ☐ *Emotion*
- ☐ *Lautstärke*
- ☐ *Körperstellung*
- ☐ *Geräusch*
- ☐ *Gewicht*
- ☐ *Eigene Bewegung*

1. eine Person, die du nicht mochtest, in der Nähe war?
2. eine Person, die du mochtest, über dir stand?
3. du eine Person, die du mochtest, schließlich akzeptiert hast?
4. es dich gefreut hat, eine Person, die du mochtest, zu begleiten?
5. du gegen eine Person warst, die du mochtest?
6. du jemanden gewonnen hast, den du mochtest?
7. du und eine Person, die du mochtest, mit einer angenehmen Tätigkeit beschäftigt waren?
8. das Resultat deiner Tätigkeit war, daß du jemanden losgeworden bist, den du nicht mochtest?
9. du dich gefreut hast, jemanden zu sehen, den du bewundert hast?
10. du dich einer Person genähert hast, die du mochtest?

11. du einen Gegenstand erworben hast, der dir ungeheuer gefallen hat?
12. du gewußt hast, daß jemand Zuneigung für dich empfindet?
13. du von einer Person weggekommen bist, vor der du dich gefürchtet hast?
14. du hinter jemandem gegangen bist, den du mochtest?
15. dir jemand, den du mochtest, geholfen hat?
16. du mit Leuten, die du mochtest, zusammen warst?
17. du beinahe jemanden, den du nicht mochtest, getroffen hast?
18. du froh warst, allein zu sein?
19. jemand deinen Ehrgeiz unterstützt hat?
20. du unter Leuten warst, die du mochtest?
21. du jemanden liebenswürdig gefunden hast?
22. eine Person dich amüsiert hat?
23. du schließlich nicht besorgt sein mußtest?
24. eine Person, die du mochtest, plötzlich erschienen ist?
25. du einen guten Appetit hattest?
26. du dich jemandem genähert hast, vor dem du Achtung hattest?
27. jemand dich anerkannte?

- ☐ *Sehen*
- ☐ *Riechen*
- ☐ *Berühren*
- ☐ *Farbe*
- ☐ *Klang*
- ☐ *Bewegung um einen herum*
- ☐ *Emotion*
- ☐ *Lautstärke*
- ☐ *Körperstellung*
- ☐ *Geräusch*
- ☐ *Gewicht*
- ☐ *Eigene Bewegung*

28. eine Person auftauchte, die du mochtest?
29. du von jemandes Schönheit gefesselt warst?
30. eine Ankunft dir Spaß machte?
31. du festgestellt hast, daß du dich nicht schämen mußtest?

- ☐ *Sehen*
- ☐ *Riechen*
- ☐ *Berühren*
- ☐ *Farbe*
- ☐ *Klang*
- ☐ *Bewegung um einen herum*
- ☐ *Emotion*
- ☐ *Lautstärke*
- ☐ *Körperstellung*
- ☐ *Geräusch*
- ☐ *Gewicht*
- ☐ *Eigene Bewegung*

32. jemand, den du mochtest, geschlafen hat?
33. du einen Feind mit Erfolg überfallen hast?
34. ein Mensch, vor dem du Achtung hattest, dir zur Seite stand?
35. du dich gefreut hast, einen Gefährten zu haben?
36. du dich von jemandem, den du mochtest, bestärkt gefühlt hast?
37. du erstaunt warst, festzustellen, daß jemand dich trotz allem respektierte?
38. du jemanden angegriffen hast, den du nicht mochtest?
39. du an einem Freund gehangen hast?
40. jemand, den du mochtest, dir Aufmerksamkeit schenkte?
41. du für jemanden attraktiv warst?
42. du von jemandem geweckt wurdest, den du liebhattest?
43. du froh warst, festzustellen, daß jemand böse war?
44. du mit einem Ball gespielt hast?

45. du dir mit Kindern im Spiel eine Schlacht geliefert hast?
46. jemand dich für schön hielt?
47. du entdeckt hast, daß du jemanden liebgewonnen hattest?
48. jemand, den du nicht mochtest, dich um etwas gebeten hat?
49. du eine Freundschaft begonnen hast?
50. du entdeckt hast, daß du dich nicht gut benehmen mußtest?
51. eine Person, die du nicht mochtest, hinter dir war?
52. du unter jemandem warst, den du mochtest?
53. jemand, den du liebhattest, dich übertroffen hat?
54. du neben deinem besten Freund warst?
55. du entdeckt hast, daß du mehr gemocht wurdest, als du gedacht hattest?
56. du zwischen zwei Freunden warst?
57. du jemanden, den du nicht mochtest, gebissen hast?
58. du dich entschieden hast, einen Fehler zu übersehen?
59. du jemanden mochtest, der schwarz war?
60. jemand dich ersuchte, hart zuzuschlagen?

- ☐ *Sehen*
- ☐ *Riechen*
- ☐ *Berühren*
- ☐ *Farbe*
- ☐ *Klang*
- ☐ *Bewegung um einen herum*
- ☐ *Emotion*
- ☐ *Lautstärke*
- ☐ *Körperstellung*
- ☐ *Geräusch*
- ☐ *Gewicht*
- ☐ *Eigene Bewegung*

61. jemandes Frage dich freudig erröten ließ?

62. jemand dich dazu brachte, dich kühn zu fühlen?

63. es dich freute, daß jemand geboren war?

64. niemand dich aus der Ruhe bringen konnte?

65. du den Tiefpunkt erreicht und überwunden hattest?

66. du vor einem Freund wirklich den Hut abnehmen mußtest?

67. du in einem Abteil mit einer angenehmen Person warst?

68. du mit jemandem, den du mochtest, Brot geteilt hast?

69. du mit jemandem, den du mochtest, gefrühstückt hast?

70. du jemanden so sehr mochtest, daß du kaum atmen konntest?

71. du jemandem ein Geschenk gebracht hast?

72. du jemanden gestreift hast, den du mochtest?

73. jemand dir etwas bauen geholfen hat?

74. jemand mit einer kleinen Verletzung „Heile, heile, Segen" gemacht hat?

75. du so glücklich warst, daß du gemeint hast, es zerreißt dich?

- ☐ *Sehen*
- ☐ *Riechen*
- ☐ *Berühren*
- ☐ *Farbe*
- ☐ *Klang*
- ☐ *Bewegung um einen herum*
- ☐ *Emotion*
- ☐ *Lautstärke*
- ☐ *Körperstellung*
- ☐ *Geräusch*
- ☐ *Gewicht*
- ☐ *Eigene Bewegung*

76. du etwas vergraben hast, das du nicht wolltest?

77. du zu beschäftigt warst, um einen Feind zu sehen?

78. du bei jemandem gestanden hast?

79. du etwas, das du nicht mochtest, in einem Käfig gesehen hast?

80. du den Anruf eines Freundes beantwortet hast?

81. du einen Stock zerbrochen hast?

82. du einen Feind gefangengenommen hast?

83. du nicht länger behutsam sein mußtest?

84. du entdeckt hast, daß sich jemand um dich kümmerte?

85. es dir Spaß machte, unachtsam zu sein?

86. eine Katze, die du nicht mochtest, von dir wegging?

87. du entdeckt hast, daß du nicht die Ursache warst?

88. die anderen dich nicht fangen konnten, und dir das klar wurde?

89. du dir eines Freundes sicher warst?

90. du entdeckt hast, daß du Charme hattest?

91. du dich über ein Kind gefreut hast?

92. du eine Kirche als angenehm empfunden hast?

- ☐ *Sehen*
- ☐ *Riechen*
- ☐ *Berühren*
- ☐ *Farbe*
- ☐ *Klang*
- ☐ *Bewegung um einen herum*
- ☐ *Emotion*
- ☐ *Lautstärke*
- ☐ *Körperstellung*
- ☐ *Geräusch*
- ☐ *Gewicht*
- ☐ *Eigene Bewegung*

93. du entdeckt hast, daß es in der Stadt Freunde gab?

94. du und andere das Klassenzimmer verlassen haben?

95. jemand dich für clever hielt?

96. du einen Feind plump gefunden hast?

97. du dich nicht so kleiden mußtest, wie es angeordnet worden war?

98. du einen Kragen weggeworfen hast?

99. du dich nicht zu kämmen brauchtest?

100. du dich in Gegenwart einer Person gut gefühlt hast?

101. du einen Feind kommen sahst und ihm nicht begegnet bist?

102. du kommen konntest, wie es dir gefiel?

103. ein Feind deinem Befehl gehorchen mußte?

104. du festgestellt hast, daß du das Kommando hattest?

105. du gehört hast, daß ein Feind in Verwahrung genommen wurde?

106. du in guter Gesellschaft warst?

107. du mit einem Feind Mitleid hattest?

108. man entdeckte, daß du ein guter Gefährte warst?

109. du dich vollkommen gefühlt hast?

110. du dich vor einem Feind verborgen hast?

- ☐ *Sehen*
- ☐ *Riechen*
- ☐ *Berühren*
- ☐ *Farbe*
- ☐ *Klang*
- ☐ *Bewegung um einen herum*
- ☐ *Emotion*
- ☐ *Lautstärke*
- ☐ *Körperstellung*
- ☐ *Geräusch*
- ☐ *Gewicht*
- ☐ *Eigene Bewegung*

111. du einen Feind verurteilt hast?

112. Leute Vertrauen zu dir hatten?

113. du einen Feind verwirrt hast?

114. du einen Feind körperlich überwältigt hast?

115. jemand einwilligte?

116. du dich nicht zurückhalten konntest?

117. du gesehen hast, wie ein Feind zusammenschrumpfte?

118. du dich genau als das Gegenteil erwiesen hast?

119. es schwer war, deine Freunde zu zählen?

120. die Leute erkannten, daß du Mut hattest?

121. dein Werben erfolgreich war?

122. du einen Feind beschattet hast?

123. du einen Feind zum Kriechen gebracht hast?

124. du eine Gruppe geschaffen hast?

125. du jemandem über seinen Mißmut hinweggeholfen hast?

126. du froh warst, in einer Menge zu sein?

127. du einen Feind zum Schreien gebracht hast?

128. du einen Freund gesund gemacht hast?

129. ein Feind sich geschnitten hat?

- ☐ *Sehen*
- ☐ *Riechen*
- ☐ *Berühren*
- ☐ *Farbe*
- ☐ *Klang*
- ☐ *Bewegung um einen herum*
- ☐ *Emotion*
- ☐ *Lautstärke*
- ☐ *Körperstellung*
- ☐ *Geräusch*
- ☐ *Gewicht*
- ☐ *Eigene Bewegung*

130. du einen Feind im Dunkeln verloren hast?

131. du entdeckt hast, daß etwas, das du nicht mochtest, tot war?

132. du dich einem Feind gegenüber taub gestellt hast?

133. du jemandem verziehen hast, daß er dich getäuscht hatte?

134. du jemanden, den du nicht mochtest, vollkommen mutlos gemacht hast?

135. du eine Katastrophe aufgehalten hast?

136. jemand von dir entzückt war?

137. du einen Gefallen nicht abschlagen konntest?

138. du nicht leugnen konntest, was du wolltest?

139. du über einen Fehler bei einem Freund hinweggesehen hast?

140. man sich auf dich verlassen hat?

141. ein Feind bekam, was er verdiente?

142. dein Begehren erwidert wurde?

143. du von einem Feind weggegangen bist?

144. ein Feind von dir weggegangen ist?

145. du einen Feind zur Verzweiflung gebracht hast?

146. du und ein anderer erfolgreich einen Bestimmungsort erreichten?

- ☐ *Sehen*
- ☐ *Riechen*
- ☐ *Berühren*
- ☐ *Farbe*
- ☐ *Klang*
- ☐ *Bewegung um einen herum*
- ☐ *Emotion*
- ☐ *Lautstärke*
- ☐ *Körperstellung*
- ☐ *Geräusch*
- ☐ *Gewicht*
- ☐ *Eigene Bewegung*

147. deine Gruppe einen Feind vernichtet hat?

148. deine Entschlossenheit siegte?

149. du den Unterschied erkennen konntest?

150. du einen Feind kleiner gemacht hast?

151. du eine Gruppe zerstreut hast, die du nicht mochtest?

152. du festgestellt hast, daß du recht hattest, jemandem zu mißtrauen?

153. du dich hineingestürzt hast?

154. es viel zu teilen gab?

155. du über jemanden keine Zweifel hattest?

156. du jemanden gefahren hast?

157. du mit einem freundlichen Menschen gegessen hast?

158. deine Anstrengung belohnt wurde?

159. du von Freunden umgeben warst?

160. du jemanden mit Erfolg ermutigt hast?

161. du etwas ein Ende gesetzt hast, das du nicht mochtest?

162. es dich freute, jemanden weggehen zu sehen?

163. du gewußt hast, daß du die Nase voll hattest, und etwas unternommen hast?

164. jemand von dir bezaubert war?

165. du dich mit jedem messen konntest?

- ☐ *Sehen*
- ☐ *Riechen*
- ☐ *Berühren*
- ☐ *Farbe*
- ☐ *Klang*
- ☐ *Bewegung um einen herum*
- ☐ *Emotion*
- ☐ *Lautstärke*
- ☐ *Körperstellung*
- ☐ *Geräusch*
- ☐ *Gewicht*
- ☐ *Eigene Bewegung*

166. du einem Feind entkommen bist?

167. du dich an jemandem, den du nicht mochtest, gerächt hast?

168. du jemandem zum Trotz eine Prüfung bestanden hast?

169. du wegen einer Ankunft aufgeregt warst?

172

- ☐ *Sehen*
- ☐ *Riechen*
- ☐ *Berühren*
- ☐ *Farbe*
- ☐ *Klang*
- ☐ *Bewegung um einen herum*
- ☐ *Emotion*
- ☐ *Lautstärke*
- ☐ *Körperstellung*
- ☐ *Geräusch*
- ☐ *Gewicht*
- ☐ *Eigene Bewegung*

170. jemand, den du nicht mochtest, dir entkommen ist?

171. jemand, den du nicht mochtest, weit wegging?

172. du entdeckt hast, daß jemand treu gewesen ist?

173. du entdeckt hast, daß du keine Angst mehr zu haben brauchtest?

174. du jemandem zu essen gegeben hast?

175. du entdeckt hast, daß du wenig Feinde hattest?

176. du jemanden gefunden hast, nach dem du gesucht hattest?

177. du dich entschieden hast, bis zum Ende dabeizubleiben?

178. dein schlimmster Feind von dir wegging?

179. du beobachtet hast, wie eine verabscheute Person geflohen ist?

180. du jemandem verboten hast, dir näher zu kommen, und er gehorchte?

181. du jemandem gegenüber mit Erfolg Gewalt angewendet hast?

182. du erkannt hast, daß du frei warst?
183. du gewußt hast, daß du einen Freund hast?
184. du jemanden, den du nicht mochtest, in Furcht versetzt hast?
185. du Freunde versammelt hast?
186. du durch das Tor hinausgehen konntest?

187. die Leute dich großzügig fanden?
188. du nicht länger auf der Hut zu sein brauchtest?
189. die Leute dich glücklich machten?
190. du einer Person wehgetan hast, die du nicht mochtest?
191. jemand, den du mochtest, auf dich zueilte?
192. du einen Freund geheilt hast?
193. du einem Verbündeten geholfen hast?
194. du einen Freund hattest?
195. du einen Feind behindert hast?
196. jemand dich hochgeschleudert hat?
197. du einen Feind in die Klemme gebracht hast?
198. du zugestimmt hast, daß es heiß war?
199. du einen Feind gejagt hast?
200. du auf eine Gruppe zugeeilt bist?
201. du jemanden verletzt hast, den du brauchtest?

- ☐ *Sehen*
- ☐ *Riechen*
- ☐ *Berühren*
- ☐ *Farbe*
- ☐ *Klang*
- ☐ *Bewegung um einen herum*
- ☐ *Emotion*
- ☐ *Lautstärke*
- ☐ *Körperstellung*
- ☐ *Geräusch*
- ☐ *Gewicht*
- ☐ *Eigene Bewegung*

202. du jemanden überredet hast, müßig zu sein?

203. du eine Gruppe aufgeklärt hast?

204. du entdeckt hast, daß du dir über jemanden etwas Falsches eingebildet hast?

205. du und ein Freund das Unmögliche taten?

- ☐ *Sehen*
- ☐ *Riechen*
- ☐ *Berühren*
- ☐ *Farbe*
- ☐ *Klang*
- ☐ *Bewegung um einen herum*
- ☐ *Emotion*
- ☐ *Lautstärke*
- ☐ *Körper-stellung*
- ☐ *Geräusch*
- ☐ *Gewicht*
- ☐ *Eigene Bewegung*

206. jemand, nach dem du gejagt hattest, hereinkam?

207. du bemerkt hast, daß ein Feind unwissend war?

208. du jemanden, den du nicht mochtest, ungeduldig gemacht hast?

209. man entdeckte, daß du interessant warst?

210. deine Erfindung geschätzt wurde?

211. du eine angenehme Reise unternommen hast?

212. du jemanden froh gemacht hast?

213. du gesprungen bist?

214. du jemanden davon abgehalten hast, etwas Schlechtes zu tun?

215. du gesehen hast, wie ein Feind hinausgeschmissen wurde?

216. du ein Verlangen, zu töten, bezwungen hast?

217. jemand fand, daß du nett seist?

218. du das erste mal geküßt wurdest?

219. du Glück im Unglück hattest?

220. du zu spät gekommen bist und es nichts ausmachte?

221. du Leute zum Lachen brachtest?

222. du und eine Person, die du mochtest, faul waren?

223. du einen Feind verlassen hast?

224. es einen weniger gab?

225. du einen Feind bei einer Lüge ertappt hast?

226. du und deine Gruppe sich des Lebens freuten?

227. du froh warst, daß Licht war?

228. du glücklich warst, zuzuhören?

229. du jemanden besiegt hast, der größer war als du?

230. du jemanden dazu gebracht hast, daß er sich freute, zu leben?

231. du erkannt hast, daß es die Liebe wirklich gibt?

232. du irrsinniges Glück hattest?

233. du für jemanden eine Maschine in Ordnung gebracht hast?

234. du angenehme Post erhalten hast?

235. du einen guten Mann gekannt hast?

236. jemand deine Art nachmachte?

237. du einen Feind unter deiner Kontrolle hattest?

238. du dich entschieden hast, nicht zu heiraten?

- ☐ *Sehen*
- ☐ *Riechen*
- ☐ *Berühren*
- ☐ *Farbe*
- ☐ *Klang*
- ☐ *Bewegung um einen herum*
- ☐ *Emotion*
- ☐ *Lautstärke*
- ☐ *Körperstellung*
- ☐ *Geräusch*
- ☐ *Gewicht*
- ☐ *Eigene Bewegung*

239. du festgestellt hast, daß du der Herr warst?

240. du entdeckt hast, daß du nicht mittelmäßig warst?

241. du ein glückliches Treffen hattest?

242. du mitten unter Freunden warst?

243. eine Person, die du nicht mochtest, vor dir auf der Hut war?

244. ein Freund dich für Musik interessierte?

245. die Leute dich für geheimnisvoll hielten?

246. du entdeckt hast, daß niemand gegen dich eine Abneigung hatte?

247. du soviel Lärm machen konntest, wie du wolltest?

248. du nicht zu gehorchen brauchtest?

249. du dir jemanden zu Dank verpflichtet hast?

250. du entdeckt hast, daß du also doch nicht beobachtet worden warst?

251. du ein festliches Ereignis daraus gemacht hast?

252. du jemanden beleidigt hast, den du nicht mochtest?

253. du auf jemandem gesessen hast?

254. du einem Feind etwas unmöglich gemacht hast?

- ☐ *Sehen*
- ☐ *Riechen*
- ☐ *Berühren*
- ☐ *Farbe*
- ☐ *Klang*
- ☐ *Bewegung um einen herum*
- ☐ *Emotion*
- ☐ *Lautstärke*
- ☐ *Körper-stellung*
- ☐ *Geräusch*
- ☐ *Gewicht*
- ☐ *Eigene Bewegung*

255. du einem Befehl nicht gehorcht und festgestellt hast, daß es ganz in Ordnung war?

256. du ein Spiel organisiert hast?

257. du erfreut warst, teilzunehmen?

258. du über einen Partner glücklich warst?

259. du Partei für jemanden ergriffen hast?

260. jemand Leidenschaft für dich empfunden hat?

261. du mit einer törichten Person Geduld hattest?

262. du Frieden gebracht hast?

263. du für einen Feind Mitleid gefühlt hast?

264. du unhöflich warst und es deinem Zweck diente?

265. du festgestellt hast, daß du nicht arm warst?

266. du neben einem Freund Stellung bezogen hast?

267. du dich unter Freunden kraftvoll gefühlt hast?

268. du festgestellt hast, daß jemand für dich wertvoll war?

269. du mit einer Person das, was du wolltest, getan hast?

270. du jemandem, den du mochtest, ein Geschenk gemacht hast?

- ☐ *Sehen*
- ☐ *Riechen*
- ☐ *Berühren*
- ☐ *Farbe*
- ☐ *Klang*
- ☐ *Bewegung um einen herum*
- ☐ *Emotion*
- ☐ *Lautstärke*
- ☐ *Körperstellung*
- ☐ *Geräusch*
- ☐ *Gewicht*
- ☐ *Eigene Bewegung*

271. du jemanden davon abgehalten hast, etwas Dummes zu tun?

272. jemand dachte, daß du hübsch seist?

273. du festgestellt hast, daß du nicht sehen wolltest, daß jemand ins Gefängnis geht?

274. du recht hattest, bei deinen Prinzipien zu bleiben?

- ☐ *Sehen*
- ☐ *Riechen*
- ☐ *Berühren*
- ☐ *Farbe*
- ☐ *Klang*
- ☐ *Bewegung um einen herum*
- ☐ *Emotion*
- ☐ *Lautstärke*
- ☐ *Körperstellung*
- ☐ *Geräusch*
- ☐ *Gewicht*
- ☐ *Eigene Bewegung*

275. du an einer Prozession teilgenommen hast?

276. die anderen entdeckten, daß du etwas leisten konntest?

277. du und ein Freund Fortschritte gemacht haben?

278. jemand ein Versprechen hielt?

279. kein Beweis nötig war?

280. jemand stolz auf dich war?

281. du deinem Vorsatz treu geblieben bist?

282. man entdeckte, daß du gute Qualitäten hattest?

283. du einen Streit beendet hast?

284. du festgestellt hast, daß du schnell handeln konntest?

285. es unnötig war, still zu sein?

286. du ein Kind hochgehoben hast?

287. du entdeckt hast, daß Feindseligkeit selten war?

288. jemand dir vorgelesen hat?

289. es Gefahr gab und du bereit warst?

290. jemand unerwartet wieder auftauchte?

291. du jemanden empfangen hast, den du mochtest?

292. du einen Freund erkannt hast?

293. jemand bei dir Zuflucht suchte?

- ☐ *Sehen*
- ☐ *Riechen*
- ☐ *Berühren*
- ☐ *Farbe*
- ☐ *Klang*
- ☐ *Bewegung um einen herum*
- ☐ *Emotion*
- ☐ *Lautstärke*
- ☐ *Körperstellung*
- ☐ *Geräusch*
- ☐ *Gewicht*
- ☐ *Eigene Bewegung*

294. du entdeckt hast, daß dein Bedauern fruchtlos war?

295. die Leute sich mit dir freuten?

296. ein Freund sich dir wieder angeschlossen hat?

297. jemand sich entschieden hat, zu bleiben?

298. du als bemerkenswert betrachtet wurdest?

299. du etwas wiederholt hast und es dir nicht leidgetan hat?

300. die Leute fanden, daß du falsch dargestellt worden warst?

301. jemand sagte, daß du jemandem ähneltest?

302. du festgestellt hast, daß du jemanden nicht zu respektieren brauchtest?

303. du eine Freundschaft erneuert hast?

304. du das Wohlwollen anderer behalten hast?

305. du Betrug aufgedeckt hast?

306. ein Freund dich gestreift hat?

307. du versucht hast, jemanden, den du mochtest, vor dem Untergang zu bewahren?

308. du eine unfreundliche Person zum Rennen brachtest?

309. du jemanden von seiner Traurigkeit geheilt hast?

- ☐ *Sehen*
- ☐ *Riechen*
- ☐ *Berühren*
- ☐ *Farbe*
- ☐ *Klang*
- ☐ *Bewegung um einen herum*
- ☐ *Emotion*
- ☐ *Lautstärke*
- ☐ *Körperstellung*
- ☐ *Geräusch*
- ☐ *Gewicht*
- ☐ *Eigene Bewegung*

310. du Sicherheit entdeckt hast?

311. du gewußt hast, daß du Teil einer hübschen Szene warst?

312. du mit der Behauptung, jemand sei ein Schuft, recht hattest?

313. du eine unfreundliche Person zum Schreien gebracht hast?

314. du glücklich warst, festzustellen, daß jemand nicht das war, was er schien?

315. du festgestellt hast, daß du trotz allem nicht immer an dich selbst gedacht hast?

316. du jemanden weggeschickt hast?

317. du bemerkt hast, daß eine Person nicht so streng war, wie du gedacht hattest?

318. du jemanden zum Zittern gebracht hast?

319. du Freudenschreie ausgestoßen hast?

320. es dich freute, etwas einzuschließen?

321. du einen Freund an deiner Seite hattest?

322. dich der Anblick einer Person, die wegging, freute?

323. du Ruhe erzwungen hast?

324. du erkannt hast, daß deine Größe keine Rolle spielt?

325. jemand fand, daß du geschickt seist?

326. du froh warst, daß du langsam gewesen warst?

327. es dir gelang, ein Puzzle zusammenzusetzen?

328. du froh warst, daß etwas glitschig war?

329. du froh warst, daß du zu früh gekommen bist?

330. jemand auf dich sauer war und damit nichts erreicht hat?

331. du jemanden an einen Pfahl gebunden hast?

332. es dir Freude machte, jemandem einen plötzlichen Schrecken einzujagen?

333. du festgestellt hast, daß du nicht hungern mußtest?

334. du nicht bleiben wolltest und es auch nicht getan hast?

335. jemand an dir festhielt?

336. jemand noch immer dein Freund war?

337. jemand dich aufgeschüttelt hat?

338. du eine Weile angehalten hast, um mit jemandem zu sprechen?

- ☐ *Sehen*
- ☐ *Riechen*
- ☐ *Berühren*
- ☐ *Farbe*
- ☐ *Klang*
- ☐ *Bewegung um einen herum*
- ☐ *Emotion*
- ☐ *Lautstärke*
- ☐ *Körperstellung*
- ☐ *Geräusch*
- ☐ *Gewicht*
- ☐ *Eigene Bewegung*

339. du eine unfreundliche Person angehalten hast?

340. jemand, den du mochtest, in einem Laden nett zu dir war?

341. jemand dich dazu brachte, dich weniger stark zu fühlen?

342. du eine unfreundliche Person bloßgestellt hast?

343. jemand dich gestreichelt hat?

344. jemand entdeckt hat, wie stark du warst?

345. du einen Kampf gewonnen hast?

346. du eine unfreundliche Person bezwungen hast?

347. du festgestellt hast, daß du etwas beherrschst?

348. du eine unfreundliche Person zum Aufgeben gebracht hast?

349. du trotz der Leute Erfolg hattest?

350. du eine Person eine gerechte Strafe hast erleiden lassen?

351. du jemand anderem einen Anzug gegeben hast?

352. du dich in der Gegenwart von jemandem sicher gefühlt hast?

353. du jemanden gut gehandhabt hast?

354. du eine unfreundliche Person ergriffen hast?

355. deine Suche belohnt wurde?

- ☐ *Sehen*
- ☐ *Riechen*
- ☐ *Berühren*
- ☐ *Farbe*
- ☐ *Klang*
- ☐ *Bewegung um einen herum*
- ☐ *Emotion*
- ☐ *Lautstärke*
- ☐ *Körperstellung*
- ☐ *Geräusch*
- ☐ *Gewicht*
- ☐ *Eigene Bewegung*

356. jemand dich wegzuschicken versuchte, und du nicht gegangen bist?

357. du festgestellt hast, daß du jemanden zu ernst genommen hast?

358. du beobachtet hast, wie eine unfreundliche Person sich schnell bewegte?

359. du entdeckt hast, daß Scham unnötig war?

360. jemand entdeckt hat, daß die anderen dich falsch verdächtigt hatten?

361. du etwas sagen solltest und es getan hast?

362. deine Besorgnis umsonst war?

363. du eine unfreundliche Person befürchtet hast?

364. du froh warst, daß jemand groß war?

365. deinen Tränen Erleichterung folgte?

366. du eine unfreundliche Person in Schrecken versetzt hast?

367. man zugeben mußte, daß du es doch nicht gestohlen hattest?

368. jemand dein Eigentumsrecht respektieren mußte?

369. du eine unfreundliche Person auf die Probe gestellt hast?

370. du mit einer unfreundlichen Person aneinandergeraten bist und den Sieg davongetragen hast?

- ☐ *Sehen*
- ☐ *Riechen*
- ☐ *Berühren*
- ☐ *Farbe*
- ☐ *Klang*
- ☐ *Bewegung um einen herum*
- ☐ *Emotion*
- ☐ *Lautstärke*
- ☐ *Körperstellung*
- ☐ *Geräusch*
- ☐ *Gewicht*
- ☐ *Eigene Bewegung*

371. du mit vielen Leuten umgegangen bist?

372. du froh warst, daß es wahr war?

373. du bemerkt hast, daß es in Ordnung war, unter jemandem zu sein?

374. du entdeckt hast, daß du kein unglücklicher Mensch warst?

- ☐ *Sehen*
- ☐ *Riechen*
- ☐ *Berühren*
- ☐ *Farbe*
- ☐ *Klang*
- ☐ *Bewegung um einen herum*
- ☐ *Emotion*
- ☐ *Lautstärke*
- ☐ *Körper-stellung*
- ☐ *Geräusch*
- ☐ *Gewicht*
- ☐ *Eigene Bewegung*

375. du den Unterschied zwischen „malen" und „mahlen" entdeckt hast?

376. du ein Kind hoch emporgehoben hast?

377. du dich gefreut hast, mit jemandem treppauf zu gehen?

378. man fand, daß du nützlich seist?

379. etwas sich als gewöhnlich herausstellte, von dem du dachtest, es sei selten?

380. du entdeckt hast, daß es ganz in Ordnung war, eitel zu sein?

381. die anderen entdeckt hatten, wie wertvoll du warst?

382. du festgestellt hast, daß etwas kein Laster war?

383. du deine Lebenskraft wiedergewonnen hast?

384. du eine gewalttätige Person überwältigt hast?

385. du festgestellt hast, daß du keine unsichtbaren Feinde hattest?

386. du einen Hund dazu brachtest, mit dem Schweif zu wedeln?

387. du das Geld, das du bekamst, wirklich verdient hattest?

388. du einen Feind hast warten lassen?

389. du mit jemandem gegangen bist, den du mochtest?

- ☐ *Sehen*
- ☐ *Riechen*
- ☐ *Berühren*
- ☐ *Farbe*
- ☐ *Klang*
- ☐ *Bewegung um einen herum*
- ☐ *Emotion*
- ☐ *Lautstärke*
- ☐ *Körperstellung*
- ☐ *Geräusch*
- ☐ *Gewicht*
- ☐ *Eigene Bewegung*

390. du eine unfreundliche Person gegen die Wand gedrückt hast?

391. du glücklich umhergewandert bist?

392. jemand fand, daß du warmherzig seist?

393. du festgestellt hast, daß es in Ordnung war, zuzuschauen?

394. du entdeckt hast, daß du nicht schwach warst?

395. du eine unfreundliche Person zum Weinen brachtest?

396. du dich nicht darum gekümmert hast, wohin er ging?

397. du glücklich warst, jemanden zu beobachten, der wegging?

398. du jemanden körperlich gezwungen hast, zu kommen?

399. du eine gute Meinung von einer Ehefrau hattest?

400. du eine gute Meinung von einem Ehemann hattest?

401. du entdeckt hast, daß es nicht falsch war?

402. du etwas Falsches getan hast?

403. du für etwas Geschriebenes ein aufrichtiges Kompliment bekommen hast?

404. du jemanden dazu gebracht hast, gellend zu schreien?

405. angenehme Objekte gegen dich waren?

406. du froh warst, daß ein Gegenstand in der Nähe war?

407. überall um dich herum Gegenstände waren, und du glücklich warst?

408. du froh warst, daß ein Gegenstand über dir war?

409. jemand einen Gegenstand, den du geben wolltest, annahm?

410. ein Gegenstand zusammen mit einem anderen kam?

411. du einen Gegenstand, den du wolltest, bekommen hast?

412. du Gegenstände zum Funktionieren gebracht hast?

413. jemand etwas bewunderte, das du hattest?

414. ein Gegenstand dich vorwärtsbrachte?

415. du festgestellt hast, daß ein Gegenstand dich schmückte?

416. du eine Vorliebe für etwas entdeckt hast, von dem du nicht gewußt hattest, daß du es mochtest?

- ☐ *Sehen*
- ☐ *Riechen*
- ☐ *Berühren*
- ☐ *Farbe*
- ☐ *Klang*
- ☐ *Bewegung um einen herum*
- ☐ *Emotion*
- ☐ *Lautstärke*
- ☐ *Körperstellung*
- ☐ *Geräusch*
- ☐ *Gewicht*
- ☐ *Eigene Bewegung*

417. du etwas weggeworfen hast, vor dem du dich gefürchtet hast?

418. du hinter einem Objekt hergerannt bist und es erwischt hast?

419. etwas dir geholfen hat?

420. du froh warst, etwas ganz und gar loszuwerden?

421. ein Gegenstand dich beinahe verletzt hat, dir aber nichts passiert ist?

422. du für etwas Ehrgeiz entwickelt hast?

423. du zwischen angenehmen Gegenständen warst?

424. du bemerkt hast, daß ein Tier liebenswert war?

425. du jemanden mit einem Gegenstand amüsiert hast?

426. du über etwas beunruhigt warst und es losgeworden bist?

427. ein gefährliches Objekt sich näherte und du es wegbekommen hast?

428. jemand etwas billigte?

429. du einen Gegenstand festgehalten hast?

430. du froh warst, Rivale eines Gegenstandes zu sein?

431. du froh warst, daß ein Auto kam?

432. du festgestellt hast, daß du dich nicht ohne Grund geschämt hattest?

433. du ein Tier in Schlaf versetzt hast?

434. du etwas siegreich angegriffen hast?

- ☐ *Sehen*
- ☐ *Riechen*
- ☐ *Berühren*
- ☐ *Farbe*
- ☐ *Klang*
- ☐ *Bewegung um einen herum*
- ☐ *Emotion*
- ☐ *Lautstärke*
- ☐ *Körperstellung*
- ☐ *Geräusch*
- ☐ *Gewicht*
- ☐ *Eigene Bewegung*

435. du jemanden mit etwas unterstützt hast?

436. du aufgehört hast, mit etwas in Verbindung zu sein, das du nicht mochtest?

437. ein Gegenstand dir Zuversicht gab?

438. du die Leute mit etwas erstaunt hast?

- ☐ *Sehen*
- ☐ *Riechen*
- ☐ *Berühren*
- ☐ *Farbe*
- ☐ *Klang*
- ☐ *Bewegung um einen herum*
- ☐ *Emotion*
- ☐ *Lautstärke*
- ☐ *Körper-stellung*
- ☐ *Geräusch*
- ☐ *Gewicht*
- ☐ *Eigene Bewegung*

439. du etwas mit Erfolg angegriffen hast?

440. du einen Gegenstand an dich gezogen hast?

441. du einen Ball hochgeworfen hast?

442. du etwas schön gefunden hast?

443. jemand dich um etwas angefleht hat?

444. du eine Maschine so richtig unter Kontrolle gebracht hast?

445. du froh warst, hinter etwas zu sein?

446. du glücklich warst, unter etwas zu sein?

447. du an einen Gegenstand nicht geglaubt hast?

448. du zwischen zwei Gegenständen warst?

449. du etwas ausgeblasen hast?

450. du den letzten Rest zusammengekratzt hast?

451. du Brot erworben hast?

452. du einen Gegenstand poliert hast?

453. du etwas verbrannt hast, das du nicht wolltest?

454. du etwas vergraben hast, das du nicht mochtest?

455. du etwas gefangengenommen hast?

456. du mit einem Auto etwas Geschicktes gemacht hast?

457. du herausgefunden hast, daß du auf einen Gegenstand nicht aufpassen mußtest?

458. du mit Erfolg achtlos warst?

459. du jemanden mit etwas entzückt hast?

460. du dir über etwas sicher wurdest?

461. du dich um ein Besitzstück gekümmert hast, weil du es wolltest?

462. du etwas rechtzeitig hast kommen sehen?

463. du deine Herrschaft über einen Gegenstand ausgeübt hast?

464. du etwas verhüllt hast?

465. du einen Gegenstand verworfen hast?

466. du anderen etwas gegeben hast und es ihnen Zuversicht gab?

467. du einen Gegenstand durchschaut hast, der dich verwirrt hatte?

468. du einen Gegenstand erobert hast?

469. etwas mit deiner Zustimmung weggegeben wurde?

470. du etwas gut konstruiert hast?

- ☐ *Sehen*
- ☐ *Riechen*
- ☐ *Berühren*
- ☐ *Farbe*
- ☐ *Klang*
- ☐ *Bewegung um einen herum*
- ☐ *Emotion*
- ☐ *Lautstärke*
- ☐ *Körperstellung*
- ☐ *Geräusch*
- ☐ *Gewicht*
- ☐ *Eigene Bewegung*

471. du etwas so eingerichtet hast, daß es sehr bequem war?

472. du in bezug auf einen Gegenstand Mut bewiesen hast?

473. du etwas zerschnitten hast, das du nicht wolltest?

474. du einen unerwünschten Gegenstand losgeworden bist?

475. du eine körperliche Handlung verzögert hast?

476. eine Sache dich entzückt hat?

477. du die Existenz einer Sache abgestritten hast?

478. du dich auf einen Gegenstand verlassen hast?

479. du glücklich warst, etwas zu erhalten, das du verdient hast?

480. du gesehen hast, wie ein unerwünschtes Objekt sich entfernte?

481. du Spaß daran hattest, etwas zu zerstören?

482. du den Unterschied zwischen zwei Gegenständen gesehen hast?

483. du beobachtet hast, wie ein Gegenstand kleiner wurde?

484. du etwas getan hast, das andere als zu schwierig ansahen?

485. du sehr glücklich warst, zu graben?

486. du viele Gegenstände verstreut hast?

- ☐ *Sehen*
- ☐ *Riechen*
- ☐ *Berühren*
- ☐ *Farbe*
- ☐ *Klang*
- ☐ *Bewegung um einen herum*
- ☐ *Emotion*
- ☐ *Lautstärke*
- ☐ *Körperstellung*
- ☐ *Geräusch*
- ☐ *Gewicht*
- ☐ *Eigene Bewegung*

487. du mit etwas fertiggeworden bist, dem du mißtraut hast?

488. du etwas getan hast, was dir gefiel?

489. du einen Gegenstand völlig verstanden hast, bei dem du dir nicht sicher gewesen warst?

490. du etwas zu dir hingezogen hast?

491. du einem Tier zu trinken gegeben hast?

492. du beobachtet hast, wie ein Gegenstand gefallen ist?

493. du dich an einem angenehmen Ort niedergelassen hattest?

494. du gespannt auf etwas gewartet hast?

495. etwas zu gut aussah, um es zu essen?

496. es dir nach sehr großen Anstrengungen gelang, einen Gegenstand zu bewegen?

497. du einen Gegenstand eingeschlossen hast?

498. etwas dich ermutigt hat?

499. du einem Gegenstand ein Ende gesetzt hast?

500. ein Gegenstand, den du als feindlich betrachtet hast, in Wirklichkeit freundlich war?

501. du dich gefreut hast, etwas zu besitzen?

- ☐ *Sehen*
- ☐ *Riechen*
- ☐ *Berühren*
- ☐ *Farbe*
- ☐ *Klang*
- ☐ *Bewegung um einen herum*
- ☐ *Emotion*
- ☐ *Lautstärke*
- ☐ *Körper-stellung*
- ☐ *Geräusch*
- ☐ *Gewicht*
- ☐ *Eigene Bewegung*

502. du das Gefühl hattest, daß du von etwas nicht genug bekommen konntest?

503. du den Eintritt verwehrt hast?

504. du einem Gegenstand entkommen bist?

505. du mit Erfolg etwas Gefährliches untersucht hast?

- ☐ *Sehen*
- ☐ *Riechen*
- ☐ *Berühren*
- ☐ *Farbe*
- ☐ *Klang*
- ☐ *Bewegung um einen herum*
- ☐ *Emotion*
- ☐ *Lautstärke*
- ☐ *Körper-stellung*
- ☐ *Geräusch*
- ☐ *Gewicht*
- ☐ *Eigene Bewegung*

506. du von etwas entzückt warst?

507. du ein Tier abgerichtet hast?

508. du einen Gegenstand auf seine Stirnseite gelegt hast?

509. ein Gegenstand zuverlässig war?

510. du etwas weit von dir weggeworfen hast?

511. du etwas zum schnellen Gehen gebracht hast?

512. du die Furcht vor einem Gegenstand überwunden hast?

513. du ein Tier gefüttert hast?

514. du gleich das erste Ding, das kam, ohne weiteres genommen hast?

515. du einen Gegenstand passend gemacht hast?

516. du beobachtet hast, wie jemand vor einem Objekt geflohen ist, und du dich diesem dann genähert hast?

517. du etwas besessen hast, das zu berühren man dir verboten hatte?

518. du mit Erfolg Gewalt angewandt hast?

519. du auf deine Besitztümer stolz warst?

520. ein Gegenstand ein Freund war?

521. du jemanden mit einem Gegenstand erschreckt hast?

522. du glücklich Gegenstände angesammelt hast?

- ☐ *Sehen*
- ☐ *Riechen*
- ☐ *Berühren*
- ☐ *Farbe*
- ☐ *Klang*
- ☐ *Bewegung um einen herum*
- ☐ *Emotion*
- ☐ *Lautstärke*
- ☐ *Körper-stellung*
- ☐ *Geräusch*
- ☐ *Gewicht*
- ☐ *Eigene Bewegung*

523. du etwas hast wachsen lassen?

524. du mit Gegenständen großzügig warst?

525. du etwas gut beschützt hast?

526. etwas dich sehr glücklich machte?

527. es dich froh machte, mit einem Gegenstand etwas Böses zu tun?

528. du ein Tier geheilt hast?

529. du jemandem mit einem Gegenstand geholfen hast?

530. du etwas gefunden hast, was jemand vor dir versteckt hatte?

531. du etwas Böses verhindert hast?

532. du ein Loch durch einen Gegenstand gebohrt hast?

533. du einen Gegenstand stark erhitzt hast?

534. du erfolgreich gejagt hast?

535. du dich beeilt hast, um etwas zu bekommen, das du wolltest, und es bekommen hast?

536. du einem Feind mit einem Gegenstand wehgetan hast?

537. ein Gegenstand dir ermöglichte, zu faulenzen?

538. du etwas mit etwas beleuchtet hast?

539. du dir einen neuen Gegenstand vorgestellt und ihn hergestellt hast?

- ☐ *Sehen*
- ☐ *Riechen*
- ☐ *Berühren*
- ☐ *Farbe*
- ☐ *Klang*
- ☐ *Bewegung um einen herum*
- ☐ *Emotion*
- ☐ *Lautstärke*
- ☐ *Körper-stellung*
- ☐ *Geräusch*
- ☐ *Gewicht*
- ☐ *Eigene Bewegung*

540. du mit einem Gegenstand das Unmögliche getan hast?

541. du beobachtet hast, wie etwas hereinkam?

542. du deinen Besitz vergrößert hast?

543. du in eigener freier Wahl einen Gegenstand statt eines anderen genommen hast?

544. ein Gegenstand dein Interesse gefesselt hat?

545. jemand mit deiner Erfindung glücklich war?

546. du etwas Böses getötet hast?

547. du einen Gegenstand hast springen lassen?

548. du festgestellt hast, daß etwas wirklich dir gehörte?

549. du vor Glück einen Gegenstand geküßt hast?

550. es gut war, daß ein Gegenstand zu spät kam?

551. du jemanden mit einem Gegenstand zum Lachen gebracht hast?

552. du Länge und Breite eines Gegenstandes gemessen hast?

553. du einen Gegenstand liegend vorgefunden hast?

554. du etwas belebt hast?

555. du einen Raum gut ausgeleuchtet hast?

556. du froh warst, daß etwas klein war?

557. du einen Gegenstand geliebt und ihn bewahrt hast?

558. du eine Maschine gehandhabt hast, die ein anderer nicht handhaben konnte?

559. du ein Objekt kontrolliert hast?

560. du einen Gegenstand hast Musik machen lassen?

561. du einem mysteriösen Gegenstand ein Geheimnis entrissen hast?

562. es dich froh machte, einen Gegenstand schlecht zu behandeln?

563. du ein verzwicktes Ding gemeistert hast?

564. du das Zusammentreffen zweier Gegenstände beobachtet hast?

565. du Flüssigkeit in die Luft emporgeschleudert hast?

566. du eine Flüssigkeit erhitzt hast?

567. du eine Flüssigkeit ausgegossen hast?

568. du zwei Flüssigkeiten vermischt hast?

569. du eine Flüssigkeit umgerührt hast?

- ☐ *Sehen*
- ☐ *Riechen*
- ☐ *Berühren*
- ☐ *Farbe*
- ☐ *Klang*
- ☐ *Bewegung um einen herum*
- ☐ *Emotion*
- ☐ *Lautstärke*
- ☐ *Körperstellung*
- ☐ *Geräusch*
- ☐ *Gewicht*
- ☐ *Eigene Bewegung*

570. du festgestellt hast, daß etwas nicht nötig war?

571. du ein Tier zum Gehorsam gebracht hast?

572. du dir jemanden mit einem Gegenstand verpflichtet hast?

573. du etwas zu einem besonderen Anlaß gekauft hast?

574. du einen Gegenstand eingeschlossen hast?

575. du eine Anzahl von Dingen gut organisiert hast?

576. du den Ursprung von etwas entdeckt hast?

577. du mit einem Gegenstand Schmerz zugefügt hast und froh darüber warst?

578. du einen Gegenstand in deine Tasche gesteckt hast?

579. ein Gegenstand dir das Gefühl gab, reich zu sein?

580. du jemandem etwas gegeben hast, was kostbar war?

581. du eine Mischung zubereitet hast, die erfolgreich war?

582. du einen Gegenstand einem anderen vorgezogen hast?

583. du verhindert hast, daß einem Gegenstand Schaden zugefügt wurde?

- ☐ *Sehen*
- ☐ *Riechen*
- ☐ *Berühren*
- ☐ *Farbe*
- ☐ *Klang*
- ☐ *Bewegung um einen herum*
- ☐ *Emotion*
- ☐ *Lautstärke*
- ☐ *Körperstellung*
- ☐ *Geräusch*
- ☐ *Gewicht*
- ☐ *Eigene Bewegung*

584. du einen Streit um einen Gegenstand gewonnen hast?

585. du Regenwasser gesammelt hast?

586. du eine Flüssigkeit bekommen hast, die du wolltest?

587. du einen Gegenstand angehoben hast?

588. du etwas Seltenes bewahrt hast?

589. du froh warst, etwas zu erhalten?

590. du einen Gegenstand, der anderen Rätsel aufgab, erkannt hast?

591. du ein Tier aufgenommen hast?

592. du ein Tier kontrolliert hast?

593. du einen Gegenstand wieder in Ordnung gebracht hast?

594. du jemanden etwas Wertvolles hast behalten lassen?

595. du etwas zum Laufen gebracht hast, woran andere gescheitert waren?

596. du einen Gegenstand in Sicherheit gebracht hast?

597. du einen Gegenstand in etwas hineingetan hast?

598. du einen Gegenstand aus etwas herausgenommen hast?

599. du etwas erworben hast, das selten war?

600. du einen Kratzer auf einem Gegenstand ausgebessert hast?

- ☐ *Sehen*
- ☐ *Riechen*
- ☐ *Berühren*
- ☐ *Farbe*
- ☐ *Klang*
- ☐ *Bewegung um einen herum*
- ☐ *Emotion*
- ☐ *Lautstärke*
- ☐ *Körperstellung*
- ☐ *Geräusch*
- ☐ *Gewicht*
- ☐ *Eigene Bewegung*

601. du jemanden mit einem Gegenstand zum Schreien gebracht hast?

602. jemand fand, daß man einem Gegenstand gegenüber zu hart gewesen war?

603. du Flüssigkeit von etwas abgeschüttelt hast?

- ☐ *Sehen*
- ☐ *Riechen*
- ☐ *Berühren*
- ☐ *Farbe*
- ☐ *Klang*
- ☐ *Bewegung um einen herum*
- ☐ *Emotion*
- ☐ *Lautstärke*
- ☐ *Körper-stellung*
- ☐ *Geräusch*
- ☐ *Gewicht*
- ☐ *Eigene Bewegung*

604. du ein Tier aus dem Wasser gezogen hast?

605. du ein Tier erworben hast, um es zu essen?

606. du ein Tier an einen Pfosten gebunden hast?

607. du mit einem Gegenstand erfolgreich gekämpft hast?

608. du auf einen Gegenstand eingeschlagen hast?

609. du für einen Gegenstand zu stark warst?

610. dir etwas als Tribut dargebracht wurde?

611. die Leute entdeckten, daß man dir zu einem Gegenstand gratulieren mußte?

612. du einen Gegenstand gut gehandhabt hast?

613. du einen Gegenstand ergriffen hast?

614. deine Suche nach einem Gegenstand belohnt wurde?

615. du froh warst, einen Gegenstand zu sehen?

616. du etwas instand gehalten hast?

617. du etwas besiegt hast, das dich bedroht hatte?

618. du unterbunden hast, daß ein Gegenstand Lärm machte?

619. du jemanden vom Wert eines Gegenstandes überzeugt hast?

- ☐ *Sehen*
- ☐ *Riechen*
- ☐ *Berühren*
- ☐ *Farbe*
- ☐ *Klang*
- ☐ *Bewegung um einen herum*
- ☐ *Emotion*
- ☐ *Lautstärke*
- ☐ *Körper-stellung*
- ☐ *Geräusch*
- ☐ *Gewicht*
- ☐ *Eigene Bewegung*

620. du Geld verschwendet hast?

621. du Geld erworben hast?

622. du Geld, das dir nicht zustand, abgelehnt hast?

623. du beobachtet hast, wie ein unerwünschter Gegenstand verschwand?

624. du beobachtet hast, wie ein ersehnter Gegenstand kam?

625. du etwas zum Fliegen gebracht hast?

626. du einen Raum verlassen hast, den du nicht mochtest?

627. du einen Raum eingenommen hast, den du wolltest?

628. du eine Gegend bewundert hast?

629. du Raum durchschritten hast?

630. du für einen Raum Zuneigung empfunden hast?

631. du gegen einen Raum warst?

632. du einen Raum geschmückt hast?

633. du froh warst, aus einem Raum, vor dem du dich gefürchtet hast, herauszukommen?

634. du geholfen hast, Raum zu schaffen?

635. du in einem Raum angenehm allein warst?

636. du in einem amüsanten Raum warst?

637. du eine Entfernung bewältigt hast?

638. du durch einen unzuträglichen Raum hindurchgekommen bist?

☐ *Sehen*
☐ *Riechen*
☐ *Berühren*
☐ *Farbe*
☐ *Klang*
☐ *Bewegung um einen herum*
☐ *Emotion*
☐ *Lautstärke*
☐ *Körper-stellung*
☐ *Geräusch*
☐ *Gewicht*
☐ *Eigene Bewegung*

639. du in einem angenehmen Raum angekommen bist?

640. du einen Raum geöffnet hast?

641. du einem anderen Sicherheit in bezug auf einen Raum gegeben hast?

642. du zu einem Raum hingezogen wurdest?

643. du an einem angenehmen Ort erwacht bist?

644. du einen Raum niedergebrannt hast?

645. du blindlings, aber erfolgreich, durch eine Gegend hindurchkamst?

646. du Freude an einem schwarzen Raum hattest?

647. du einen Behälter gemacht hast?

648. du einen angenehmen Ort betreten hast?

649. du etwas aus einem Raum herausgenommen hast?

650. du einen Platz ganz ausgefüllt hast?

651. du dich über eine Schachtel gefreut hast?

652. du zugelassen hast, daß ein Raum besetzt wurde?

653. du in einen verbotenen Raum eingebrochen bist?

654. du einen guten Käfig gemacht hast?

655. du ein Gebiet eingenommen hast?

656. du ein Kind von einem Ort fortgenommen hast?

657. du einen Raum in Ordnung gebracht hast?

658. es dir Spaß machte, durch einen Raum zu hüpfen?

659. du im Raum hinuntergegangen bist?

660. du einen weiten Raum gemacht hast?

661. du viele Dinge an einem Platz angesammelt hast?

662. du Hitze erzeugt hast?

663. du ein Licht gebracht hast?

664. du unerfreuliche Energie ausgelöscht hast?

665. du ein Licht angemacht hast?

666. du Feuer geregelt hast?

667. du Energie mit Erfolg angewandt hast?

668. du etwas verbrannt hast, das du nicht wolltest?

669. du Beleuchtung gut arrangiert hast?

670. du etwas gekocht hast?

- ☐ *Sehen*
- ☐ *Riechen*
- ☐ *Berühren*
- ☐ *Farbe*
- ☐ *Klang*
- ☐ *Bewegung um einen herum*
- ☐ *Emotion*
- ☐ *Lautstärke*
- ☐ *Körperstellung*
- ☐ *Geräusch*
- ☐ *Gewicht*
- ☐ *Eigene Bewegung*

671. du eine Maschine zum Laufen gebracht hast?

672. du Hitze zum Verschwinden gebracht hast?

673. du etwas abgekühlt hast?

674. du von einem dunklen Ort in einen freundlichen, hellen gegangen bist?

- ☐ *Sehen*
- ☐ *Riechen*
- ☐ *Berühren*
- ☐ *Farbe*
- ☐ *Klang*
- ☐ *Bewegung um einen herum*
- ☐ *Emotion*
- ☐ *Lautstärke*
- ☐ *Körperstellung*
- ☐ *Geräusch*
- ☐ *Gewicht*
- ☐ *Eigene Bewegung*

675. du froh warst, daß es dunkel war?

676. du Dunkelheit hinter dir gelassen hast?

677. du glücklich über den Sonnenaufgang warst?

678. du die Dämmerung dahinschwinden sahst?

679. du erleuchtete Fenster gesehen hast?

680. du etwas mit einem Licht gefunden hast?

681. du froh warst, einen warmen Ort zu betreten?

682. du einen kalten Ort warm gemacht hast?

683. du jemanden gewärmt hast?

684. du etwas zu essen warm gemacht hast?

685. du im Feuer gute Kameradschaft empfunden hast?

686. du die Körperwärme eines anderen gespürt hast?

687. du froh warst, einen kalten Ort zu verlassen?

688. du einen kahlen Ort angenehm gemacht hast?

689. du bemerkt hast, daß jemand an einem dunklen Ort auf dich gewartet hat, und du froh warst?

690. du Zeit gut eingeteilt hast?

691. du eine schlechte Zeit hinter dich gebracht hast?

692. du dich einer guten Zeit genähert hast?

693. du entschieden hast, daß die Dinge so schlecht nicht gewesen waren?

694. du gefunden hast, daß du deine Zeit gut verbracht hattest?

695. du gestern einige Zeit gut genützt hast?

696. dir heute eine Zeit Freude bereitet hat?

- ☐ *Sehen*
- ☐ *Riechen*
- ☐ *Berühren*
- ☐ *Farbe*
- ☐ *Klang*
- ☐ *Bewegung um einen herum*
- ☐ *Emotion*
- ☐ *Lautstärke*
- ☐ *Körperstellung*
- ☐ *Geräusch*
- ☐ *Gewicht*
- ☐ *Eigene Bewegung*

Phantasie

Einer der wichtigsten Teile des Denkvorgangs ist, sich etwas vorzustellen. Sich etwas vorstellen ist in Wirklichkeit eine Form der Berechnung. Die Phantasie gibt kalkulierte und instinktive Lösungen für die Zukunft. Wenn die Vorstellungskraft eines Menschen abgestumpft ist, ist seine Berechnungskraft ernsthaft beeinträchtigt. Phantasie ist eine gute Sache, nichts Schlechtes. Durch Tagträume zum Beispiel kann jemand ein nicht allzu angenehmes Dasein in etwas Lebenswertes umwandeln. Nur mit Phantasie kann jemand Ziele postulieren[1], die er in der Zukunft erreichen will.

Kannst du dir eine Zeit zurückrufen, als:

- ☐ *Sehen*
- ☐ *Riechen*
- ☐ *Berühren*
- ☐ *Farbe*
- ☐ *Klang*
- ☐ *Bewegung um einen herum*
- ☐ *Emotion*
- ☐ *Lautstärke*
- ☐ *Körperstellung*
- ☐ *Geräusch*
- ☐ *Gewicht*
- ☐ *Eigene Bewegung*

1. du vorausgesehen hast, wie etwas sein sollte, und es so eingerichtet hast?
2. du dir etwas vorgestellt und es gebaut hast?
3. du dir ein Bild davon gemacht hast, wie ein Ort aussehen würde, und dann dorthin gegangen bist?
4. man dich gezwungen hat, zuzugeben, daß du gelogen hättest, während du die Wahrheit gesagt hast?
5. jemand etwas, was dir gehörte, in Unordnung brachte, und du es wieder geordnet hast?
6. du dir einen Heidenspaß daraus gemacht hast, einen Raum mit imaginären Dingen zu füllen?

1. postulieren: beschließen, entscheiden, ein Problem lösen, ein Schema für die Zukunft aufstellen oder ein Schema der Vergangenheit außer Kraft setzen.

7. dir eine meisterhafte Schöpfung gelungen ist?

8. du etwas, das du dir vorgestellt hattest, Wirklichkeit hast werden sehen?

9. du dir vorgestellt hast, es sei dort, und es zerstört hast?

- ☐ *Sehen*
- ☐ *Riechen*
- ☐ *Berühren*
- ☐ *Farbe*
- ☐ *Klang*
- ☐ *Bewegung um einen herum*
- ☐ *Emotion*
- ☐ *Lautstärke*
- ☐ *Körper-stellung*
- ☐ *Geräusch*
- ☐ *Gewicht*
- ☐ *Eigene Bewegung*

10. dein Vorstellungsvermögen gelobt wurde?

11. du geplant hast, was du mit der Zeit anfangen wolltest, und es getan hast?

12. du Unterbrechungen nicht beachtet und planmäßig weitergemacht hast?

13. du gesehen hast, wie ein Raum verbessert werden könnte und ihn verbessert hast?

14. du einen Plan aufgestellt hast und die Leute ihm folgten?

15. Dinge besser gelaufen sind, weil du gedacht hattest, es sollte so sein?

16. du aus deiner Phantasie Kapital geschlagen hast?

Wenn Sie das Wort „Einbildungskraft" (engl. *imagination*) in seine Bestandteile zerlegen, werden Sie entdecken, daß es einfach das Postulieren von Bildern (engl. *image*) oder die Ansammlung von Wahrnehmungen zu Schöpfungen, wie Sie sie haben wollen, bedeutet. Sich etwas vorstellen ist etwas, das jemand aus seinem freien Willen heraus tut. Dagegen kann man sagen, daß Selbsttäuschungen einem Menschen durch seine Aberrationen aufgezwungen werden. Alles, was jemand über Phantasie wissen muß, ist, zu wissen, wann er sich etwas vorstellt und wann nicht.

Valenzen

Sie mögen bemerkt haben, daß Sie manchmal anscheinend innerhalb Ihres eigenen Körpers waren, als Sie Dinge wahrgenommen haben, die sich in der Vergangenheit ereigneten, und manchmal haben Sie vielleicht sich selbst beobachtet. Es gibt Leute, die im Rückruf niemals außerhalb ihres Körpers sind, und andere, die sich niemals in ihm befinden.

In jedem Menschen gibt es viele Valenzen. Unter Valenz versteht man eine echte oder eine Schattenpersönlichkeit. Jemandes eigene Valenz ist seine tatsächliche Persönlichkeit. Seien Sie jedoch versichert, daß man in bezug auf andere Körper oder Personen in Verwirrung geraten kann.

Wenn man in seiner eigenen Valenz ist, während man sich Geschehnisse zurückruft, sieht man das, was man damals gesehen hat, genauso, als würde man es wieder mit seinen eigenen Augen sehen. Das ist ein sehr erstrebenswerter Zustand. Das Symptom, daß man nicht in seiner eigenen, sondern in einer Schattenvalenz ist, bedeutet, daß man seinen eigenen Körper zu gefährlich findet, um ihn in Gedanken zu bewohnen. Außerhalb der Valenz zu sein macht es schwer, beim Zurückrufen mit Wahrnehmungen in Kontakt zu treten. Sie werden feststellen, daß es leichter und leichter wird, die Dinge wieder mit Ihren eigenen Augen zu sehen, wenn Sie mit diesen Listen weitermachen und jede immer wieder durchgehen.

Bei den folgenden Fragen und überhaupt immer, wenn man zurückruft, sollte man sich bemühen, den Gesichtspunkt seiner selbst einzunehmen. Damit ist gemeint, daß man die Szene und die darin enthaltenen Wahrnehmungen genauso sehen soll, wie man sie seinerzeit erlebt hat.

Kannst du dir eine Zeit zurückrufen, als:

1. du eine Person, die du nicht leiden konntest, etwas tun sahst, das du gerne getan hättest?
2. du eine Person, die du mochtest, etwas tun sahst, das du nicht gerne getan hättest?
3. du eine Person, die du mochtest, etwas tun sahst, das du gerne getan hättest?
4. du eine Person, die du nicht leiden konntest, etwas tun sahst, das du nicht gerne getan hättest?
5. du bemerkt hast, daß jemand etwas angehabt hat, das du auch angehabt hast?
6. du festgestellt hast, daß jemand eine Gewohnheit hatte, die du auch hattest?
7. du eine Gewohnheit angenommen hast?
8. du festgestellt hast, daß du und ein Hund gleich behandelt wurden?
9. du vor einem Spiegel Grimassen geschnitten hast?
10. du beschlossen hast, vollkommen anders zu sein als eine andere Person?
11. du entdeckt hast, daß du wie ein Objekt warst?
12. du mit einer unvorteilhaften Person auf eine Stufe gestellt wurdest?

- ☐ *Sehen*
- ☐ *Riechen*
- ☐ *Berühren*
- ☐ *Farbe*
- ☐ *Klang*
- ☐ *Bewegung um einen herum*
- ☐ *Emotion*
- ☐ *Lautstärke*
- ☐ *Körperstellung*
- ☐ *Geräusch*
- ☐ *Gewicht*
- ☐ *Eigene Bewegung*

13. du mit einer vorteilhaften Person auf eine Stufe gestellt wurdest?
14. du festgestellt hast, daß du so angezogen warst wie viele andere auch?
15. du bemerkt hast, daß du dich trotz allem von jemandem unterschieden hast?

16. du den Unterschied zwischen dir und anderen bemerkt hast?
17. du mit jemandem gegessen hast, den du mochtest?
18. du eine Person getroffen hast, die dich an eine andere erinnerte, und du den Unterschied zwischen ihnen bemerkt hast?
19. du im Gleichschritt mit jemandem, den du mochtest, gegangen bist?
20. du mit jemandem, den du bewundert hast, gefahren bist?
21. du die gleiche Stellung einnehmen mußtest wie jemand anderer?
22. du ein Spiel mit Leuten gespielt hast, die du mochtest?
23. du festgestellt hast, daß du etwas tatest, weil es jemand in deiner Kindheit getan hatte?
24. du festgestellt hast, daß du dich weigertest, etwas zu tun, weil es jemand in deiner Kindheit getan hatte?

- ☐ *Sehen*
- ☐ *Riechen*
- ☐ *Berühren*
- ☐ *Farbe*
- ☐ *Klang*
- ☐ *Bewegung um einen herum*
- ☐ *Emotion*
- ☐ *Lautstärke*
- ☐ *Körper-stellung*
- ☐ *Geräusch*
- ☐ *Gewicht*
- ☐ *Eigene Bewegung*

Man kann sagen, daß das hinter Valenzen stehende Bemühen der Versuch ist, seinen Freunden ähnlich und seinen Feinden unähnlich zu sein. Unglücklicherweise stellt man im Leben oft Vergleiche an und stellt dann Ähnlichkeiten zwischen sich und seinen Feinden fest und wird auf Unähnlichkeiten zwischen sich und seinen Freunden hingewiesen. Man sollte dies so in den Griff bekommen, daß man jeder Bewegung oder Handlung eines Menschen ungehindert folgen kann, ohne sie mit den Begriffen „Freund" oder „Feind" in Verbindung zu bringen.

Als ein Bestreben, die Verbindungen und Trennungen einer Person in bezug auf andere Menschen zu bereinigen, sind die folgenden Fragen als zweiter Teil der Liste 9 hinzugefügt.

Rufe dir zurück:

- ☐ *Sehen*
- ☐ *Riechen*
- ☐ *Berühren*
- ☐ *Farbe*
- ☐ *Klang*
- ☐ *Bewegung um einen herum*
- ☐ *Emotion*
- ☐ *Lautstärke*
- ☐ *Körperstellung*
- ☐ *Geräusch*
- ☐ *Gewicht*
- ☐ *Eigene Bewegung*

1. eine Person, die dir ähnlich sieht.
2. eine Person, die körperliche Schwierigkeiten ähnlich den deinen hat.
3. eine Person, von der du eine besondere Angewohnheit übernommen hast.
4. eine Person, die dich an ein Tier erinnert, das du gekannt hast.
5. eine Person, die dich zu deinen Ungunsten mit unvorteilhaften Leuten verglichen hat.
6. eine Person, die dich zu deinen Gunsten mit vorteilhaften Leuten verglichen hat.
7. zwei Leute, die du miteinander verwechselt hast.

8. eine Person, die du vor langer Zeit gekannt hast, und die einer Person, mit der du zusammen wohnst, ähnlich ist.

9. jemanden, den du früher gekannt hast, und der dich an jemanden erinnert, mit dem du nun in Verbindung stehst.

- ☐ *Sehen*
- ☐ *Riechen*
- ☐ *Berühren*
- ☐ *Farbe*
- ☐ *Klang*
- ☐ *Bewegung um einen herum*
- ☐ *Emotion*
- ☐ *Lautstärke*
- ☐ *Körper-stellung*
- ☐ *Geräusch*
- ☐ *Gewicht*
- ☐ *Eigene Bewegung*

10. Wem bist du am meisten ähnlich? Wer hat das gesagt?

11. Wer hatte gewöhnlich Angst vor Gefühlsregungen?

12. Wer wollte nicht essen?

13. Von wem wurde behauptet, daß nie etwas aus ihm werden würde?

14. Wer hat sich zu sehr mit anderen Leuten eingelassen?

15. Wer hat allen das Leben vermiest?

16. Wer hatte schlechte Manieren?

17. Wen hast du früher gekannt, der die Schmerzen hatte, die dir zu schaffen machen?

18. Wem würdest du am liebsten ähnlich sein?

19. Wem ähnlich zu sein würdest du am meisten verabscheuen?

20. Wer hielt dich für eine Null?

21. Wer versuchte zu erreichen, daß du nicht aus der Reihe tanzt?

22. Wer hat dir geschmeichelt?

23. Wer hat dir zu essen gegeben?

Es wäre sehr gut, wenn Sie noch einmal durch die zweite Hälfte von Liste 9 gingen und sich spezifische Geschehnisse mit allen nur möglichen Wahrnehmungen, die die Antworten auf diese Fragen verdeutlichen, zurückrufen.

Unterbrechungen

Langsames und unsicheres Sprechen, langsames Berechnen, sprich langsames Denken, Zögern beim Annehmen von Weisungen und zum Teil auch Lampenfieber rühren hauptsächlich davon her, daß man in seiner Kindheit bei körperlichen Handlungen unterbrochen wurde.

Das Kind wird andauernd bei seinen körperlichen Handlungen unterbrochen, weil es sich in Gefahr bringen könnte. Das Kind versucht etwas zu erreichen und wird davon abgebracht, und zwar nicht einfach durch Worte, sondern indem man es von dem Objekt entfernt oder aber das Objekt von ihm. Es wird von Räumen, die es betreten will, ferngehalten, indem man es zurückzieht. Es will eine Sache haben und bekommt eine andere. So wird das Kind, wenn es sich bemüht, Materie, Energie, Raum und Zeit zu erforschen, zu erlangen oder loszuwerden, in seiner Selbstbestimmung andauernd unterbrochen.

Von diesen frühen Unterbrechungen ausgehend baut das Kind eine lange Kette von Unterbrechungserlebnissen auf. Dies sind nicht einfach Unterbrechungen durch gesprochene Worte, sondern solche durch Barrieren und Hindernisse im physikalischen Universum. Wenn ein Mensch als Kind nicht allzu gründlich unterbrochen worden ist, kann er spätere Unterbrechungen analytisch einschätzen. Wenn er aber in seiner Kindheit gelenkt und zurückgewiesen wurde, dergestalt, daß er ständig unterbrochen wurde, ist seine Entschlußkraft beeinträchtigt, von seinem Rede- und Denkvermögen ganz zu schweigen.

Das Zurückrufen der in dieser Liste verlangten speziellen Geschehnisse fördert diese zutage und nimmt so diesen *Ketten*[1] von Unterbrechungen ihre Macht.

1. Kette: eine Reihe von Geschehnissen ähnlicher Art oder ähnlichen Themas.

Kannst du dir eine Zeit zurückrufen, als:

1. ein Gegenstand dir Widerstand geleistet hat und du ihn bezwungen hast?
2. du dich nicht bewegen konntest, und es dir dann gelang, wegzukommen?
3. jemand dir etwas aus der Hand nahm und es beendete?
4. deine körperliche Handlung unterbrochen wurde?
5. eine Maschine nicht zu laufen anfing?
6. sich jemand unerwartet auf dich stürzte?
7. man dir eine Geistergeschichte erzählt hat?
8. du eine Karriere aufgeben mußtest?
9. jemand deinen Mund berührt hat?
10. du versucht hast, deine Hand zu heben, und gehindert wurdest?
11. du festgestellt hast, daß die Straße gesperrt war?
12. du etwas nicht in etwas hineinbekommen konntest?
13. du von einem Freund aufgehalten wurdest?
14. dein Vater dir gezeigt hat, wie es wirklich gemacht wird?
15. jemand dich veranlaßt hat, dich um etwas zu kümmern?

- ☐ *Sehen*
- ☐ *Riechen*
- ☐ *Berühren*
- ☐ *Farbe*
- ☐ *Klang*
- ☐ *Bewegung um einen herum*
- ☐ *Emotion*
- ☐ *Lautstärke*
- ☐ *Körperstellung*
- ☐ *Geräusch*
- ☐ *Gewicht*
- ☐ *Eigene Bewegung*

16. man dir gezeigt hat, daß du etwas falsch benutzt hast?

17. du „zu deinem eigenen Besten“ korrigiert wurdest?

18. du jemanden gekannt hast, der die Manie[2] hatte, nur das richtige Wort zu benutzen?

19. man dir „geholfen“ hat, indem man deinen Satz für dich beendete?

20. du in letzter Minute nicht gehen konntest?

21. du jemanden gekannt hast, der deine Liedertexte verbesserte?

22. dir nicht erlaubt wurde, zu weinen?

23. jemandem Lärm auf die Nerven ging?

24. du es aus Zeitmangel nicht beenden konntest?

25. du geduldig sein mußtest?

26. du zu einem Zeitpunkt einfach nicht gehen konntest?

27. du am Gehen warst, aber aufgehalten wurdest?

28. jemand dich aufzuhalten versucht hat, du aber doch weitergemacht hast?

29. du es genauso benutzt hast, wie es dir gefiel?

30. du nicht angehalten worden warst?

31. du loskamst und weitermachen konntest?

- ☐ *Sehen*
- ☐ *Riechen*
- ☐ *Berühren*
- ☐ *Farbe*
- ☐ *Klang*
- ☐ *Bewegung um einen herum*
- ☐ *Emotion*
- ☐ *Lautstärke*
- ☐ *Körperstellung*
- ☐ *Geräusch*
- ☐ *Gewicht*
- ☐ *Eigene Bewegung*

2. Manie: Besessenheit; krankhafte Sucht.

32. du trotzdem gebrüllt hast?
33. du es jemandem zum Trotz vollendet hast?
34. du aufhören mußtest, dein Essen hinunterzuschlingen?
35. du alles getrunken hast, was dir gefiel?

- ☐ *Sehen*
- ☐ *Riechen*
- ☐ *Berühren*
- ☐ *Farbe*
- ☐ *Klang*
- ☐ *Bewegung um einen herum*
- ☐ *Emotion*
- ☐ *Lautstärke*
- ☐ *Körperstellung*
- ☐ *Geräusch*
- ☐ *Gewicht*
- ☐ *Eigene Bewegung*

36. du nicht kämpfen solltest?
37. jemand einer Muskelreaktion Einhalt geboten hat?
38. du hellauf begeistert warst und jemand dies sehr schnell abkühlte?
39. du trotz Müdigkeit weitergemacht hast?
40. du mit einer Gewohnheit gebrochen hast?
41. du festgestellt hast, daß jemand nicht so stark war, wie du vermutet hattest?
42. du entdeckt hast, daß du es also doch haben konntest?
43. du bemerkt hast, daß der wirkliche Beweggrund Egoismus war?
44. du einer Beherrschung entkommen bist?
45. du entdeckt hast, daß es doch nicht zu deinem Besten war?
46. du dich davon abgehalten hast, jemanden zu unterbrechen?
47. du festgestellt hast, daß andere Leute nicht weiser waren als du?

48. jedermann dachte, du hättest unrecht, man aber entdeckte, daß du recht gehabt hattest?

49. du trotz allem das Ziel erreicht hast?

50. du entdeckt hast, daß eine andere Person der Mühe nicht wert war?

51. du dem Drang, etwas zu zerstören, nicht nachgegeben hast?

52. du gegen das Gesetz verstoßen hast und ungeschoren davonkamst?

53. der Blitz dich nicht traf?

54. du etwas in Ordnung gebracht hast?

55. du eine Unterbrechung beim Lesen ignoriert hast?

- ☐ *Sehen*
- ☐ *Riechen*
- ☐ *Berühren*
- ☐ *Farbe*
- ☐ *Klang*
- ☐ *Bewegung um einen herum*
- ☐ *Emotion*
- ☐ *Lautstärke*
- ☐ *Körperstellung*
- ☐ *Geräusch*
- ☐ *Gewicht*
- ☐ *Eigene Bewegung*

Abwertung

Aberrierte Menschen benutzen zwei verschiedene und sehr aberrierte Methoden, um andere Menschen zu kontrollieren. Die erste besteht darin, den anderen zu zwingen, genau das zu tun, was man von ihm verlangt. Sie benutzen dazu den Mechanismus von Gegenbeschuldigung und Versagen von Freundschaft oder Unterstützung, wenn man nicht sofort gefügig ist. Mit anderen Worten: „Du tust genau das, was ich sage, oder es ist aus mit uns beiden." Dies ist unverblümte Beherrschung, die zusätzlich versucht, einen Menschen durch Zorn und offene Kritik, Anschuldigungen und andere Mechanismen, dadurch also, daß man ihn geringer macht, in Unterwürfigkeit hineinzustoßen.

Die zweite Methode kann man als „Beherrschung durch Vernichtung" bezeichnen. Diese Methode bedient sich Tarnungen, und sehr oft hat der Mensch, gegen den sie eingesetzt wird, keinerlei Verdacht. Er weiß nur, daß er sehr unglücklich ist. Das ist die Methode, mit der Feiglinge herrschen. Wer sie benutzt, fühlt sich dem Menschen, bei dem er sie anwendet, unterlegen und verfügt nicht über die Ehrlichkeit oder Stärke, sich dies einzugestehen. Er beginnt dann, etwa wie Termiten, die ein Fundament abnagen, den anderen Menschen auf die richtige „Größe" zu stutzen, indem er in kleinen Dosen nörglerische Kritik verabreicht. Derjenige, der zu herrschen sucht, teilt schwere Schläge gegen den Stolz und die Fähigkeiten seines Opfers aus; von diesem zur Rede gestellt wird er aber behaupten, es geschähe nur aus Hilfsbereitschaft und Freundschaft, oder aber er wird abstreiten, überhaupt etwas getan zu haben.

Von diesen beiden Methoden richtet die zuletzt beschriebene viel größeren Schaden an. Jemand, der sie benutzt, versucht den anderen Menschen bis zu einem Punkt zu degradieren, an dem er vollständig kontrolliert werden kann, und er wird nicht eher aufhören, bis er sein Opfer so degradiert hat, daß es sich in einer verwirrten Apathie befindet.

Den kleinsten gemeinsamen Nenner der Vernichtung könnte man „Abwertung" nennen. Der Vernichtende versucht nicht nur die Person, sondern auch die Fertigkeiten und das Wissen seines Opfers abzuwerten. Was die Person besitzt, wird als nicht ganz so wichtig bezeichnet, wie es vielleicht ist, und die Erfahrungen der Person, die fertiggemacht werden soll, werden im Wert verringert. Das Aussehen des Opfers, seine Stärke, seine körperlichen Fähigkeiten und Möglichkeiten werden ebenfalls abgewertet. All das wird so versteckt getan, daß es erscheint, als würde es „zum Besten" des Opfers geschehen. Der Vernichtende strebt danach, die abgewertete Person „zu verbessern".

Die erste Frage bei dieser Liste sollte natürlich sein: Wieviele Leute haben Sie gekannt, die in der Maske des Helfers fortwährend versucht haben, Sie als Person in Stücke zu reißen und Ihre Zukunft, Ihre Hoffnungen, Ihre Ziele und die Energie Ihres Lebens selbst zu reduzieren?

Kannst du dir eine Zeit zurückrufen, als:

- ☐ *Sehen*
- ☐ *Riechen*
- ☐ *Berühren*
- ☐ *Farbe*
- ☐ *Klang*
- ☐ *Bewegung um einen herum*
- ☐ *Emotion*
- ☐ *Lautstärke*
- ☐ *Körperstellung*
- ☐ *Geräusch*
- ☐ *Gewicht*
- ☐ *Eigene Bewegung*

1. jemand, der viel kleiner war als du, dir deine Größe übelgenommen hat?
2. jemand, der größer war als du, dir ein Gefühl der Minderwertigkeit gab?
3. jemand dich etwas nicht beenden lassen wollte?
4. du einer Sache nicht gewachsen warst?
5. du einen Raum zu groß gefunden hast?
6. du zurückgestoßen wurdest, weil du zu klein warst?
7. du es nicht geschafft hast, in das Team zu kommen?

8. du festgestellt hast, daß du den Anforderungen entsprochen hast?
9. du bemerkt hast, daß jemand Lügen darüber erzählt hat, wie schlecht du seist?
10. du entdeckt hast, daß du also doch recht gehabt hattest?
11. du festgestellt hast, daß deine Entscheidung die beste gewesen wäre?
12. du ein Problem gelöst hast, das sonst niemand lösen konnte?
13. du entdeckt hast, daß es auf der Welt noch gewöhnlichere Menschen gab als dich?
14. du bemerkt hast, daß du die Meinung eines anderen ignorieren konntest?
15. du festgestellt hast, daß ein anderer gedacht hatte, daß du wirklich etwas Gutes geleistet hast?
16. du deines Aussehens wegen bewundert wurdest?
17. du mit einer Maschine fertiggeworden bist?
18. du eine anstrengende Reise beendet hast?
19. du entdeckt hast, daß jemand, der dich verleumdete, auch sonst unaufrichtig war?
20. du festgestellt hast, daß du größer und stärker warst als ein Tier?

- ☐ *Sehen*
- ☐ *Riechen*
- ☐ *Berühren*
- ☐ *Farbe*
- ☐ *Klang*
- ☐ *Bewegung um einen herum*
- ☐ *Emotion*
- ☐ *Lautstärke*
- ☐ *Körperstellung*
- ☐ *Geräusch*
- ☐ *Gewicht*
- ☐ *Eigene Bewegung*

21. du deine Befähigung erkannt hast?
22. du jemanden gründlich ausgestochen hast?
23. ein Feind um Schonung gefleht hat?
24. du jemanden zum Bluten gebracht hast?
25. du dir den Löwenanteil genommen und ihn behalten hast?
26. du dein Gewicht hast fühlen lassen?
27. du für jemanden zu schwer warst?
28. du etwas getötet hast?
29. du gewonnen hast?
30. es dir gelungen ist, von jemandem wegzukommen, der dich abgewertet hat?
31. du entdeckt hast, daß du recht hattest und der Alte unrecht?
32. du festgestellt hast, daß du besser werden konntest?
33. du gesund geworden bist, als niemand mehr Hoffnung hatte?
34. du von deiner eigenen Ausdauer überrascht warst?
35. du entdeckt hast, daß du es wirklich verstanden hast?
36. du etwas geschafft hast, was niemand für möglich hielt?
37. du heute auf dich selbst stolz warst?

- ☐ *Sehen*
- ☐ *Riechen*
- ☐ *Berühren*
- ☐ *Farbe*
- ☐ *Klang*
- ☐ *Bewegung um einen herum*
- ☐ *Emotion*
- ☐ *Lautstärke*
- ☐ *Körperstellung*
- ☐ *Geräusch*
- ☐ *Gewicht*
- ☐ *Eigene Bewegung*

Die Elemente

Der größte Widersacher des Menschen in seiner Umwelt ist das Wetter. Häuser, Heizung, Kleidung und selbst Nahrung, soweit sie Wärme und Beweglichkeit des Körpers gewährt, sind die Verteidigungswaffen gegen Sturm, Kälte, Hitze und Nacht.

Kannst du dir eine Zeit zurückrufen, als:

- ☐ *Sehen*
- ☐ *Riechen*
- ☐ *Berühren*
- ☐ *Farbe*
- ☐ *Klang*
- ☐ *Bewegung um einen herum*
- ☐ *Emotion*
- ☐ *Lautstärke*
- ☐ *Körperstellung*
- ☐ *Geräusch*
- ☐ *Gewicht*
- ☐ *Eigene Bewegung*

1. du einem Sturm standgehalten hast?
2. dich Donnern freute?
3. du Spaß im Schnee hattest?
4. du den Sonnenschein genossen hast?
5. jeder sagte, es sei zu heiß, du es aber genossen hast?
6. du eine Wasserfläche überwunden hast?
7. der Regen sanft und beruhigend war?
8. es dich froh gestimmt hat, daß es ein bewölkter Tag war?
9. der Wind dich entzückt hat?
10. die Nacht sanft war?
11. du froh warst, die Sonne zu sehen?
12. das Wetter freundlich war?
13. du der Brandung standgehalten hast?
14. die Luft belebend war?

15. dich die Jahreszeit frohgestimmt hat?
16. es dir warm wurde, nachdem dir zu kalt gewesen war?
17. eine Dämmerung dich entzückt hat?
18. du das Gefühl hattest, daß die Sterne dir gehören?
19. dich ein Hagelkorn in Aufregung versetzt hat?
20. du die Struktur von Schneeflocken entdeckt hast?
21. der Tau glänzte?
22. ein sanfter Nebel sich ausbreitete?
23. du gegen die Heftigkeit eines Sturmes siegreich geblieben bist?
24. es draußen schauderhaft war und du es in deinem Haus behaglich hattest?
25. der Wind sich gut anfühlte?
26. du es ausgehalten hast?
27. du entdeckt hast, daß du das Klima deines Landes mochtest?
28. es dich froh machte, den Frühling zu sehen?
29. du das Gefühl hattest, allen Winden der Welt trotzen zu können?
30. du einen Sturm bewundert hast?
31. du dich über einen Blitz gefreut hast?

- ☐ *Sehen*
- ☐ *Riechen*
- ☐ *Berühren*
- ☐ *Farbe*
- ☐ *Klang*
- ☐ *Bewegung um einen herum*
- ☐ *Emotion*
- ☐ *Lautstärke*
- ☐ *Körperstellung*
- ☐ *Geräusch*
- ☐ *Gewicht*
- ☐ *Eigene Bewegung*

Fangen Sie jetzt wieder mit Liste 1 an und gehen Sie noch einmal alle Listen durch, bis Sie das Buch viele Male durchgearbeitet haben.

Spezielle Sitzungslisten

Wenn Sie sich durch das Zurückrufen einer bestimmten Sache unwohl fühlen

Wenn Sie sich Geschehnisse in Ihrem Leben zurückrufen, kann es sein, daß Sie Unbehagen verspüren. Es gibt mehrere Wege, um dieser Sache Herr zu werden. Wenn echter körperlicher Schmerz ein Bestandteil der Situation ist, die Sie sich zurückgerufen haben, dann versuchen Sie nicht, sich noch weiter hineinzuzwingen, sondern konzentrieren Sie sich auf spätere Geschehnisse, die Sie stufenweise wieder in die Gegenwart zurückbringen. Die folgenden Fragen werden Ihnen dabei helfen.

- ☐ *Sehen*
- ☐ *Riechen*
- ☐ *Berühren*
- ☐ *Farbe*
- ☐ *Klang*
- ☐ *Bewegung um einen herum*
- ☐ *Emotion*
- ☐ *Lautstärke*
- ☐ *Körperstellung*
- ☐ *Geräusch*
- ☐ *Gewicht*
- ☐ *Eigene Bewegung*

1. Rufe dir ein angenehmes Geschehnis zurück, das sich später ereignete.
2. Rufe dir zurück, was du letztes Jahr um diese Zeit getan hast.
3. Rufe dir einen Augenblick zurück, in dem du dich wirklich vergnügt hast.
4. Rufe dir zurück, was du letzten Monat um diese Zeit getan hast.
5. Rufe dir zurück, was du gestern getan hast.
6. Rufe dir etwas Angenehmes zurück, das sich heute ereignet hat.

Rufen Sie sich der Reihe nach noch einmal alle diese Dinge zurück.

Wenn Sie nicht körperlichen Schmerz, sondern Kummer verspürt haben, so rufen Sie sich das Folgende zurück:

- ☐ *Sehen*
- ☐ *Riechen*
- ☐ *Berühren*
- ☐ *Farbe*
- ☐ *Klang*
- ☐ *Bewegung um einen herum*
- ☐ *Emotion*
- ☐ *Lautstärke*
- ☐ *Körper-stellung*
- ☐ *Geräusch*
- ☐ *Gewicht*
- ☐ *Eigene Bewegung*

1. Den nächsten darauffolgenden Zeitpunkt, wo du etwas bekommen hast, was du mochtest.
2. Rufe dir etwas zurück, das du jetzt hast und das dir Vergnügen bereitet.
3. Rufe dir etwas zurück, das du lange wolltest und schließlich bekommen hast.
4. Rufe dir eine Zeit zurück, wo jemand sehr nett zu dir war.
5. Rufe dir zurück, als du das letzte Mal Geld bekommen hast.
6. Rufe dir zurück, als du gestern zu Abend gegessen hast.
7. Rufe dir zurück, als du heute gegessen hast.

Rufen Sie sich alle diese Geschehnisse mit allen verfügbaren Wahrnehmungen noch einmal zurück.

Wenn Sie bei Ihrem Prozessing andauernd auf Geschehnisse mit körperlichem Schmerz und Gram stoßen und nicht fähig zu sein scheinen, dem abzuhelfen, rufen Sie den nächsten professionellen Dianetik-Auditor an und vereinbaren Sie eine fachmännische Sitzung, damit Sie bis zu einem Punkt hochgebracht werden können, an dem die Liste für Sie zu einem Gewinn wird.

Wenn Sie sich, ohne körperlichen Schmerz und großen Kummer, einfach nur unbehaglich fühlen und die Erinnerung einfach vermeiden wollen, benutzen Sie die folgende Liste:

1. Rufe dir das Geschehnis wieder in seiner Gesamtheit von Anfang bis Ende zurück.
2. Rufe dir das Geschehnis noch einmal zurück.
3. Rufe dir ein früheres ähnliches Geschehnis zurück.
4. Rufe dir ein noch früheres ähnliches Geschehnis zurück.
5. Rufe dir das früheste ähnliche Geschehnis zurück, das du bekommen kannst.
6. Rufe dir alle diese Geschehnisse in ihrer Gesamtheit, eines nach dem anderen, zurück.
7. Rufe dir von neuem alle diese Geschehnisse zurück, eines nach dem anderen, vom frühesten bis zum letzten.
8. Rufe dir wiederum alle diese Geschehnisse zurück.
9. Gehe die Kette der ähnlichen Geschehnisse durch und finde spätere, bis hinauf in die Gegenwart.
10. Rufe dir ein angenehmes Geschehnis zurück, das sich in den letzten Tagen ereignet hat. Bekomme alle Wahrnehmungen dazu, die möglich sind.
11. Rufe dir zurück, was du vor einer Stunde getan hast.

☐ *Sehen*
☐ *Riechen*
☐ *Berühren*
☐ *Farbe*
☐ *Klang*
☐ *Bewegung um einen herum*
☐ *Emotion*
☐ *Lautstärke*
☐ *Körper-stellung*
☐ *Geräusch*
☐ *Gewicht*
☐ *Eigene Bewegung*

Die folgenden Fragen stabilisieren gewöhnlich jeden der oben erwähnten Zustände:

1. Rufe dir eine Zeit zurück, die dir wirklich real erscheint.
2. Rufe dir eine Zeit zurück, als du gefühlt hast, daß jemand dir wirklich Zuneigung entgegenbrachte.
3. Rufe dir eine Zeit zurück, in der jemand in guter Kommunikation mit dir stand.
4. Rufe dir eine Zeit zurück, in der du für einen anderen Menschen tiefe Zuneigung gefühlt hast.
5. Rufe dir eine Zeit zurück, in der du gewußt hast, daß du wirklich mit jemandem kommunizierst.
6. Rufe dir eine Zeit zurück, in der mehrere Leute vollständig mit dir übereingestimmt haben.
7. Rufe dir eine Zeit zurück, in der du mit jemand anderem im Einverständnis warst.
8. Rufe dir eine Zeit innerhalb der letzten zwei Tage zurück, in der du ein Gefühl der Zärtlichkeit hattest.
9. Rufe dir eine Zeit innerhalb der letzten zwei Tage zurück, in der jemand Zärtlichkeit für dich empfunden hat.
10. Rufe dir eine Zeit in den letzten zwei Tagen zurück, in der du in guter Kommunikation mit jemandem warst.

- ☐ *Sehen*
- ☐ *Riechen*
- ☐ *Berühren*
- ☐ *Farbe*
- ☐ *Klang*
- ☐ *Bewegung um einen herum*
- ☐ *Emotion*
- ☐ *Lautstärke*
- ☐ *Körper-stellung*
- ☐ *Geräusch*
- ☐ *Gewicht*
- ☐ *Eigene Bewegung*

11. Rufe dir eine Zeit in den letzten zwei Tagen zurück, die dir wirklich real erscheint.
12. Rufe dir eine Zeit in den letzten zwei Tagen zurück, in der du mit Leuten in guter Kommunikation warst.

Rufen Sie sich mehrere Geschehnisse von jeder Art zurück.

Liste für das Sitzungsende

Jedesmal, wenn Sie sich selbst eine Prozessing-Sitzung geben, sollten Sie diese, ohne dabei die Scheibe zu benutzen, mit den folgenden Routineschritten abschließen:

1. Machen Sie einen kurzen geistigen Abriß der gerade beendeten Sitzung.
2. Vergegenwärtigen Sie sich noch einmal kurz, was Sie getan haben, und richten Sie dabei Ihre Aufmerksamkeit besonders darauf, wie Sie gesessen haben.
3. Gehen Sie die Sitzungszeit durch und achten Sie dabei nur darauf, was Sie während dieser Sitzung mit Ihren Händen getan und welche Dinge der Außenwelt Sie während dieser Sitzung gehört haben.
4. Richten Sie Ihre Aufmerksamkeit fest auf einen angenehmen Gegenstand, der jetzt in Ihrer Nähe ist.

Wiederholen Sie dies so lange, bis Sie sich wieder frisch in Ihrer unmittelbaren Umgebung fühlen.

In der medizinischen Praxis und durch Versuche wurde festgestellt, daß während des Prozessings große Mengen des Vitamins B_1 erforderlich sind. Eine gute, eiweißreiche Ernährung und etwa 100 bis 200 mg B_1 pro Tag haben sich als erhebliche Hilfe für das Prozessing erwiesen. Ohne B_1 und eiweißreiche Nahrung entstanden während des Prozessings Alpträume und Nervosität. Es wird darauf hingewiesen, daß dies ein medizinisches Forschungsergebnis ist, das viele Jahre zurückreicht und an sich nicht aus der Dianetik stammt.

Über den Autor

Ob man L. Ron Hubbard nun persönlich kennengelernt hat oder durch eines seiner 589 Werke – er ist ein Mensch, den man nie wieder vergißt. Zwar wurde er durch Leistungen auf vielen verschiedenen Gebieten bekannt, vor allem aber kennen ihn Millionen als einen der erfolgreichsten heutigen Autoren von Büchern über Selbstverbesserung. Seine Werke über die Dianetik, über menschliche Beziehungen und über das Leben den bisher in fast 50 Millionen Exemplaren verkauft.

Ron zeichnet sich dadurch aus, daß er schreibt, weil er Wichtiges zu sagen hat, daß er selbst unermüdlich liest, sorgfältig recherchiert und wirklich aus erster Hand berichtet. Nur wenigen Schriftstellern ist es gegeben, so viele Menschen durch ein so gut fundiertes persönliches Wissen über die Grundgesetze des Lebens und der menschlichen Fähigkeiten so stark anzusprechen.

Ron wurde am 13. März 1911 in Tilden, Nebraska/USA geboren und verbrachte die ersten Lebensjahre in Montana, wo er reiten lernte und mit den letzten der alten Pioniere und Cowboys aufwuchs. Ein alter indianischer Medizinmann war einer seiner besten Freunde.

Als Sohn eines Angehörigen der Marine reiste L. Ron Hubbard mit seinen Eltern nach China, Japan und zu den Pazifischen Inseln. Schon im Alter von 15 Jahren fuhr er allein nach China und in die Mandschurei, und durch die Völker, die er kennenlernte, fand er Berührung mit vielen verschiedenen Kulturen und Bräuchen.

Nach seiner Rückkehr in die Vereinigten Staaten schloß Ron seine Schulbildung ab. Er finanzierte das College und seine Forschungen durch das Schreiben von Artikeln und Geschichten.

Er war sehr produktiv, und sein feines Gespür für die Dinge des Lebens brachte ihm schnell Anerkennung ein. Er schrieb Artikel über das Fliegen (er war selbst auch Segel- und Kunstflieger), außerdem Western, Geschichten über den Sport, über die Seefahrt, Detektivromane, Geschichten über Militärspionage und über Abenteuer jeder Art auf jedem Kontinent. Schließlich tat er sich mit John W. Campbell jr. zusammen, einem der bedeutendsten Herausgeber von Science-fiction-Literatur, und trug dazu bei, einzuleiten, was später das „goldene Zeitalter der Science-fiction" genannt wurde.

Im Jahr 1932 stellte L. Ron Hubbard verblüfft fest, daß die Kultur, in der wir leben, nicht mehr brauchbares Wissen vom menschlichen Geist hatte als ein Schamane des Goldi-Stammes der Mandschurei oder ein Medizinmann der Schwarzfußindianer. Da war nun also eine Gesellschaft, die sich in den Naturwissenschaften auszeichnete, aber den Menschen nicht helfen konnte, ihr Leben zu meistern oder sich auch nur ihre geistige Gesundheit zu erhalten.

Zwischen 1933 und 1940 leitete Ron drei Expeditionen und wurde daraufhin 1940 zum Mitglied des angesehenen Explorer's Club[1] von New York ernannt.

Aufgewühlt durch seine Erlebnisse im Zweiten Weltkrieg setzte Ron seine Forschungen fort. Er begann auf einen Nenner zu bringen, was er über östliche Philosophien, Kernphysik, wissenschaftliche Methodik und durch die Arbeit mit Menschen im Krieg gelernt hatte.

Ron sammelte Erkenntnisse und entwickelte Techniken, die es zunächst einmal ihm selbst ermöglichten, seine Kriegserlebnisse zu verarbeiten. Er schloß daraus, daß auf diese Weise auch anderen dabei geholfen werden konnte, ihre Fähigkeiten zu entwickeln und Gesundheit und Glück zu erlangen. In dieser Zeit begannen sich die Grundsätze der Dianetik herauszuformen.

Im Jahr 1948 schloß L. Ron Hubbard ab, was später *Dianetics: The Original Thesis (Dianetik: Die ursprüngliche These)* genannt wurde. Das Manuskript beschrieb seine Forschungen und

1. Explorer's Club: eine Vereinigung von Personen, die an der Forschung interessiert sind. Die Mitglieder werden nicht auf eigenen Antrag in den Club aufgenommen, sondern ehrenhalber berufen.

erklärte die Grundsätze, die er entdeckt hatte. Es ging in Fachkreisen von Hand zu Hand und rechtfertigte alsbald die Veröffentlichung eines richtigen Buches über das Thema.

So wurde denn im Mai 1950 *Dianetics: The Modern Science of Mental Health* (*Dianetik: Die moderne Wissenschaft der geistigen Gesundheit*) veröffentlicht. Das Buch fand sofort positive Aufnahme. Im Spätsommer 1950 stand es bereits hoch auf der Bestsellerliste der New York Times. In den ganzen Vereinigten Staaten lasen es die Menschen und wandten die Techniken an, die darin beschrieben waren, um ihre Fähigkeiten zu erweitern und ihre Selbstsicherheit zu erhöhen.

L. Ron Hubbard empfand wenig Respekt für die „offiziellen" Behandlungsmethoden, die im Namen der „geistigen Gesundheit" angewandt wurden. So wurde er zum Angriffsziel für jene, die sich für Psychochirurgie, Elektroschocks, Drogen und Hypnose einsetzten. Doch er führte seine Forschungen unbeirrt fort und tut dies auch heute noch.

Seit jenen frühen Tagen hat L. Ron Hubbard mehr als 50 Werke über Philosophie, zwischenmenschliche Beziehungen und geistige Gesundheit geschrieben. Er hielt außerdem an die 3000 Stunden Vorträge über diese Themen. Diese Werke bieten die komplette, voll ausgearbeitete und praktikable Technik zur Meisterung des Lebens.

Selbstanalyse ist eine kleine Sensation für sich, denn mit diesem Buch kann man den Nutzen aus den umfangreichen Techniken ziehen, die es mittlerweile zur Verbesserung der geistigen und Verstandeskräfte gibt, ohne ein technischer Experte zu sein oder auch nur das Haus verlassen zu müssen.

Durch diese Methode wurde es den Menschen ermöglicht, geistig wirklich gesund zu werden und Vertrauen in ihre Fähigkeiten und ihre Lebenstüchtigkeit zu gewinnen.

L. Ron Hubbards Forschungsergebnisse und seine Methoden der Dianetik haben das Leben von Millionen verbessert.

Menschen auf der ganzen Welt sind der Ansicht, daß sie keinen besseren Freund haben. □

Glossar

Im nachfolgenden Verzeichnis finden Sie Fachwörter der Dianetik und andere Wörter, die eventuell Schwierigkeiten bereiten, mit den Definitionen, die in diesem Buch zutreffen. Alle Wörter sind schon in den Fußnoten definiert, jedoch erfahren die Fachwörter im Glossar zum Teil eine ausführlichere Definition. Vom Autor entwickelte Fachdefinitionen sind hier durch das Zeichen *Dn* (für *Dianetik*) am Ende der jeweiligen Erklärung hervorgehoben.

a

Aberration (lat. *ab* = weg, fort, *errare* = wandern, schweifen; *aberrare* = abirren, fortwandern): ein Abweichen vom vernünftigen Denken oder Verhalten. Im wesentlichen bedeutet es, sich zu irren, Fehler zu machen, oder spezifischer, fixe Ideen zu haben, die nicht wahr sind. Das Wort wird auch in seinem wissenschaftlichen Sinn verwendet. Es bedeutet Abweichen von einer geraden Linie. Wenn eine Linie von A nach B gehen sollte, dann würde sie, wenn sie „aberriert" ist, von A zu einem anderen Punkt hin gehen, von dort wiederum zu einem anderen Punkt, zu einem anderen, zu einem anderen, zu einem anderen Punkt, und schließlich bei B ankommen. Im wissenschaftlichen Sinn verstanden würde das Wort auch das Fehlen von Geradheit oder krumme Wahrnehmung bedeuten, z.B. wenn jemand ein Pferd sieht, jedoch der Ansicht ist, er sehe einen Elefanten. Aberriertes Verhalten wäre falsches Verhalten oder nicht durch die Vernunft gestütztes Verhalten. Wenn eine Person Engramme hat, so neigen diese dazu, das, was ihre normale Fähigkeit zur Wahrnehmung von Wahrheit wäre, aus der Bahn zu werfen und eine aberrierte Sicht von Situationen zu erzeugen, wodurch dann eine aberrierte Reaktion auf diese Situationen verursacht wird. Aberration ist geistiger Gesundheit entgegengesetzt, welche ihr Gegenteil wäre. – *Dn*

abgesperrt: bedeutet in bezug auf Erinnerung, daß sie nicht zugänglich ist, wenn man versucht, sie sich zurückzurufen. Eine „abgesperrte Person" wäre jemand, der ein schlechtes Gedächtnis hat und sich die Wahrnehmungen der Vergangenheit nur schlecht zurückrufen kann. – *Dn*

abgestumpft: in geistiger oder seelischer Leistungsfähigkeit beeinträchtigt.

Ablagerungskrankheiten: Störungen in Organen, Gefäßen oder Gelenken, die durch nicht ausgeschiedene Abfallstoffe entstehen.

Affinität: das Gefühl, etwas oder jemanden zu mögen oder zu lieben. Affinität ist ein Phänomen, das mit Raum zu tun hat, da es die Bereitschaft ausdrückt, den gleichen Ort einzunehmen wie das, was man liebt oder mag. Das Gegenteil davon ist Antipathie, „Nichtmögen" oder Ablehnung, was die Nichtbereitschaft dazu wäre, den gleichen Raum wie etwas oder jemand einzunehmen, oder die Nichtbereitschaft, ihm nahezukommen. Das Wort stammt von frz. *affinité* = Anziehungskraft, Verwandtschaft, Bund, Nähe, und auch von lat. *affinis* = nah, angrenzend. – *Dn*

akut: in bezug auf Krankheit: kurz und heftig.

analytisch (griech. *analysis* = Auflösung, Zerlegung, ausführliche Zergliederung, d.h. etwas auseinandernehmen, um zu sehen, woraus es besteht): fähig, etwas zu lösen, z.B. Probleme oder Situationen. – *Dn*

Apathie: Teilnahmslosigkeit, Gleichgültigkeit, Abstumpfung.

Arthritis: Gelenkentzündung.

Atomphysik: die Lehre von den Atomen und ihrer Umwandlung.

Auditor (lat. *audire*, zuhören): jemand, der aufmerksam anhört, was Menschen zu sagen haben. Eine Person, die dafür ausgebildet ist, anderen Menschen mit der Anwendung der Verfahren der Dianetik oder Scientology zu einer Verbesserung zu verhelfen. – *Dn*

außersinnliche Wahrnehmung: Erkenntnisse, die nicht auf dem gewöhnlichen Weg gewonnen werden, sondern beispielsweise durch Telepathie.

autoritär: diktatorisch, herrisch.

Axiome: Aussagen über Naturgesetze, im gleichen Rang wie jene der Naturwissenschaften. – *Dn*

Bank: hier im Sinne eines Aufbewahrungsortes, wie etwa bei der „Datenbank".

Bauchspeicheldrüse: eine Drüse hinter dem Magen, die Insulin und andere Verdauungssäfte produziert.

Bestand: die Gesamtheit der Fähigkeiten eines Menschen.

Bewußtlosigkeit: ein Zustand, in dem der Organismus nur in seinen analytischen Abläufen und in der motorischen Steuerung die Koordination verloren hat. – *Dn*

Bewußtsein: klare geistige Verfassung.

Binsenweisheit: eine selbstverständliche, unbestrittene Behauptung; allgemein bekannte Wahrheit.

Biologe: ein Fachmann der Biologie, der Wissenschaft vom Leben und den Lebewesen.

Boil-off (von engl. *to boil off*, verdampfen, abkochen)**:** eine Manifestation der Bewußtlosigkeit, die sehr milde ist und einfach bedeutet, daß eine Periode des Lebens einer Person, in der sie bewußtlos war, leicht restimuliert worden ist; ein Zustand von Schläfrigkeit, der von Schlaf manchmal gar nicht zu unterscheiden ist. – *Dn*

Charakteristika: kennzeichnende Merkmale, Wesenszüge.

Chemie: die Wissenschaft von den Bauteilen der Materie und von ihren Verbindungen untereinander.

chronisch: in bezug auf Krankheiten: lange andauernd, schleichend. Allgemein: ständig, anhaltend.

Clear: eine nicht aberrierte Person. Sie ist rational (vernünftig), da sie mit den ihr zur Verfügung stehenden Daten und von ihrem Gesichtspunkt aus die bestmöglichen Lösungen formt. Sie erreicht für den Organismus in Gegenwart und Zukunft sowie für die anderen Dynamiken maximales Vergnügen (engl. „pleasure"). Sie hat keine Engramme, die restimuliert werden können; somit kann die Richtigkeit ihrer Überlegungen nicht durch die Einführung von verborgenen und falschen Daten umgestoßen werden. – *Dn*

Computer-Speichersystem: ein elektronisches Gerät, das beliebige Informationen aufnimmt, die jederzeit teilweise oder komplett in Sekundenschnelle wieder abgefragt werden können.

demokratisch: in Übereinstimmung mit dem Prinzip der Gleichberechtigung für alle.

Dermatitis: Hautentzündung.

diabolisch: teuflisch, erschreckend schlau.

Dianetik: eine Technologie zur Befreiung des geistigen Wesens. Das Wort kommt von griech. *dia*, durch, und *nous*, Seele, also „durch die Seele" Sie ist ein System zur Analyse, Kontrolle und Entwicklung des menschlichen Denkens, welches auch Techniken zur Erhöhung von Fähigkeit und Vernunft und zur Befreiung von der entdeckten alleinigen Quelle von Aberrationen und psychosomatischen Krankheiten liefert. – *Dn*

Dianetik-Auditor: eine Person, die dafür ausgebildet ist, anderen Menschen mit der Anwendung der dianetischen Verfahren zu einer Verbesserung zu verhelfen. (Siehe *Auditor.*) – *Dn*

Differenzierung: hier für Unterscheidungsfähigkeit.

Dynamiken (Triebkräfte, Impulse im Leben)**:** Der Mensch überlebt weder allein für sich selbst, noch für Sex, noch für Gruppen, noch überlebt er allein für die Spezies Mensch. Ebenso wie andere lebende Organismen überlebt der Mensch offenbar durch acht verschiedene Kanäle. Diese Kanäle nennt man die Dynamiken, und diese acht Dynamiken stellen die acht grundlegenden Triebe oder Antriebskräfte dar, die das Verhalten motivieren.

Die *Erste Dynamik* ist der Drang des Individuums, als es selbst zu überleben.

Die *Zweite Dynamik* ist der Drang des Individuums, durch seine Nachkommenschaft zu überleben. Die Zweite Dynamik hat zwei Hauptunterteilungen: den Geschlechtsakt und das Hervorbringen und Großziehen von Kindern.

Die *Dritte Dynamik* ist der Drang des Individuums, als Mitglied einer Gruppe zu überleben, sei es eine Bürgergruppe, eine politische oder rassische Gruppe, oder einfach eine Anzahl Einzelpersonen, die eine Gruppe bilden.

Die *Vierte Dynamik* ist der Drang des Individuums, das höchste Überleben im Hinblick auf die Menschheit zu erreichen, und ist der Drang der Menschheit, als Menschheit zu überleben.

Die *Fünfte Dynamik* ist der Drang, als Lebensorganismus zu überleben, und umfaßt alle lebenden Organismen.

Die *Sechste Dynamik* ist der Drang, als Teil des physikalischen Universums zu überleben, und umfaßt das Überleben des physikalischen Universums.

Die *Siebte Dynamik* ist der Drang zum Überleben in einem geistigen Sinne.

Die *Achte Dynamik* ist der Drang zum Überleben als Teil oder Schutzbefohlener eines Höchsten Wesens. Die Ziffer Acht ergibt auf die Seite gelegt das Zeichen für Unendlichkeit. – *Dn*

Einzeller: Organismus, der aus einer einzigen Zelle besteht.

Elektronen: Materieteilchen mit negativer Ladung.

e

Emotion: Emotion könnte man als die Energie-Erscheinungsform von Affinität bezeichnen. Ihrer Verwendung in der Dianetik nach könnte man Emotion das Kennzeichen des jeweiligen Daseinszustandes nennen. – *Dn*

endokrin: in bezug auf Drüsen, die ihre Sekrete direkt ins Blut absondern.

Engramm: ein geistiges (mentales) Eindrucksbild, das eine Aufzeichnung einer Zeit von körperlichem Schmerz und Bewußtlosigkeit ist. Laut Definition muß es Aufprall oder Verletzung enthalten. – *Dn*

Entheta: bedeutet enturbuliertes Theta (Denken oder Leben); bezieht sich insbesondere auf Kommunikationen, die, da sie auf Lügen und Verwirrungen beruhen, verleumderisch, bösartig oder zerstörerisch sind in dem Versuch, eine Person oder Gruppe zu überwältigen oder zu unterdrücken. – *Dn*

Entität (nach engl. *entity*, von lat. *ens*, das Seiende): etwas, was wirklich und gesondert existiert, entweder in der Realität oder im geistigen Bereich. Z.B. Personen, Berge, Sprachen, Nationen, Abstraktionen, Idealbegriffe usw. sind verschiedene Entitäten. Etwas, das eine eigenständige Existenz besitzt. Diese Bedeutung in dianetischen Texten ist ans Englische angelehnt. (*Anm. d. Übers.*)

enturbulieren: etwas „turbulent" (wirbelnd, stürmisch, aufrührerisch) machen, verwirren, aufregen oder durcheinanderbringen. – *Dn*

esoterisch: nur für Eingeweihte bestimmt; geheim.

Ethik: Wie der Begriff Ethik jetzt in der Dianetik definiert werden kann, besteht Ethik eigentlich aus Vernunft im Hinblick auf die höchste Stufe des Überlebens für das Individuum, die zukünftigen Generationen, die Gruppe, die Menschheit und die anderen Dynamiken zusammengenommen. Ethik ist Vernunft. Die höchste Stufe an Ethik würde aus langfristigen Vorstellungen in Richtung Überleben für jede der Dynamiken bestehen, bei minimaler Zerstörung. (Siehe auch *Dynamiken*.) – *Dn*

Existenz: Leben, Dasein.

Explorer's Club: eine Vereinigung von Personen, die an der Forschung interessiert sind. Die Mitglieder werden nicht auf eigenen Antrag in den Club aufgenommen, sondern ehrenhalber berufen.

faschistisch: eine politische Bewegung, die eine absolute Diktatur anstrebt und durch strengste Zensur und Gewaltanwendung jede Opposition unterbindet.

Feuer: hier im Sinne von Lebenskraft.

Gegenwart: die Zeit, die jetzt ist und fast in dem Moment schon zur Vergangenheit wird, während man sie wahrnimmt. – *Dn*

Gerader Draht (engl. *Straightwire*): Der Begriff des „Geraden Drahts" und die Erinnerungsübungen, die so bezeichnet werden, entstanden aus der Formel von Ursache und Wirkung. Wir verstehen darunter den Akt, zwischen der Gegenwart und einem Geschehnis in der Vergangenheit einen „Draht" zu spannen, und zwar direkt und ohne jegliche Umwege. Mit anderen Worten, wir stellten uns vor, daß der Auditor einen geraden Draht der Erinnerung zwischen dem tatsächlichen Ursprung eines Zustands und der Gegenwart spannt, womit ein zeitlicher und räumlicher Unterschied zwischen dem damaligen und dem jetzigen Zustand aufgezeigt wird, und daß der Preclear, indem er sich diesen Unterschied eingesteht, den Zustand dann los würde oder zumindest damit fertig werden könnte. – *Dn*

k

Geschäftsplätze: Arbeitsstätten wie Fabriken, Büros und Orte, an denen Geschäfte getätigt werden (Börsen, Banken usw.).

Geschehnis: eine einfache oder komplexe Erfahrung, die durch das gleiche Thema, den gleichen Ort, die gleiche Wahrnehmung oder dieselben Leute verbunden ist und in einem kurzen und begrenzten Zeitraum stattfindet, z.B. Minuten, Stunden oder Tage; oder auch geistige Eindrucksbilder solcher Erfahrungen. – *Dn*

herausauditieren: auslöschen.

Herr mit der Sense: der Tod.

herunterdrücken: unsicherer, kleiner oder schwächer machen.

Hormone: vom Körper gebildete Wirkstoffe, die eine bestimmte Körperfunktion regulieren.

Humor: Humor ist Zurückweisung; die Fähigkeit, zurückzuweisen; die Fähigkeit, etwas wegzuwerfen. Das ist Humor. – *Dn*

Hypnose: ein mit Amnesie (Gedächtnisverlust) einhergehender Trancezustand, mit dem die Einpflanzung von Suggestionen bezweckt wird. – *Dn*

Illusion: idealisierte Vorstellung von der Wirklichkeit; Selbstbetrug.

immun: vor einer Krankheit geschützt.

Intrigen: hinterlistige Handlungen, Machenschaften.

irrational: nicht auf der Vernunft beruhend.

Kette: eine Reihe von Geschehnissen ähnlicher Art oder ähnlichen Themas. – *Dn*

klären: bedeutet, das Leben eines Menschen von allen körperlichen Schmerzen und schmerzlichen Emotionen zu befreien. – *Dn*

Ko-Auditieren: eine Abkürzung für kooperatives Auditieren. Damit ist ein Team von zwei beliebigen Menschen gemeint, die sich gegenseitig durch die Anwendung von Prozessing helfen, ein besseres Leben zu erreichen. (Siehe *Prozessing*.) – *Dn*

Kollektivismus: Anschauung, die mit Nachdruck den Vorrang des gesellschaftlichen Ganzen vor dem Individuum betont und letzterem jedes Eigenrecht abspricht.

kollektivistisch: im Sinne des Kollektivismus.

kommunistisch: den Kommunismus betreffend, eine politische Lehre, die eine Gesellschaft ohne Privateigentum und eine absolute Gleichstellung der Individuen zum Ziel hat.

Ladung: gespeicherte Energie oder gespeicherte wiedererschaffbare Energiepotentiale. Aberrierende, schädliche Energie, die sich in Engrammen befindet. – *Dn*

liberal: dazu geneigt, die Freiheit des Handelns und Entscheidens, vor allem in persönlichen Angelegenheiten, zu lieben und anderen zuzugestehen.

Lock: ein geistiges (mentales) Eindrucksbild eines Geschehnisses, in dem man wissentlich oder unwissentlich an ein Secondary oder Engramm erinnert wurde. Selbst enthält es weder einen Schlag noch eine Verbrennung oder einen Aufprall, und es stellt keine bedeutende Ursache von Mißemotion dar. Es enthält keine Bewußtlosigkeit. Es kann ein Gefühl von Schmerz oder Krankheit usw. enthalten, ist aber selbst nicht die Quelle dieses Gefühls. Beispiel: Man sieht einen Kuchen, und es wird einem übel. Dies ist ein Lock auf der Grundlage eines Engramms, in dem einem durch Kuchenessen übel wurde. Das Bild der Erfahrung, einen Kuchen zu sehen und Übelkeit zu verspüren, ist ein Lock zu dem (in diesem Augenblick unerkannten) Geschehnis, daß einem vom Kuchenessen übel wurde. Wenn man ein Lock findet, kann es wie jedes andere geistige Eindrucksbild im Prozessing behandelt werden. – *Dn*

Manie: Besessenheit; krankhafte Sucht.

Moral: die Grundregeln richtigen und falschen Verhaltens. – *Dn*

moralisch: bezogen auf oder bemüht um die Beurteilung von Gut und Schlecht im menschlichen Handeln und Charakter. – *Dn*

neurologisch: auf das Nervensystem bezogen.

Neurotiker: eine Person, die infolge ihrer Aberrationen hauptsächlich sich selbst schadet, aber nicht in solchem Maße, daß sie Selbstmord begehen würde. – *Dn*

nörgeln: kleinliche Einwände auf Grund ständiger Fehlersuche bei anderen vorbringen.

Persönlichkeit: Das Individuum, die Persönlichkeit, ist die Einheit, die sich des Bewußtseins bewußt ist, die Person selbst. – *Dn*

Philosophie: Lehre vom Ursprung und vom Zusammenhang der Dinge in der Welt.

physikalisches Universum: das Universum von Materie, Energie, Raum und Zeit. Es wäre das Universum der Planeten, ihrer Felsen, Flüsse und Ozeane, das Universum der Sterne und Galaxien, das Universum leuchtender Sonnen und der Zeit. In diesem Universum würden wir Theta (griech. für Denken oder Leben oder das geistige Wesen) nicht als einen eigentlichen Bestandteil einschließen, obschon Theta offensichtlich als Leben auf es einwirkt. – *Dn*

Physik: die Wissenschaft von den Eigenschaften und Wechselbeziehungen von Materie und Energie.

Physiologie: Lehre von den Lebensvorgängen.

positive Suggestion: eine Suggestion des Hypnotiseurs an den Hypnotisierten, mit welcher ausschließlich die Absicht verfolgt wird, allein durch die Einpflanzung der Suggestion einen veränderten geistigen Zustand oder eine veränderte Einstellung bei der Person hervorzurufen. Hier wird aus dem Verstand des Hypnotiseurs etwas in den Verstand des Hypnotisierten verpflanzt. Er soll es dann glauben und es als Teil seiner selbst auffassen. – *Dn*

postulieren: beschließen, entscheiden, ein Problem lösen, ein Schema für die Zukunft aufstellen oder ein Schema der Vergangenheit außer Kraft setzen. – *Dn*

potentiell: möglich, denkbar.

Preclear: jemand, bei dem dianetisches Prozessing begonnen worden ist; jemand, der durch Prozessing mehr über sich selbst und das Leben herausfindet. – *Dn*

Problem: Die Definition eines Problems ist *Absicht gegen Absicht* bzw. zwei oder mehr entgegengesetzte oder widerstreitende Ansichten zum gleichen Thema. – *Dn*

Promiskuität: geschlechtliche Beziehungen zu vielen Menschen.

Proportion: Größenverhältnis.

Protonen: Materieteilchen mit positiver Ladung.

Prozessing: das Prinzip, einen Menschen auf sein eigenes Dasein schauen zu lassen und seine Fähigkeit zu verbessern, den Tatsachen ins Auge zu sehen, was er ist und wo er ist. – *Dn*

pseudo-ethisch: vorgeblich sittlich einwandfrei.

psychosomatische Krankheiten: Leiden, die einen seelisch-geistigen Ursprung haben, sich jedoch organisch äußern. – *Dn*

Psychotherapie: Krankenbehandlung (bei Neurosen, psychischen Fehlleistungen usw.) durch seelische Beeinflussung.

reaktiv: irrational; reagierend statt agierend (handelnd). – *Dn*

Realität: ist Übereinstimmung. Real ist das, wovon wir uns einig sind, daß es real ist. – *Dn*

r **resignieren:** entsagen, verzichten; hier im Sinne von „mutlos werden".

restimulieren: wieder in Tätigkeit versetzen; Restimulation bezeichnet den Vorgang, daß eine Erinnerung durch ähnliche Umstände in der Gegenwart, die Umständen der Vergangenheit in etwa entsprechen, wieder aktiviert wird. – *Dn*

Rheuma: schmerzhafte Entzündung von Gelenken und Muskeln.

Sadismus: sexuelle Verirrung, bei der aus körperlichem Schmerz oder Erniedrigung eines anderen Lust bezogen wird.

Schilddrüse: Drüse im Halsbereich, die Wachstum und Stoffwechsel reguliert.

Schock: Jemand kann auf der Emotionsskala so steil, so abrupt und plötzlich hinuntergestoßen werden, daß es ihn sogar umbringen kann. – *Dn*

Scientology: eine angewandte religiöse Philosophie und Technologie, die Probleme des Geistes, des Lebens und des Denkens löst; sie wurde von L. Ron Hubbard als Folge seiner früheren Entdeckungen in der *Dianetik* entdeckt, entwickelt und aufgebaut. Das Wort kommt von lat. *scire*, wissen, und griech. *logos*, Wort, Lehre, und bedeutet also „Wissen wie man weiß" oder „die Lehre von der Weisheit". – *Dn*

Secondary: ein geistiges (mentales) Eindrucksbild eines Augenblicks schweren und schockierenden Verlustes oder drohenden Verlustes, das unangenehme Emotion enthält, wie z.B. Wut, Furcht, Gram, Apathie oder Todesstimmung. Es ist die Aufzeichnung einer Zeit schwerer geistiger Belastung in Form eines geistigen Bildes. Ein Secondary wird Secondary („Sekundärgeschehnis") genannt, weil es von einem früheren Engramm mit ähnlichen Daten, aber wirklichem Schmerz abhängig ist. (Mehrzahl: Secondaries.) – *Dn*

Sekretion: Absonderung.

Selbstbestimmung: die Fähigkeit, seine eigenen Handlungen zu lenken. – *Dn*

Sicherheit: der Zustand des Freiseins von Angst, Gefahr oder Zweifel.

Sinn: In der Dianetik wird der menschliche Geist bzw. Verstand als „Sinn" (oder englisch *Mind*) bezeichnet und als eine Art Computer verstanden, dessen Zweck darin besteht, Probleme in bezug auf Überleben aufzustellen und zu lösen und die Anstrengungen des Organismus gemäß diesen Lösungen zu lenken. Er ist ein Beobachter, Vorhersager und Erschaffer von Wissen und eine Speicherstelle für Wissen (Daten, Informationen, Erfahrungen). Der Sinn umfaßt die angesammelten Aufzeichnungen der Gedanken, Schlußfolgerungen, Entscheidungen, Beobachtungen und Wahrnehmungen einer Person aus ihrem gesamten Dasein. – *Dn*

stereoskopisch: einen dreidimensionalen Effekt vermittelnd.

sublimieren: läutern, verfeinern, ins Erhabene steigern.

Tanganjikasee: ein See in Zentralafrika, der längste Süßwassersee der Welt (724 km lang). Z

Theta: Vernunft, Gelassenheit, Stabilität, Glück, Heiterkeit, Beharrlichkeit sowie die anderen Faktoren, die der Mensch gemeinhin als wünschenswert erachtet. – *Dn*

Ton: Überlebenspotential; auch, der emotionelle Zustand eines Engramms oder der allgemeine Zustand eines Individuums (von engl. *tone*, Stimmung, Gemütsverfassung). – *Dn*

Tonskala: eine tabellarische Darstellung der Abwärtsspirale des Lebens, ausgehend von voller Lebenskraft und vollem Bewußtsein über halbe Lebenskraft und Halbbewußtsein bis hinunter zum Tod. – *Dn*

Trance: ein schlafähnlicher, halbbewußter Zustand, besonders in der Hypnose.

Valenz: Unter Valenz versteht man eine echte oder eine Schattenpersönlichkeit. Jemandes eigene Valenz ist seine tatsächliche Persönlichkeit. – *Dn*

veraltet: hier im Sinne von „unbrauchbar geworden".

vergessen: (engl. *forget*) leitet sich von dem germanischen Stamm *get* (erreichen, fassen) und der Vorsilbe *fer*, was die Umkehrung ins Gegenteil anzeigt, ab. Die Grundbedeutung von vergessen ist also „aus dem Besitz verlieren".

Vergnügen (engl. *pleasure*): In der Dianetik wird Vergnügen wie folgt definiert: Der Organismus, der auf das Überleben ausgerichtet ist, erzielt Vergnügen durch Handlungen, die das Überleben fördern, und indem er nach Zielen strebt, die dem Überleben förderlich sind. – *Dn*

Vernunft: die Fähigkeit, zu denken, Urteile abzugeben, Entschlüsse zu fassen.

Vitalität: Lebenskraft.

Voodoo: ein System von Glaubensauffassungen und Praktiken, das Hexerei, Magie und Beschwörungen enthält. Der Voodookult stammt aus Afrika und wird von einigen Negern auf den Westindischen Inseln und im Süden der USA noch immer betrieben.

Wahrnehmung: die Fähigkeit, etwas (als Sinneseindruck) aufzunehmen, es zu bemerken.

Wiederholender Gerader Draht (engl. *Repetitive Straightwire*): Geraden Draht zu einem Geschehnis so oft wiederholen, bis diesem die Intensität genommen ist. (Siehe *Gerader Draht*.) – *Dn*

Wissen: abgesicherte Überzeugung, überprüfbare Information und Erkenntnis.

Zeitspur (engl. *time track*): besteht aus allen aufeinanderfolgenden Augenblicken des „Jetzt", vom ersten Augenblick im Leben des Organismus an bis zur Gegenwart. – *Dn*

Z

Ziel des Lebens: Das Ziel des Lebens kann als unendliches Überleben betrachtet werden. Es läßt sich nachweisen, daß der Mensch als eine Lebensform in all seinen Handlungen und Absichten dem einen Befehl gehorcht: **Überlebe!** – *Dn*

Zuflucht: ein Ort des körperlichen oder seelischen Schutzes.

Zugrundegehen: der Punkt, der gekennzeichnet ist durch das, was man den Tod des Bewußtseins der Person nennen könnte. – *Dn*

zurückrufen: sich in der Gegenwart an etwas erinnern, was in der Vergangenheit geschehen ist. Es bedeutet nicht, es erneut zu erfahren, es wiederzuerleben oder nochmals zu durchlaufen. Sich etwas zurückzurufen bedeutet nicht, zu der Zeit zurückzugehen, als es geschah. Es bedeutet einfach, daß Sie in der Gegenwart sind und an etwas denken, sich an etwas erinnern, Ihre Aufmerksamkeit auf etwas richten, was in der Vergangenheit geschehen ist – und all das wird von der Gegenwart aus gemacht. – *Dn*

Z

Register

Aberration; *siehe auch* Verhalten
Ausmerzen von, 36
der aberrierte Berührungssinn, 108
eine der am meisten aberrierenden Handlungen, 132
Selbsttäuschung und, 206
Sprache und, 71
der Emotion, 112
Abkochen (Boil-off, Verdampfen), 79
Absperrung(en), abgesperrt, 73, 85, 100, 152
abgesperrte Zeitabschnitte, 85
Abwärtsspirale, 39
Abwertung, 219–220
Ähnlichkeit, ähnlich sein wollen, 210
Aktionen, Handlungen,
Ausmaß und Art, 52
Sprache und, 143
Wörter gegenüber, 71
Alter,
Erfahrung und, 18–19, 45–46
Jugend gegen, 16
Selbstanalyse und, 5
und Vernunft, 18
Angst, *siehe* Furcht
„Anpassungsthese", 139
Antagonismus, antagonistisch, 40, 160
Apathie, apathisch, 39, 52, 111, 112, 147, 160
Arthritis, 35, 36, 52
Arzt, 16
Atombombe, 10, 37
Atomphysik, 9
Auditor, 6, 67, 69
Augen, 93–94, 207
Aussagen, 56
außersinnliche Wahrnehmung, 72
Autofahrer, 94

Bakterien, 52
Bauchspeicheldrüse, 113
Beharrlichkeit, 56
Beherrschung, 219
Benommenheit, 79, 126
Berechnung(en), 44, 205, 213; *siehe auch* Denken
Berühren, Berührungssinn, 75, 107–108
Besitztum(tümer), 34, 58
Bestrafung, 140, 152
Bestrafungs-„Therapie", 140
Beweglichkeit, 72
Bewegung, 75, 93, 94, 129, 132
Bewußtlosigkeit; *siehe* Bewußtsein
Bewußtsein(s); *siehe auch* Wahrnehmung
Absinken des, 20
Bewußtlosigkeit, 21, 34–35
Definition des, 32
ist abhängig von, 36
Tod des, 17
Tonskala und, 43
Verringerung des, 35
Wiederherstellung des, 35, 37
Bild(er), 93
Boil-off, 79
Brille, 21
Bücher, 76

Charakteristika der Menschen, 40

Dasein(s),
das dynamische Prinzip des, 13
Haltung zum, 43
degradieren, 219
demokratisch, 53
Denken, 141, 205, 213, *siehe auch* Berechnung
Denkfähigkeit, 77
Dermatitis, 35
Diabetes; *siehe* Zuckerkrankheit
Dianetik, IX, 34, 35, 36, 46, 140
Dianetik: Die moderne Wissenschaft der geistigen Gesundheit, 67
Diät, 36
Ding; *siehe* Gegenstand, Objekt
Drohung, 57, 160–161
Druck, 107
Drüsen, 113
dynamische Prinzip des Daseins, das, 13

Ehepartner, 50
ehrlich, Ehrlichkeit, 16, 54
„eigene Bewegung", 75
Einkommen, 15

Einstellung (von Personal), 50
Einzeller, 23–24
Elektronen, 23
Elektroschock-„Therapie", 140
Elemente, die, 223
Eltern, 161
Emotion(en); *siehe auch* Tonskala
Aberration der, 112
die hauptsächlichen, 111
eingefrorene emotionale Reaktion, 113
Empfinden von, 113
endokrines System und, 112–113
fixierter emotioneller Zustand in bezug auf die Umgebung eines Menschen, 161
freie, 112–113
höchste und niedrigste, 112
miß-emotional, 112
Regulierung von, 160–161
Rückruf von, 74
Tonskala und, 52
Verschlechterung der emotionellen Reaktion, 160
emotional, 112–113
endokrine Krankheiten, 52
endokrines System, 112, 113
Engramm(e), 8, 69
Energie,
des Denkens, 141–142
Leben ist eine, 23
Lebensenergie, 9
Materie und, 23
Entheta, 55
Enthusiasmus, 46
Entitäten, 159–160
Entschlußkraft, 213
Entsetzen, 112
Erfahrung; *siehe auch* Geschehnis; Erinnerung
Alter und, 18, 19, 45–46
Enthusiasmus und, 46
Entschärfung unangenehmer, 76
Schmerz und, 19, 44–45
unter Schmerz verborgene, 44
Erfolg(spotential), 59
Erinnerung; *siehe auch* Erfahrung; Geschehnis; Rückruf
an Schmerz, 44
als schmerzhaft gedeutete, 152
unangenehmer die Intensität nehmen, 78
verbessern, 3, 76, 148
Wahrnehmung der, 73–74
Erkältung, 52
Erleichterung, gefühlsmäßige, 70
Erziehung, 49
Essen, Abneigung gegen, 108
essen (weigern zu), 30
Ethik, 159
Ethikniveau, 54
Euthanasie, 30, 140
Fähigkeiten, 10, 46
Farbe, 75, 94
farbenblind, 94
faschistisch, 30, 53
Fehlschläge, 31
Feigheit, 54
Feigling, 219
Feinde, 210
Fisch (fangen), 141
Fortpflanzung, 53
Fragen; *siehe* Selbstanalyse-Listen
Freund(en),
Feind gegen, 210
Ihr Wert als, 58
seiner selbst sein, 9, 47
Vergleich zwischen sich und seinen, 210
Freundschaft (Versagen von), 219
Furcht,
Tonskala und, 40, 52
überlebensfeindliche Objekte und, 160–161
Lampenfieber, 213
vor der Umwelt, 100
gähnen, 79
Gedächtnis verbessern, 3, 76, 148
Gedanken, 152
Gefängnisse, 32, 140
Gegenbeschuldigung, 219
Gegenstand (-stände),
aufgezwungene, 147
überlebensfeindliche und ihre Bewertung, 159–161
Verwirrung über, 159
Zwang zum Verlust von, 151–152
Gehirn, 27
Gehirnchirurgie, 140
Gehör, 99–100, 108
Gehorsam, 142
Geld, 31
„Gerader Draht", 69
„Gerader Draht, Wiederholender", 78
Geräusche, 74, 75, 99–101
Geruchssinn, 103
Geschehnisse(n); *siehe auch* Erfahrung; Erinnerung
allgemeine, 81
angenehme, 78
immer frühere, 76
Gram, 226
Rückruf von, 72–80
schmerzerfüllte, 71, 226
Übung im Zurückrufen von, 81
unangenehme, 78

Unbehagen beim Rückruf von, 225
unglücklich fühlen, 78
Unterschied erkennen, 100
Geschmackssinn, 103, 108
Geschwüre, 113
Gesellschaft, 30, 31
Gesichtspunkt, 207
Gestern, das, 44
Gesundheit,
wovon sie abhängt, 141
durch Handhabung des physikalischen Universums und der Umwelt, 139
Verringerung der, 35
Wiederherstellung der, 35
Gewalt,
körperliche, 142
Abrichtung durch, 140
Gewicht, 74
gewinnen, 45
Glitschigkeit, 107
Glück(lichsein), Unglück,
Definition von, 26
die höchste Emotion ist, 112
Entladung unglücklicher Umstände, 70
Liebe und, 112
Selbstanalyse und, 5
Überlebens-Entität und, 160
unwohl fühlen während der Selbstanalyse, 77
Wiederherstellung von, 32
Gram, 39, 52, 160, 226
Größe, 96–97
gut, der Mensch ist im Grunde, 48
guter Wille, 32
Haltung (zum Dasein), 43
heiter, 139
Herz, 36–37
Heute, das, 44
Hitler, 30, 31
Hormone, 113
Hubbards Tabelle der Einstufung des Menschen, 49–60
Hypnotisierbarkeit, 57
Ideale, 14, 16, 159
Ideen, 55
Impotenz, 53, 108
Interesse, 52
Irrenhäuser, 32, 140
Jugend, 16, 18–19
Kalender, 91
kaltblütig, 113
Kälte (Temperatur), 107
Kind, Kinder(n),
Beunruhigung gegenüber den Eltern, 162
einen Gegenstand erbitten, 152
Einstellung gegenüber, 53
Erziehung, 152
etwas „in Ruhe lassen müssen", 152
Gefühl der Kleinheit, 96
gründliches Vergessen von Objekten, 151, 152
Herunterdrücken von, 31
Prügel, 152
Schlagen von, 132
Sprache und, 71, 147
Tonskala und, 40–41
Unterbrechung von Handlungen, 213
Vergessen und, 151
Kindheit (Erinnerung an die), 76
Kino, 76
Klang, 75, 100
Klatsch, 31, 55
Kleidung, 31
klein fühlen (sich), 96
Knie (Arthritis im), 36
kollektivistischer Staat, 15, 18
Kommunikation, 55, 107
kommunistisch, 53
Konservatismus, 45
kontrollieren, Kontrolle, 53, 219
Kontrollfall, 113
Konversation, 55
Konzentration, 56
Körper; *siehe* menschlicher Körper
Körperflüssigkeit, 36
körperliche Gewalt, 142
körperliche Verfassung, 31
korperliches Wohlbefinden, 77, 85
Kraft,
Anwendung von, 142
Worte gegenüber, 142
Krankheit; *siehe* psychosomatisch krank
Krieg, 32
Kritik, 31, 57, 219
Kummer, 226
Kunst, 112
Ladung, 71
Lampenfieber, 213
Langeweile, 40, 52
Lautstärke, 74
Leben(s); *siehe auch* Tod; Energie; Überleben
Aufgabe der Energie des, 139
Beginn des Versagens, 139
Darstellung der Abwärtsspirale des, 39
das fundamentale Gesetz des, 10

der grundlegende Drang des, 24
der grundlegende Zweck des, 70
der Grundtrieb des, 159
ist eine Energie, 23
Lebensenergie, 9
Lebensformen, 24–25
Lebenskampf, 159
Lebenskraft, 32
Lebenswille, 19
Materie, Energie, Raum und Zeit zum, 71
nur der physische Organismus stirbt, 29
Schmerz und Vergnügen im, 25–26
wechselseitige Abhängigkeit, 28
Ziel des, 10
und Überleben, 24

Leichtes Prozessing, 67
Leistungsfähigkeit, 32
liberal, 53
Lichtwellen, 93
Liebe, 14, 16, 112
Liste für das Sitzungsende, 77, 229
Listen; *siehe* Selbstanalyse-Listen
Locks, 70
luftleerer Raum, 99
Lügen, 54, 55, 57

Materie, 23
materielles Universum; *siehe* physikalisches Universum
Medikamente, 36
medizinischer Bereich, 52
Mensch(en),
Beginn des geistigen Abbaus, 139
das Wetter gegen den, 223
die Wirkung von Schmerz auf den, 48
im Grunde gut, 48
Meisterung der Umwelt, 139
Schatten für Wirklichkeit halten, 141
seine stärkste Waffe, 17
sein tatsächlicher gegen seinen scheinbaren Wert, 53
Verlust eines geliebten Menschen, 34
Vernunft und, 18
warum er Erfolg hat, 139
menschlicher(n) Körper(s); *siehe auch* Organismus
Abbau des, 139
Berührungssinn, 107–108
im Rückruf außerhalb des Körpers oder in ihm, 207
Körperflüssigkeit, 36
Rückruf der Stellung des, 74, 135
Selbstwiederherstellung des, 35
Tod des, 25
Verwirrung über andere Körper, 207
Zusammensetzung des, 25
menschliche Versuchskaninchen, 140
Messer, 159
Miß-Emotionalität, 113
Mißtrauen gegen Bewegung, 132
Mörder, 53
Musik, 112–113
Mutniveau, 54

Nation, 50
nervös, Nervosität, 99
neurologische Krankheit, 52
Neurotiker, 30

Objekte(n),
erzwungener Verlust von, 151
Wegnahme von, 151
Organempfindung, 126
Organismus; *siehe auch* menschlicher Körper
Beweglichkeit des, 72
gewaltsames Abrichten, 140
Tod des, 18, 29–30
Überleben des, 26

Partner (Wahl), 50
persischer König, 11, 13
Persönlichkeit, 207
Perversion, 53
Pferdetrainer, 140
Phantasie, 205–206
Philosophie, 13
physikalisches Universum,
Abschneiden der Kommunikation mit, 107
Fähigkeit, es zu handhaben, 139–142
Leben gegen, 24
Vertrauen in, 44
Wahl, es zu akzeptieren, 148
Zusammensetzung, Aufbau, 23, 71
Physiologie, 52
„positive Suggestion“, 57
Promiskuität, 53
Protonen, 23
Prozessing-Abschnitt, 69–80
Prozessing, Standard-, 139
Prügel, 152
psychosomatisch(e) krank, Krankheit(en),
andauernd, 30, 35
aufgespeicherte Schmerzen und, 35
Geister der, 79
Selbstanalyse und, 5
Tonskala-Position und, 52
Psychotherapie, 35
Pyramide, 13

rational, 112
Raum, 129
Reaktionszeit, 4
Realität, Wirklichkeit, 55, 141; *siehe auch* Übereinstimmung
Reibung, 107

Restimulierung, 79, 96
Rheuma, 35
Riechen, 75, 103
Rhythmus, 100
Rückruf(s),
ohne Tiefenwahrnehmung, 94
Schwerfallen des, 77
Schwierigkeit beim Kontakt mit Wahrnehmungen, 207
Stoßen auf Geschehnisse mit körperlichem Schmerz und Gram beim, 226
Übung des, 81
Unbehagen beim Rückruf von Geschehnissen, 225
von angenehmen Geschehnissen, 78
von Bewegung, 129, 132
von farbigen oder schwarz-weißen Bildern, 94
von Geschehnissen, 69–80
von Geräusch, 100–101
von körperlichem Schmerz, 225
von Kummer, 226
von stehenden oder sich bewegenden Bildern, 93
von unangenehmen Erinnerungen, 78
Russell, Charles, 5

Sadismus, 53
Schallwellen, 72
Schatten, 141
Scheibe,
Benutzung der, 65–66, 72–74
Verlust der, 78
Wahrnehmungen und, 72–76
Schilddrüse, 113
Schläfrigkeit, 79
Schläge, 34, 132
Schlußfolgerungen, 44
Schmerz; *siehe auch* Tod; Verlust
aus dem Sinn treiben, 19 20, 46
auslöschen, 19, 35–36
beim Prozessing, 79, 225–226
Berührungssinn und, 107–108
Definition von, 33
Erfahrung und, 19, 44, 45, 46
gespeichert im Sinn, 34–35
als schmerzhaft mißdeutete Erinnerungen, 34, 152
Tod und, 21, 26, 33, 159
Vergnügen gegenüber, 25–26
Verlust und, 33
Vermeiden der Erinnerung an, 44
Wirkung auf den Menschen, 44–46
schmerzerfüllte Geschehnisse, 71
Schmerzspeicherbank, 36
Schopf (am eigenen, herausziehen), 49
schwarz-weiß (sehen), 94
Secondaries, 69
seelischer Schmerz, 34
Sehen, 75, 93–95
Sehkraft, 108
selbst (man), 207, 210
Selbstanalyse,
äußerst unglücklich bei der, 77
Handhabung und Funktion, 69–80
Listen, Anwendung, 3, 69–80
und psychosomatische Krankheiten, 5
unwohl fühlen beim Rückruf, 225–226
verkürzt die Reaktionszeit, 4
Selbstanalyse-Listen,
eine Liste viele Male durchgehen, 77
Handhabung und Funktion der, 69–80
Liste für das Sitzungsende, 229
Spezielle Sitzungslisten, 225–230
„Wenn Sie sich unwohl fühlen", 77, 225
„Selbst-Auditing", 67
Selbstbestimmung, 142, 147, 213
Selbstmörder, 30, 37, 53
selbstsüchtige Personen, 30
Selbsttäuschung, 206
Sex, sexuelles Verhalten, 53, 108
Sinn,
Schmerz austreiben aus dem, 46
Schmerz und Bewußtlosigkeit gespeichert im, 34
seine Funktion, 26–27
Sinne, Orientierung der, 91
Sonik, 101
sozialistisches Land, 15
„soziale Schulung", 140
Spezielle Sitzungslisten, 225–230
Sportler, 4
Sprache,
Aberration und, 71
Ableitung der, 143
Handlung und, 143
Illusion der, 142
Kinder und, 147
Ströme von Worten, 142
als Symbol verstanden, 143
Trick der, 143
um vieles nützlicher, 143
Sprechen, 55, 213
stabil (geistig), 139
stereoskopisch, 94, 101
Stimmung (chronische), 43
Stimmungslage, 5;
siehe auch Tonstufe; Tonskala
Stolz, 219
Symbole, 71, 143

Tagträume, 205
Tanganjikasee, 141
Tapferkeit, 54
Tastsinn (Berührungssinn), 107–108
Taubheit, 100
taubstumm, Taubstummer, 147, 151
Test, Erster, 61
Test, Dritter, 64

Test, Zweiter, 63
Tiefenwahrnehmung, 94, 101
Tiefes Prozessing, 67
Tiere, 17
Tod; *siehe auch* Leben; Schmerz; Überleben
Bewußtlosigkeit und, 21, 34
der Vernunft, 18
des Organismus, 18, 29–30
die halbe Strecke auf dem Weg zum, 30
durch zu viele Fehlschläge, 31
nur der physische Organismus stirbt, 29
Schmerz und, 26, 33–35, 159
suchen, 35
Tonhöhe, 100
Tonskala; *siehe auch* Emotion
Ableitungen der, 152
Bewußtsein und, 43
chronischer oder akuter Aspekt, 41–42, 43, 49
Diagramme zur, 52–59
Emotionen und, 111-112
Erziehungseinflüsse und Position auf der, 49
hinauf- oder hinuntergehen, 40–41, 44–47, 160
Schmerz als Verursacher des Absteigens auf der, 44
Umwelteinflüsse und Position auf der, 49, 50
Verhalten und, 42
was sie ist und bewirkt, 39–40
wie man sich selbst auf ihr findet, 42, 61–62
Zustand ganz oben auf der, 43, 47, 48
Tonstufe, 50
„Töten aus Barmherzigkeit", 30
Träume, 16
Traurigkeit, 112
Trennungen, 210

Übereinstimmung, 55; *siehe auch* Realität
Überfluß, 14, 159
Überleben(s); *siehe auch* Tod; Leben; Vergnügen
anderer Organismen, 28
äußerstes, 159
das dynamische Prinzip des Daseins ist, 13
das vitale Streben nach, 35
der grundlegende Zweck des Lebens, 70
der Grundtrieb des Lebens ist, 159
Durcheinanderbringen von Überlebens- und Nichtüberlebens-Entitäten, 159
Einkommen und, 14–15
Emotion und, 160
-Faktoren, 159
Gesellschaft und, 30
hohe Ideale und Ethik steigern das, 159
auf einer genau abgestuften Skala, 16
Jugend gegen Alter, 16
Leben und, 24
Nichtüberleben, 26
Nichtüberlebens-Entitäten, 159
Überfluß als Garantie für, 14
Unsterblichkeit, 26
Vergnügen und, 159
Verlust von Überlebenspotential, 34
von Verbrechern, 16
Überlebenspotential, 50, 59, 71
Uhr, 91
Umwelt, Umgebung; *siehe auch* physikalisches Universum
Anpassung der, 139–140
Angst vor der, 100
der größte Widersacher des Menschen in seiner, 223
Durcheinanderbringen von Zeit und, 36
-Einfluß auf die Tonskala-Position, 50
fixierter emotioneller Zustand in bezug auf die, 161
Herrschaft über die, 53
Meisterung der, 139
niedrige Tonstufe und, 49–50
sich anpassen an die, 139–140
verändern, 17, 139–140
Verhältnis zur gegenwärtigen, 77
Wiederherstellung der Fähigkeit zum Erkennen der, 47
Wiederherstellung des Zutrauens in seine, 108
Unehrlichkeit, 54
Unempfindlichkeit, 107
Unfälle, 4
Unfallkandidaten, 30, 52
unglücklich; *siehe* glücklich
unglückliche Umstände, deren Entladung, 70
Unmut, 52
Unsicherheit, 55
Unsterblichkeit, 26, 159
Unterbrechungen, 213
Unterdrückung, 80
Unterfunktion der Schilddrüse, 113
unterjochen, 139–140
Unternehmen (Firma), 50
Unterstützung, 57, 219
Unterwürfigkeit, 219
unwohl fühlen, 77
Unzulänglichkeit, 96

Valenz(en), XI, 207, 210
Veränderung, 92
Verantwortung, Verantwortlichkeit, 32, 43, 56
Verbindungen, 210
Verbrecher, -typen, 16, 30, 31, 54, 140
verbünden (mit anderen Organismen), Verbündete, 25, 161
Vergessen, 76, 151–152
Vergewaltigung, 53
Vergnügen; *siehe auch* Überleben
Berühren und, 108
Definition von, 26
Fähigkeit, Vergnügen zu erleben, 57
Schmerz gegen, 26

Überleben und, 26, 159
erleben, 57
Verhalten; *siehe auch* Aberration
fixiertes, 42
Grundgesetze des, 10
momentanes, 42
Physiologie und, 42, 52
sexuelles Verhalten, 53
Tonskala und, 42
Verhaltensweisen, 39
Verlust; *siehe auch* Schmerz
Aufgabe von Objekten, 152
eines geliebten Menschen, 34
erzwungener, 151
Gewinnen und, 45
Gram und, 39
Konzentration auf, 45
Schmerz und, 33
Tonskala und, 39–40
von Besitztum, 34
von Überlebenspotential, 34
von Zellen, 33, 152
Wegnahme von Objekten, 151
Vernunft, 17–18, 53
Verstehen, 59
Vertrauen, Zutrauen, 44, 108, 141
Verwirrung, 159, 207
vital, Vitalität, 19, 35
Voodoo, 36
Vorsicht, 45

Wahrheit, 54
Wahrnehmung(en),
der Welt, 20–21
Orientierung der Sinne, 91
Phantasie und, 206
physikalisches Universum und, 72–73
Scheibe und, 65–66, 72–73
schwieriger Kontakt beim Rückruf, 207
Valenzen und, 207
Verbesserung der, 76
von Bewegung, 132
von Erinnerungen, 73
von Farbe, 94
Wärme, 107
Welt, 20–21, 32
„Wenn Sie sich unwohl fühlen", 77
Wert, 53
Wetter, 223
Wiederherstellung, 35, 108
Wirklichkeit; *siehe* Realität
Wissen, 13, 147
Wissenschaft, 13
Wissenschaft des Überlebens, Die (Science of Survival), 49, 50, 80
Wohlfahrtsstaat, 139
Worte, Wörter, 71, 142
Wörtlichkeit, 56
wütend, Wut, 40, 52, 160

Zeit,
Durcheinanderbringen der, 36
Erkennen des Unterschieds zwischen einer und einer anderen, 100
Förderung des Sinns für, 85, 91
und Umgebung, 36
Zeitorientierung, 85
„Zeitspur", 85
Zeitungen, 31
Zellen, Verlust von, 33, 152
Zentralnervensystem, 108, 112, 126
Ziel(e),
begehrenswertes, 26
des Lebens, 10
Ihre eigenen, 10
in der Zukunft, 205
Langeweile und, 40, 41
Tonskala und, 39–40
Überlebensziel, 26
Zuckerkrankheit, 113
Zugrundegehen, 14, 17
Zuhören, 55
Zukunftsziele, 205
Zuneigung und Abneigung, 58
zurückrufen; *siehe* Rückruf
Zusammenarbeit mit anderen, 29
Zwang,
aufgezwungene Gegenstände, 147
erzwungener Verlust, 151

Bibliographie

In Deutsch erhältlich:

Dianetik: Die ursprüngliche These

Ein Lehrwerk, das L. Ron Hubbard Anfang 1948 abschloß, in dem er die grundlegenden Antriebe des menschlichen Verhaltens beschrieb und fachlichen Kreisen die Lösung für geistige Aberration und psychosomatische Krankheit zeigte. Es ist ein faszinierendes Werk, dessen wichtigster Punkt aber wohl Rons erste und vielleicht einfachste Darstellung jener zeitlosen Wahrheiten ist, die die menschliche Unwissenheit vertreiben.

Dianetik: Die Entwicklung einer Wissenschaft

Ist der Mensch, wie die meisten Psychologen meinen, ein primitives Tier, dessen wilde Urnatur nur durch strenge soziale Zwänge im Zaum gehalten wird? Oder ist sein Grundwesen gut, kreativ und konstruktiv? Die Antwort wurde gesucht und gefunden! Verfolgen Sie mit diesem Buch den Weg, den Ron ging, als er die *Dianetik*, eine Technologie zur Befreiung des geistigen Wesens, entwickelte.

Dianetik: Die moderne Wissenschaft der geistigen Gesundheit

Nachdem es im Mai 1950 veröffentlicht wurde, eroberte sich dieses Buch die Spitze der Bestsellerlisten in den Vereinigten Staaten und blieb dort Woche für Woche und Monat für Monat, und es blieb seither ein Bestseller von internationaler Bedeutung. Eine Leserzuschrift an die New York Times ist typisch für die Aufnahme, die die Dianetik in der ganzen Welt fand: „... Wie bei allen großen Büchern, so ist auch die Wirkung von *Dianetik* weltverändernd. Die Geschichte wird zum Wettrennen zwischen der

Dianetik und der Katastrophe. Die Dianetik wird siegen, wenn sich nur genügend Menschen rechtzeitig die Mühe geben, sie zu verstehen."

Kinder-Dianetik

Haben Sie es aufgegeben, mit Kindern zurechtkommen zu wollen? Eltern, die *Kinder-Dianetik* lesen und ihre Kinder die einfachen Übungen machen lassen, werden feststellen, daß man etwas tun kann!

Die Wissenschaft des Überlebens

Dieses Buch ist auf einer bemerkenswerten Tabelle aufgebaut: Hubbards Tabelle der Einstufung des Menschen. Mit ihr sind Sie in der Lage, das menschliche Verhalten vorauszusagen. Jetzt können Sie *wissen,* was mit einem Menschen los ist, und wie Sie vorgehen müssen, um ihm zu helfen. Dieses Buch bietet die Möglichkeit, menschliche Emotionen und Reaktionen wirklich zu verstehen und einzuschätzen.

Dianetik 55!

In diesem Buch befaßt sich L. Ron Hubbard mit den Problemen und fundamentalen Prinzipien der Kommunikation zwischen Mensch und Mensch und zwischen dem Menschen und seiner Umwelt.

Das grundlegende Dianetik-Bilderbuch

Ein visuelles Hilfsmittel, das ein schnelleres Verständnis und weitere Verbreitung der Grundzüge der Dianetik und des Dianetik-Prozessings ermöglicht.

Nur in Englisch erhältlich:

Dianetics Today

In diesem Buch, das 1975 herauskam, beschreibt L. Ron Hubbard die Entwicklung, die die Dianetik in den 25 Jahren nach dem Erscheinen von *Dianetics: The Modern Science of Mental Health* erlebte.

Research and Discovery Series – Volume 1

Die Archive enthalten Bänder mit Vorlesungen, die einen Umfang von rund 25 Millionen Wörtern haben und den Pfad der Erkenntnisse L. Ron Hubbards aufzeigen. Diese Bänder enthalten nicht nur einfache Vorträge, sie sind der **einzige** Beleg für alle Anstrengungen, die unternommen wurden, um den menschlichen Geist erfassen und befreien zu können.

Band 1 dieser Forschungen- und Erkenntnisse-Serie beginnt mit dem fortlaufenden Bericht über die Forschungen auf dem Gebiet des Geistes und des Lebens. Er enthält in Niederschrift die aufgezeichneten Vorträge, die L. Ron Hubbard zwischen dem 10. und dem 29. Juni 1950 hielt: insgesamt 27. Dieser Band ist umfangreich und wunderschön, er bietet auf 832 Seiten einen unglaublichen Datenreichtum über die Dianetik-Technologie und enthält außerdem Vorführungen tatsächlicher Prozessing-Sitzungen mit ihrem gesamten Ablauf.

Research and Discovery Series – Volume 2

Dieser 2. Band umfaßt 600 Seiten und enthält die zwischen dem 1. Juli und dem 4. August 1950 aufgezeichneten Vorträge L. Ron Hubbards. Diese Vorträge wurden vor Studenten im Dianetik-Ausbildungskurs in Elizabeth, New Jersey, gehalten. Sie erläutern die Techniken der Dianetik und die Mechanismen des Geistes noch genauer.

Research and Discovery Series – Volume 3

Der 3. Band umfaßt mit 480 Seiten die Vorträge vom 10. August bis zum 7. September 1950. Diese Vorträge wurden im Ausbildungskurs von Los Angeles gehalten und erweitern das Material von *Dianetics: The Modern Science of Mental Health* (*Dianetik: Die moderne Wissenschaft der geistigen Gesundheit*).

Die Forschungen- und Erkenntnisse-Serie ist ein Muß für aktive Dianetik-Auditoren.

Notes on the Lectures

Dieses Buch erklärt anhand der 1950 in Los Angeles und Oakland gehaltenen Vorträge die Beziehung zwischen dem physikalischen Universum und dem Universum des Denkens. Zwei verschiedene Welten. Wenn Sie mehr über die Menschen wissen möchten und warum sie sind, was sie sind, dann studieren Sie dieses Buch.

Handbook for Preclears

Ron schrieb es 1951, um der Nachfrage nach einem persönlichen Arbeitsbuch entgegenzukommen. Ein Text, der für jeden leicht zu erfassen ist und einfache Schritte enthält, durch die man seine Lebensbedingungen positiv verändert. Das Buch ist sowohl zur Selbsthilfe konzipiert als auch zum Gebrauch für geschulte Auditoren und intelligente Laien.

Beginnen Sie das aufregendste Abenteuer Ihres Lebens – die Entdeckung des *Selbst*

Dieses Buch kann Ihnen helfen, den großen Sieger in sich selbst zu entdecken, indem Sie die Dianetik-Technik zur Befreiung des geistigen Wesens anwenden.

Die dynamischen Kräfte des Lebens von L. Ron Hubbard ist das erste Mauskript der Dianetik, das einige Jahre vor dem Erscheinen des Multimillionen-Bestsellers *Dianetik: Der Leitfaden für den menschlichen Verstand* entstand. Dieses Manuskript enthält die Ergebnisse jahrelanger Versuche mit den Dianetik-Techniken: zum ersten Mal beschrieb Hubbard seine Erkenntnisse und Durchbrüche.

Die dynamischen Kräfte des Lebens ist L. Ron Hubbards gestraffte Einführung in das Thema *Dianetik*. Sie läßt Sie den Aufbau des menschlichen Geistes entdecken, und Sie werden verstehen, weshalb andere Menschen nun gerade *so* reagieren. Hier lernen Sie den Ursprung unerwünschter Gefühle, von Depressionen, Furcht und Schmerz kennen, sowie die Methode, um solche Beschwerden zu beseitigen.

Vor allem aber werden Sie herausfinden, wie Sie Ihre natürlichen Fähigkeiten entwickeln können, so daß Sie Ihre eigenen, persönlichen Ziele erreichen.

Die dynamischen Kräfte des Lebens.
Gebunden, 230 Seiten.

Eine positive Einstellung zum Leben haben!

254 Das Buch *Dianetik: Der Leitfaden für den menschlichen Verstand* ist eine Entdeckungsreise in den menschlichen Geist, in jenes weite und bisher unbekannte Land, das einen Zentimenter hinter unserer Stirn beginnt.

Die Entdeckungen und Entwicklungen, die die Formulierung der Dianetik ermöglichten, nahmen viele Jahre exakter Forschung und sorgfältiger Erprobung in Anspruch. Sie können nun sicher in Ihren eigenen Geist reisen, um dort Ihr volles, ursprünglich vorhandenes Potential wiederzugewinnen. Wir wissen jetzt, daß dieses Potential nicht gering, sondern sehr, sehr groß ist.

Bereits von Hunderttausenden wurde die Dianetik erfolgreich angewandt. Diese Ergebnisse beweisen, daß sie die wirksamste Therapie für den Geist ist, die es heute auf der Welt gibt.

Unternehmen Sie die Reise in Ihren eigenen Geist – lesen Sie dieses Buch!

Dianetik: Der Leitfaden für den menschlichen Verstand
Gebunden oder als Taschenbuch erhältlich.

Wie sehen die *wahren* Fähigkeiten des Geistes aus?

Wie können wir dieses Potential erschließen?

Albert Einstein stellte einmal fest, daß der Mensch nur fünf bis zehn Prozent seiner geistigen Fähigkeiten nutzt. Die volle Kapazität des Geistes wurde nie gemessen.

Sie können nun lernen, wie Sie durch die Dianetik, eine Technologie zur Befreiung des geistigen Wesens, Ihre volle angeborene geistige Leistungsfähigkeit entdecken können.

In *Dianetik: Die Entwicklung einer Wissenschaft* nimmt L. Ron Hubbard Sie mit auf ein erregendes Abenteuer – die Entdeckung Ihres Selbst.

Erforschen Sie zusammen mit L. Ron Hubbard die wirklichen, verblüffenden Fähigkeiten des menschlichen Geistes. Und entdecken Sie die Blockierungen und Hindernisse des Geistes, die verhindern, daß seine Fähigkeiten zum Einsatz kommen.

Finden Sie vor allem heraus, wie Sie die Durchbrüche der Dianetik einsetzen können, um Ihre eigenen, wahren Fähigkeiten zu entdecken und den großen, zuversichtlichen Sieger zu befreien, der in Ihnen steckt.

Dianetik: Die Entwicklung einer Wissenschaft.
Gebunden, 139 Seiten.

Jetzt können Sie *wissen*, was mit einem Menschen los ist, und wie Sie vorgehen müssen, um ihm zu helfen.

Grundlage des Buches *Die Wissenschaft des Überlebens* ist eine bemerkenswerte Tabelle: Hubbards Tabelle der Einstufung des Menschen.

Kapitel für Kapitel, Punkt für Punkt werden Buch und Tabelle zusammen Sie zu einem neuen und tieferen Verständnis der Menschen in Ihrer Umgebung hinführen.

Wie werden Sie mit jemandem fertig, der wütend auf Sie ist? Oder traurig ist? Oder gelangweilt? Die Antworten darauf finden Sie in diesem Buch!

Die Wissenschaft des Überlebens ist vollgepackt mit äußerst wichtigen, praktischen Informationen, die Ihnen dabei helfen werden, mit Ihren Freunden, Kollegen, Familienangehörigen, Angestellten oder Vorgesetzten erfolgreich umzugehen.

Hier erfahren Sie, wie Sie *im voraus* wissen können, wie ein bestimmter Mensch in einer gegebenen Situation reagieren wird.

Die Wissenschaft des Überlebens. 600 Seiten, Leinen; ISBN 87-7336-229-8.

Bestellen Sie diese Bücher bei Ihrer Buchhandlung.

Falls dort nicht erhältlich, bestellen Sie
direkt beim Verlag

NEW ERA Publications
Deutschland GmbH
Otto Hahn-Straße 25
6072 Dreieich 1

oder bei einer der am Ende dieses Buches
aufgeführten Adressen.

Adressenliste

Wie Sie einen Dianetik-Auditor finden

Bei jedem der folgenden *Dianetik*-Zentren können Sie mit einem erfahrenen, geschulten Dianetik-Auditor Kontakt aufnehmen.

Wenn Sie mehr Informationen über die Dianetik haben möchten oder erfahren möchten, wie Sie anderen Menschen mit Dianetik-Prozessing helfen können, nehmen Sie Kontakt mit dem nächstgelegenen Dianetik-Zentrum aus der nachfolgenden Liste auf.

Organisationen im deutschen Sprachraum

BUNDESREPUBLIK DEUTSCHLAND

Dianetik®-Informationszentrum
Hermannstraße 11
8900 Augsburg

Dianetik-Informationszentrum
Am Hohlebrunnen 3
6380 Bad Homburg

Dianetik-Informationszentrum
Ringstraße 14
2407 Bad Schwartau

Dianetik-Informationszentrum
Sponholzstraße 51-52
1000 Berlin 41

Dianetik-Informationszentrum
Wegesende 3-4
2800 Bremen 1

Dianetik-Informationszentrum
Ernst-Ludwigstraße 22
6100 Darmstadt

Dianetik-Informationszentrum
Friedrich-Str. 28
4000 Düsseldorf 1

Celebrity Centre Düsseldorf
Grupellostr. 28
4000 Düsseldorf

Dianetik-Informationszentrum
Sulzgrieser-Steige 20
7300 Esslingen

Dianetik-Informationszentrum
Darmstädter Landstr. 119-125
6000 Frankfurt/Main 70

Dianetik-Informationszentrum
Turmstraße 6
7800 Freiburg

Dianetik-Informationszentrum
Geislingerstraße 21
7320 Göppingen

Dianetik-Informationszentrum
Steindamm 63
2000 Hamburg 1

Celebrity Centre Hamburg
Mönckebergstr. 5/IV
2000 Hamburg 1

Dianetik-Informationszentrum
Martinistraße 13
2000 Hamburg 20

Dianetik-Informationszentrum
Rothenbaum-Chaussee 15/II
2000 Hamburg 13

Dianetik-Informationszentrum
Hubertusstraße 2
3000 Hannover 1

Dianetik-Informationszentrum,
Gymnasiumstraße 28
7100 Heilbronn

Dianetik-Informationszentrum
Kaiserstraße 163
7500 Karlsruhe

Dianetik-Informations-
zentrum
Kaiser-Allee 36
7500 Karlsruhe

Dianetik-Informations-
zentrum
Bergstraße 5
2300 Kiel

Dianetik-Informations-
zentrum
Beichstraße 12
8000 München 40

Celebrity Centre
München
Hirschgartenallee 16a
8000 München 19

Dianetik-Informations-
zentrum
Nymphenburgerstraße 186
8000 München 19

Dianetik-Informations-
zentrum
Pfannenschmiedsgasse 1-3
8500 Nürnberg

Dianetik-Informations-
zentrum
Heinestraße 9
7410 Reutlingen

Dianetik-Informations-
zentrum
Friedrich Ebert-Straße 15/153
7032 Sindelfingen

Dianetik-Informations-
zentrum
Hirschstraße 27
7000 Stuttgart

Dianetik-Informations-
zentrum
Hirschstraße 19
7900 Ulm

Dianetik-Informations-
zentrum
Kaiser Friedrich-Ring 70
6200 Wiesbaden

Dianetik-Beratungs-
zentrum
Bismarckstraße 164
2940 Wilhelmshaven

Dianetik-Informations-
zentrum
Spiegelstraße 11
8700 Würzburg

DDR

Dianetik-Zentrum
Massowerstraße 13
1136 Berlin (Ost)

SCHWEIZ

Dianetik-Informations-
zentrum
Herrengrabenweg 56
4054 Basel

Dianetik-Informations-
zentrum
Schulhausgasse 12
3113 Rubingen, Bern

Dianetik-Informations-
zentrum
Haldenstraße 37
6006 Luzern

Dianetik-Informations-
zentrum
Sentimattstrasse 7
Postfach
6000 Luzern 11

Centres de Dianetique
Rue d'Italie 21
1800 Vevey

Dianetik-Informations-
zentrum
Regensbergstraße 89
8050 Zürich

Dianetik-Beratung
Badenerstrasse 294
8004 Zürich

Centres *Hubbard®* de Dianétique de Genève
9 Route de Saint-Julien
1227 Carouge, Genève

Centres *Hubbard* de Dianétique
10, rue de la Madeleine
1003 Lausanne

ÖSTERREICH

Dianetik-Informations-zentrum
Franz-Josef-Straße 20 A
5020 Salzburg

Dianetik-Informations-zentrum
Schottenfeldgasse 13-15
1070 Wien

Celebrity Centre Wien
Senefeldergasse 11/5
1100 Wien

Organisationen im übrigen europäischen Sprachraum

BELGIEN

45/a, rue de L'Écuyer
1000 Bruxelles

DÄNEMARK

Advanced Organization AOSH EU & AF
Jernbanegade 6
1608 København V

Vesterbrogade 66
1620 København V

Store Kongensgade 55
1264 København K

Guldsmedgade 17, 2
8000 Århus C

FINLAND

Dianetiikk kakeskus
Harakantie 22
02600 Espoo

Hämeentie 70 A
00550 Helsinki

FRANKREICH

10-12, rue Max Richard
49100 Angers

4, rue Sommeiller
73000 Chamberry

2, petite rue Giscard
de la Tour Fondue
63000 Clermont-Ferrand

3, Place des Capucins
69001 Lyon Terreaux

65, rue de Dunkerque
75009 Paris

24, rue Marengo
42000 St-Etienne

GROSSBRITANNIEN

Advanced Organization - Saint Hill U.K. (AOSH UK)
Saint Hill Manor
East Grinstead
Sussex RH19 4JY

Saint Hill Foundation
Saint Hill Manor
East Grinstead
Sussex RH19 4JY

60/62 Constitution Hill
Birmingham B19 3JT

Hubbard Academy of Personal Independence
Fleet House
20 South Bridge
Edinburgh EH1 1LL
Scotland

68 Tottenham Court Road
London W1P 0BB

258/260 Deansgate
Manchester M3 4BG

41 Ebrington Street
Plymouth
Devon PL4 9AA

51 Fawcett St.
Sunderland SR1 1RS

Dianetics® Information
Centre
Dukes Arcade
Dukes Street
Brighton, East Sussex

ITALIEN
Via Fratelli Bronzetti, 20
25125 Brescia

Via Abetone, 10
20137 Milano

Via Cavour, 5
20052 Monza

Via Montereale 10/c
33170 Pordenone

Vicolo Chiodo, 4
37121 Verona

Corso Cavallotti, 7
28069 Novara

Via Tiziano Aspetti, 174
35100 Padova

Via di S. Vito, 11
00185 Roma

Via Guarini, 4
10121 Torino

Corso Garibaldi, 108
08100 Nuoro

NIEDERLANDE
Nieuwezijds Voorburgwal 271
1012 RL Amsterdam

NORWEGEN
Dianetikk Senteret Oslo
Storgata 9
0155 Oslo 1

PORTUGAL
Rua Actor Taborda Nº 39-4º
1000 Lisboa

SCHWEDEN
Kammakargatan 46
111 60 Stockholm
Odinsgatan 8
411 03 Göteborg

Simrishamnsgatan 10
21423 Malmö

SPANIEN
Asociación Civil de Dianética
c/ Montera, 20, 1º dcha.
28013 Madrid

Asociación Civil de Dianética
c/ Pau Claris 85, Pral. 1ª
08010 Barcelona

Andere Staaten

AUSTRALIEN
Advanced Organization
AOSH ANZO
3rd floor
201 Castlereagh Street
Sydney NSW 2000

28 Waymouth Street
Adelaide 5000

106 Edward Street
Brisbane 4000
Queensland

Sydney Building, Rooms 2 & 3
23 Eastrow
Canberra
A.C.T. 2601

42 Russell Street
Melbourne, Victoria 3000

39-41 King Street
Perth 6000

BRASILIEN
Dianetics Center
Rua Monte Aperaziuel 299
Villa Nova, Concepgao
Sao Paulo, Brazil 04513

Dianetics Center
Clayton Caran
Rua Pedro Pablo Koering Nº 444
Salto do la Londra - Parana
Brazil

ISRAEL
Dianetics College
7 Solomon Street
Tel Aviv 66023

JAPAN
Dianetics Organization Tokyo
903 Toyomi Nishi Gotanda
Heights
2-13-5 Nishi Gotanda
Shinagawa-Ku
Tokyo, Japan 141

KANADA
10349, 82nd Avenue
Edmonton, Alberta
Canada T6E 1Z9

700 Yonge Street
Toronto, Ontario
Canada M4Y 2A7

4489, Papineau Street
Montréal, Québec
Canada H2H 1T7

340 Gladstone Avenue,
3rd floor
Ottawa, Ontario
Canada K2P 0Y8

401 West Hastings Street
Vancouver, B.C.
Canada V6B 1L5

8, Water Street North
Kitchener, Ontario
Canada N2H 5A5

Suite 125–388 Donald St.
Winnipeg, Manitoba
Canada RBB 2J4

226 St-Joseph est
Québec
Canada G1K 3A9

KOLUMBIEN
Centro Cultural de Dianética
Carrera 19 No. 39-55
Apartado Aereo 92419
Bogotá, D.E. Colombia

MEXIKO
Asociación Cultural
Dianética A.C.
Hermes Nº 46
Col. Florida
C.P. 03940

Organización Cultural
de Dianética
de Guadalajara A.C.
Av. Adolfo López Mateos
Nº 329 Nte.
Sector Hidalgo
Guadalajara, Jalisco

Centro Cultural
Latinoamericano A.C.
Durango 105
Col. Roma
C.P. 06700

Instituto de Filosofía
Aplicada A.C.
Plaza Río de Janeiro 52
Col. Roma
C.P. 06700

Instituto Tecnológico
de Dianética A.C.
Reforma Lomas 530
Col. Lomas
C.P. 11000

Organización Desarrollo
y Dianética A.C.
Providencia 1000
Col. del Valle
C.P. 03100

Centro Cultural de
Dianética A.C.
Insurgentes sur 536 1er Piso
Col. Roma Sur
C.P. 06760

NEUSEELAND
New Imperial Buildings,
2nd Floor
44 Queen Street
Auckland 1

SIMBABWE
1st floor State Lottery
Building
Corner Julius Nyrere/
Speke Avenue
Harare

502 Compensation House
Main Street/Selbourne Avenue
Bulawayo

SÜDAFRIKA
5, Beckham Street Gardens
Cape Town 8001

57 College Lane
Durban 4001

2nd Floor Security Building
95 Commissioner Street
Johannesburg 2001

2 St. Christopher's Place
27 Westbourne Road
Port Elizabeth 6001

43B Die Meent 2nd floor
266 Pretorius Street
Pretoria 0002

101 Huntford Building
40 Hunter Street
Cnr. Hunter & Frontesque
Roads
Yeoville 2198

VENEZUELA
Asociación Cultural Dianética
de Venezuela A.C.
Urbanizacion La Alegria
Ave. 101 Nº 150-23
Apartado Postal 833
Valencia

Organisationen in den Vereinigten Staaten

Flag Service Organization
210 South Fort Harrison Avenue
Clearwater
Florida 33516

Advanced Organization
Los Angeles
1306 North Berendo Street
Los Angeles
California 90027

American Saint Hill
Organization
1413 North Berendo Street
Los Angeles
California 90027

1210 San Pedro N.E.
Albuquerque
New Mexico 87110

301 North Ingalls Street
Ann Arbor
Michigan 48104

2200 Guadalupe
Austin

Texas 78705

448 Beacon Street
Boston
Massachusetts 02115-1099

47 West Huron Street
Buffalo
New York 14202

3009 North Lincoln Avenue
Chicago, Illinois 60657

215 West 4th Street, 5th floor
Cincinnati
Ohio 45202-2625

167 East State Street
Columbus
Ohio 43215

375 South Navajo Street
Denver
Colorado 80223

321 Williams Street
Royal Oak
Michigan 48067

1100 Alakea Street N. 301
Honolulu
Hawaii 96813

3742 Broadway, Suite 203
Kansas City
Missouri 64111

846 East Sahara Avenue
Las Vegas
Nevada 89104

330 Fulton Avenue
Hempstead
New York 11550

4810 Sunset Boulevard
Los Angeles
California 90027

120 Giralda Avenue
Coral Gables
Florida 33134

3019 Minnehaha Avenue
Minneapolis
Minnesota 55406-1931

909 Whalley Avenue
New Haven
Connecticut 06515

227 West 46th Street
New York City
New York 10036

1451 Irvine Boulevard
Tustin
California 92680

710A East Colonial Drive
Orlando
Florida 32803

99 East Colorado Boulevard
Pasadena
California 91105

1315 Race Street
Philadelphia
Pennsylvania 19107

4450 N. Central Avenue, no.102
Phoenix
Arizona 85012

1536 South East 11th Avenue
Portland
Oregon 97214

825 15th Street
Sacramento
California 95814-2096

2409 Fourth Avenue
San Diego
California 92101

10335 Magnolia Boulevard
North Hollywood,
California 91601

91 McAllister Street
San Francisco
California 94102

3604 Stevens Creek Boulevard
San Jose, California 95117

524 State Street
Santa Barbara
California 93101

2004 Westlake
Seattle
Washington 98121

9510 Page Boulevard
St. Louis
Missouri 63132

4809 N. Armenia Avenue,
Suite 215
Tampa
Florida 33603

2125 "S" Street, N.W.
Washington D.C. 20008

CELEBRITY CENTRE-ORGANISATIONEN

Celebrity Centre Düsseldorf
Grupellostr. 28
4000 Düsseldorf

Celebrity Centre Hamburg
Mönckebergstr. 5/IV
2000 Hamburg 1

Celebrity Centre München
Hirschgartenallee 16a
8000 München 19

Celebrity Centre Wien
Senefeldergasse 11/5
1100 Wien

Celebrity Centre Paris
69, rue Legendre
75017 Paris

Celebrity Centre London
27 Westbourne Grove
London W2

Celebrity Centre Los Angeles
5930 Franklin Avenue
Hollywood
California 90028

Celebrity Centre Las Vegas
1100 South 10th Street
Las Vegas
Nevada 89104-1505

Celebrity Centre New York
65 East 82nd Street
New York
N.Y. 10028

Celebrity Centre Portland
709 South West Salmon Street
Portland, Oregon 97205

Celebrity Centre of Toronto
696 Yonge Street, Suite 502
Toronto, Canada

Celebrity Centre Montréal
1705, Rue St. Denis
Montréal, Québec
Canada H2X 3K4

Mehr *Dianetik*-Bücher erhalten Sie bei den folgenden Verlagsstellen:

NEW ERA Publications
International ApS
Store Kongensgade 55
1264 Copenhagen K
Denmark

NEW ERA Publications
Deutschland GmbH
Otto Hahn-Straße 25
6072 Dreieich 1
Germany

Nueva Era Dinamica, S.A.
c/ De la Paz, 4/1° dcha
28012 Madrid
Spain

Era Dinámica Editores, S.A. de C.V.
Alabama 105
Colonia Nápoles
C.P. 03810, México, D.F.

NEW ERA Publications UK Ltd.
78 Holmethorpe Avenue
Redhill, Surrey RH1 2NL
England

N.E. Publications Pty. Ltd.
2 Verona Street
Paddington, New South Wales 2021
Australia

Continental Publications Pty. Ltd
P.O. Box 27080
Benrose
Transvaal 2011
South Africa

NEW ERA Publications Italia S.r.l.
Via L.G. Columella, 12
20128 Milano, Italy

NEW ERA Publications France SARL
111, Boulevard de Magenta
75010 Paris, France

NEW ERA Publications Japan, Inc.
5-4-5-803 Nishigotanda
Shinagawa-Ku
Tokyo, Japan 141

Bridge Publications, Inc.
4751 Fountain Avenue
Los Angeles
California 90029, U.S.A.

Continental Publications
Liaison Office
696 Yonge Street
Toronto, Ontario
Canada M4Y 2A7